自己語りの社会学

ライフストーリー・問題経験・当事者研究

牧野智和
西倉実季
鷹田佳典
桜井　厚
伊藤秀樹
中村英代
森　一平
湯川やよい
野口裕二［著］

小林多寿子
浅野智彦［編］

新曜社

目次

組版　武　秀樹
装幀　鈴木敬子

編者まえがき

浅野　智彦

本書は「自己を語る」という営みに着目した社会学的成果を収めた論文集である。目次を見ていただければわかるように、本書に収録された論文は対象と方法において多様である。一読すればこの領域の今日における到達点がおおよそ理解できるよう目指したつもりである。そのために、自己語りに関わる代表的な研究者に執筆をお願いした。寄せられた論文は、いずれも編者の期待をはるかに上回るものであった。

本書を編むきっかけとなったのは、関東社会学会の二〇一三年から一五年にかけての研究活動委員会のいくつかの企画である。企画の詳細はあとがきをご参照いただくとして、ここではそれらの一連の企画の趣旨を要約紹介することで本書の出発点を確認しておきたい（全文は関東社会学会ＨＰ）。

本テーマ部会の目的は、「自己について語る」という営みについての理論を再検討することです。

自分自身を物語るという営みについて、一九九〇年代から二〇〇〇年代初頭にかけてさまざまな理論的検討がなされてきました（ライフ・ヒストリー／ライフ・ストーリー論、自己物語論）。自分自身についての語りが、語りがなされる時点からの遡及的な再構成であること、語り手と聞き手との相互行為に依存して構成されること（「ヴァージョンの展開」）、語りがつねに現時点での自己再帰性（「再帰的プロジェクトとしての自己」）の一環としてなされることなどが明らかにされました。

その一方で、いくつかの難題も明らかになっています。語られる物語はヒストリーか（「今ここ」でのストーリーか（自分「史」か「自分」史か）、物語は事実か、付与された意味か（「偽記憶」問題）、そもそも分析対象は「物語」か（物語が埋め込まれている）「関係」か、等々。

続く二〇〇〇年代は、経験的な研究を蓄積する時期といえるでしょう。さまざまな領域で、人々の自己語りが聞き取られ、検討され、分析されてきました。またその自己語りを支援し、増殖させる社会的な仕組み（「自己啓発」「自己分析」等）にも調査研究が行われてきました。では経験的研究の蓄積を踏まえて、理論を振り返ってみたときどのようなことがいえるでしょうか。かつて見いだされた問題は解決（あるいは脱問題化）されたのでしょうか。現時点での知見から、かつての問題について何がいえるのでしょうか。このような問いかけは、同時に、現在も旺盛に進められている自己語りの研究の理論的な含意について振り返る機会にもなるはずです（関東社会学会ニュース 2013. 10. 18, No. 134）。

この企画からすでに五年がたった。この企画趣旨に照らしてみると非常に大きな意義があったように思われる。すなわちこの間に、対話的構築主義、生活史研究、エスノメソドロジーなどの新しい研究成果が数多く出版されるとともに、それら方法論を異にする研究者の間で相互の批判的検討の機会が格段に増えた。関東社会学会の一連の企画がそのような流れに先鞭をつけた（と、研究活動委員の一人としては自負しているところであるが）ことを考えると、それら近年の進展を踏まえ、当初の趣旨を発展させて展開した論文集を出版することには、大きな意義があるものと信じる。

本書を読み進めるにあたり、二つの用語についてあらかじめ補足的な説明をしておきたい。

ひとつは、「自己語り」という用語についてだ。同じように用いられる用語に「自己物語（self-narrative）」あるいは「ナラティヴ」などがある。自己について語るという営みをできるだけ広くとらえるとともに、それをある種の作動として動的な相において理解したいというのが、本書の狙いである。そのためには、完結した構造のイメージを色濃くもつ「物語」という言葉はややなじまないように思われた。本書をお読みいただければわかるように、物語という言葉が通常連想させるものよりも、ある意味でゆるかったり、非言語的だったりする内容も、ここでは自己語りとして扱っている。

自己物語の原語である self-narrative にはそのような動的な含意があり、それを生かすためにあえてカタカナで表記しているのが「ナラティヴ」という用語であろう。だがその言葉は、カタカナで日常語とのなじみがよくないという点はおくとしても、「自己を」語るという側面をうまく盛り込むことができない。私たちがとらえたいのは人々がその日々の生活の中で行う営みとしての自己語りである。自己語りはそのような事情から選ばれた用語である。

もうひとつは、「ライフ」という用語だ。本書を編むにあたって何度か行った研究会の席上、しばしば討論の主題となったのは「ライフ」をどのようにとらえていくのか、ということであった。自己語りとは、自己のライフについての語りであり、だからこそそれはライフストーリーやライフヒストリー、あるいは生活史として聞き取られる。一方においてそれは人生であり、他方において生活でもある。加えて、本書で取り上げている「ライフログ」という言葉が示唆するように、さらに広い現象も指し示している。

生活・人生としてのライフ。生命としてのライフ。特に後者の意味でのライフは、たとえばフーコーの生権力論や、アガンベンのビオス／ゾーエーといった問題系にもつながる広がりをもっている。もちろんそれらのトピックが本書の直接の主題ではないのだが、研究会での議論を通してそのような広がりが認識されていたことをここで確認しておきたい。本書を通読していただければ、いくつかの章の内容にその認識が反映していることを読み取ってもらえると思う。

本書は、自己語りに注目する際の焦点の違いに即して、二部構成となっている。

まず、自己を語る営み（自己語り）は、それが自分自身を経験する一つの様式であると同時に、それを他人に伝え、理解してもらうための表現でもある。そのいわば形式的な側面に注目した論考を集めたのが第I部となる。自己語りはさまざまな様式を取る。ライフログ（手帳やノートの新しい用法）はその最も新しい形式かもしれない（第1章 牧野論文）。自分自身をときにフィクションを通して語ることが、独特の深さと強さをもつことがある（第2章 西倉論文）。自己はまた、専門職の中に埋め込まれた形でも語られうる。医師たちの語りはそのようなものの一つだ（第3章 鷹田論文）。アンケートのような客観的回答にも自己を語るスペースが断片的に（あるいはときに言い訳めいた形で）設けられている。短い自由記述の中に自己語りの最も原初的な形態を見いだすことができよう（第4章 浅野論文）。仲間とともに自分史を執筆するのは一九八〇年代以降、いわば定番化した自己語りの様式である（第5章 小林論文）。そしてさまざまな自己語りの形式（自分が―自分自身を／について―語る）が、社会学者にとってある種の理論的な難題を引き起こすのは、それがたった一人の語りであるときだろう（第6章 桜井論文）。

以上のように第Ⅰ部が語りの形式の多様性によって特徴づけられるとしたら、第Ⅱ部にはむしろ語りの内容あるいは主題に重心をおいた論考を集めた。人生常に起きるさまざまな問題は、しばしば自己語りを引き起こすきっかけとなるものだ。たとえば薬物やアルコール依存という経験がそれだ（第7、8、9章 伊藤、中村、森論文）。依存症からの回復はしばしば、自己についての特徴的な語りと相即的に進んでいくという。そのような語りに注目した三つの論考は、その主題を共有しつつもアプローチの仕方において対照的であり、ぜひ比較しながら読んでいただきたい。また第9章は対話的構築主義への批評にもなっており、第6章と合わせて読むことで双方への理解が一層深まるものと思う。他方、同じように問題の経験でありながら、共感されることの少ない語りの一つにペドファイル（ペドフィリア、小児性愛）のそれがある（第10章 湯川論文）。いわば堂々とは語りにくい自己の語りはどのような特徴をもつであろうか。このような「自己を語る」という営み自体が、語りの主題／内容になることもありうる。当事者研究はそのようなメタ的な視点を当事者たち自身がもつような営みである（第11章 野口論文）。このような当事者たちの自己観察の視点は、社会学者の視点とどのような関係にあるのか、重要な理論的問題を提起するであろう。

もちろん語りをその形式と内容にきれいに分けることはできない。形式は内容を規定し、内容はしばしば形式を選ぶ。同じように自己を語るといっても、アンケート調査の自由回答欄に書くのにふさわしいと感じられることは、依存症者の集まりで語るのにふさわしいと感じられるものとはおそらく異なっているであろう。自己語りは、形式と内容が支え合いながら一つの「語り」として成立している。それでもあえて本書が二部構成をとるのは、分かち難く支え合っているとはいえ、異なる側面から光を当てることによって、自己語りに内在する二つの問題系が――ちょうど楕円の二つの焦点のように――浮かび上がってくるように思われたからだ。

一方において形式の側面に当てられた光は、さまざまな内容の語りを受け入れる表出の容器としての「自己語り」という問題系を照らし出すであろう。この光のもとでは、自分史を描くこととアンケートの自由記述欄に回答を記入することが比較可能な視点のもとにおかれる、そのような視野が開かれる。他方において内容の側面に当てられた光は、語られた問題経験に対して自己語りがどのような働きをもつのか（たとえば「回復」に有用なのか）という問題系を照らし出すであろう。この光のもとでは、自己語りがさまざまな問題経験に対してもつ意味や機能という面から見られるような、そのような視野が開かれる。

なお、読者の関心を深めていただくために、各章末尾に推薦文献を三点示し、さらに全体を通して、重要な概念・研究対象についてより正確な、あるいはより踏み込んだ理解を促すために、四つの研究コラムをおいた（サファリング研究、エスノメソドロジー、セクシュアル・マイノリティ研究、当事者研究）。

第Ⅰ部、第Ⅱ部いずれに収められた論考も具体的な素材を記述しつつ、理論的な問題にアプローチするものとなっている。両者の比率は章によって異なるが、読者の皆さんのお好みで、興味のある章から読み出していただければと思う。どの章から始めても、必ず他の章へと関心を誘発されるものと思う。いくつかの章を読み終えたときに、自己語りという研究領域のある程度の見取り図が読者の前に浮かび上がってくるなら、編者の目論見は果たされたことになるだろう。

第Ⅰ部　自己表現の語り

第1章　「いま」を確かに残す――ライフログとアイデンティティの視覚化

牧野　智和

1　手帳に魅せられた人々

二〇一七年一月、都内某所。二〇代から五〇代までの男女十数名が集まり、三つのグループに分かれて「何か」についてあれこれ話し合っている。ところどころで笑い声や驚きの声が上がり、ときには身を乗り出して「何か」を熱心に注視したり、写真に撮ったりしている。この十数名のうち半分程度はすでに見知った仲だが、残りの数名はこの日初めて出会った者同士である。このように人々を打ち解けさせる「何か」とはいったい何だろうか。

このイベントはいわゆる「手帳オフ」、つまり手帳のよりよい使い方について知りたい、手帳について誰かと喋りたい、手帳を通して誰かとつながりを持ちたい、といった人々が集う「オフ会」の一種である。手帳自体にはとても長い歴史があるが、こうした手帳オフは、手帳評論家の舘神龍彦さんが二〇〇七年に開き始めて以降に活発化したといわれる（1）。こうしたイベントは無数にあるわけではないが、大都市圏では時折、週末を中心にこのようなオフ会が開かれている。

筆者が参加した一月のイベントはグループディスカッションが中心で、「二〇一七年の手帳、その理由」「今年挑戦しようと思っている手帳の使い方」「手帳のおとも」というテーマが掲げられ、集まった人々が自分はなぜこの手帳を使っているか、どのように使っているかといったことを話し合う内容だった。外国製の珍しい手帳を使っている人がその手帳をテーブルに出すと歓声が上がり、「これ、写真撮っていいですか?」と前のめりになる人が現れ、その手帳の「つくり」について主に褒め合うかたちで感想が語られる。「バレットジャーナル」（2）と呼ばれる、その頃手帳愛好者の間で話題になっていた自作手帳が紹介されると、その工夫や精細な手仕事にやはり感嘆の声が上がる。別のイベントでは、手帳や文房具の使い方に関するワークショップが組み合わされることもあるという。

こうしたオフ会に参加する人数は日本全国でみても大きな数にはならないと思われる。しかし毎年、年末から年度替わりの時期まで書店や文具店には無数の手帳が並び、多くの「手帳術本」が刊行され（牧野 2015）、近年のこうした盛り上がりの起爆剤の一つである「ほぼ日手帳」の二〇一七年度の出荷数は六七万部にも達するという（公式ＨＰによる）。こうしたことを考えると、手帳に関心をもつ人々の裾野はこうしたオフ会を一つの頂点として、かなり広範囲にわたっているのではないだろうか。

ただ、このような動向をどう考えることができるだろうか。社会学はこれまで、「私を書く」という営みについて長らく考えてきたが、このような手帳をめぐる動向について捉える道具立てはどこまで整っているのだろうか。そこで本章ではまず、「私を書く」という営みへの社会学的アプローチを整理し、手帳への接近法を定めることから始めたい。

2　「書かれた私」の社会学——日記研究と自分史研究を中心に

2・1　「記録」としてみる

自分自身について何ごとかを表現するという営みのうち、「語られた私」については多くの研究が積み重ねられ、またその方法論についてもいくつかの論争を含めた精緻化が試みられてきた。だが、語る場が設えられなくとも、人々は自分自身について書き綴り続けてきた。「語られた私」への注目のなかでそうした「書かれた私」はやや脇に追いやられがちだが、これまでの社会学はそれをどう扱ってきたのだろうか。

もっとも研究が多く積み重ねられてきたのは日記研究である。その日記研究について、近藤泰裕は大きく二つの方向に整理できると述べている（近藤 2004: 85）。その一つは「記録」としての日記に注目して、生活史、自己意識、コミュニケーションといった研究領域の分析資料にするというものである。もう一つは「日記そのものを分析の中心に据え、より広い観点から、それが有するさまざまな側面の検討を試みる」ものであるとし、これを「現象」としての日記と呼んでいる（近藤 2002: 22-24）。こうした記録と現象というアプローチのうち、記録として日記を扱うものが大部分であったと近藤は述べる。

記録としての日記については中野卓が、母の日記を編集した『明治四十三年京都——ある商家の若妻の日記』（1981）、自らの中学生時代の日記を編集した『中学生のみた昭和十年代』（1989）においてその位置づけを次のように述べている。日記とは、本人やその周辺で生きた人々の生活の事実や考えや感情にわれわれが生々しく接しうる資料であり（中野 1981: 225-226）、生活者自身が日々自らとの対話を伴いながら綴ったものという意味で当人の主体性を備えつつも、個々人が生きてきた時代のなかでの個人の自己形成過程や意識・態度・行為を客観的に把握することのできるライフ・ヒストリー研究の資料になりうる、と（中野 1989: 255-258）(3)。

こうしたスタンスが共有された研究は生活史研究に多くみられ、中野が取り組んだ商家の経営、戦争体験を初めとしたさまざまなテーマについて分析が行われてきた。生活史以外の展開としては、土井隆義（2002）が一九六〇年代後半（自らを係留する他者からの解放を求めた高野悦子）と一九九〇年代後半（自らの身体感覚に自己意識の投錨点を見いだそうとした南条あや）の日記を比較し、各時代における若者の生きづらさについて考察している。こうしたスタンスは日記のみに限られることなく、たとえば自分史についても、浅野智彦（2002）は社会的に共有される自分自身への関わり方、自己形成の方法という観点から自分史に取り組む人々の「動機の語彙」を分析し、一九九〇年代以降における自己意識や他者観の変容を指摘している。

2・2 「現象」としてみる

近藤が述べた「現象」に注目するアプローチとしては、たとえば小林多寿子の『物語られる「人生」――自分史を書くということ』（1997）がその代表例になるだろう。小林は一九八〇年代以降の「自分史ブーム」、つまり「人生の物語」が続々と産出される状況について分析している（小林 1997: 6-15）。この際、書かれた自分史の内容が参照されることも一部あるが、基本線は自分史に携わる人々のインタビューを通してそれらが生み出される社会的コンテクストを炙り出そうとするところにおかれている。同書ではそのコンテクストが、自らの経験をともに書く運動の系譜、自分史をマニュアル化して自費出版を支援する物語産業の成立、自分史を読む読者共同体の成立、自分史の産出をより促すような地域性・歴史性、自分史に関する賞の創設とそれへの欲求といった五つの観点から検討されている。より一般的な背景としては、書き手の中心となる世代（六〇・七〇代）に時間的・経済的が生まれたこと、自分史という言葉の創出（色川 1975）によるイメージの平易化、自分史の執筆によって回復が目論まれるような「自己」の弱体化などが挙げられている（小林 1997: 204-223）（4）。

小林は、現象に注目するアプローチを「自己をつづる文化」（1998b）全般に広げ、特にその広がりの起点となった近代日記の系譜を遡っている。そのような探究を始めるにあたっては、次のような問いが置かれている。日記は一見してごく私的な秘められた営みであるにもかかわらず、死後に公表された日記を並べ眺めてみると、予想以上に定型的なスタイルで書かれているのだが、それはなぜか。これについて小林は、一八九五（明治二八）年の博文館日記の発売以降に近代日記が普及していくなかで「日記の書誌的な様式」が整ったこと、日記を私的領域における書く実践とみなす日記観が分け持たれていたことを背景として指摘している（小林 2000a: 73-79）。自分史と同様に、自己を綴るある文化が、あるいは自己を綴る媒体が成立するに至る背景が検討されている。

山守伸也は、ウェブ日記やブログなどが日記（系サイト）などと呼ばれ、日記という言葉の指し示すところが旧来的な日記に留まらなくなった事態について考察している（山守 2008: 8-9）。インターネット上の日記は他者へと公開されている点で旧来の日記と異なる、というより多くの他者にみられることが前提とされている。このとき、紙に綴られた日記にみられたような「自己形成機能や自己の統合機能」はネット上の公開日記では弱まることになるが、山守はそこに現代における自己意識の変容をみてとる。つまり、ネット上の公開日記は「他者のまなざし無くして自己の道程を測れない、現代の（多元的な）自己のありよう」の変化に呼応するものとしてあるというのである。やはり山守においても、個々の日記の内容には立ち入らず、自己を綴る文化、自己を綴るメディアが成立する社会的コンテクストが検討されているといえる。

2・3　手帳をいかに位置づけるか

本章で分析対象となる手帳は、どのように考えていくことができるだろうか。記録という観点から手帳にアプローチする場合、手帳には仕事上の機密事項からごく私的なことまで、公表が難しい——また公表を予想して書き込まれてはいない——記載内容が日記と同等かそれ以上に含まれている。こうした倫理上の配慮に加え、日記や自分史に比して必ずしも記述内容にまとまりがあるか定かではない点を考えると、記録というアプローチは不可能ではないものの、分析可能性はあまり高く見込めないように思われる。一方、冒頭の手帳オフや、上述した「ほぼ日手帳」のようなブランド手帳の台頭、後述する手帳と交錯する各種の文化などを考えると、近年少なくない人々の注目を集めている一現象として手帳を考えるアプローチをまずとるのが妥当ではないだろうか。

さて、オフ会が開かれるような手帳への注目はいかなる系譜を有しているのだろうか。もし個々人が使っている手帳がみな同じようなもので、使い方もまたみな同じようであるならばこのようなオフ会はほぼ起こりえないだろう。あったとしてもすぐに話が尽きてしまうのではないだろうか(5)。今日の手帳への注目は根底的には、手帳とその用途の多様化に支えられていると筆者は考える。以下簡単にその系譜を追いかけていこう。

一九七一年に行われた日本事務能率協会のアンケート調査によると、企業によって年末に社員や取引先等に配布される社名入りポケットサイズの手帳（名入手帳などと呼ばれる）を用いていた割合は57%にのぼり、市販品の33%を大きく凌駕していたと報告されている（後藤 1979: 138）。名入手帳の構成は予定欄、日記欄、メモ欄、住所録、路線図など定型的なもので、多くの人々がこのように画一的な手帳を用いていたのである。その用途もまた、一九九〇年代末に至るまで仕事上のスケジュール管理とメモにほぼ収まるものであった（牧野 2015: 165-182）(6)。

二〇〇〇年代に入ると、手帳の選択肢と用途に変化がみられるようになる。たとえば「夢手帳」（舘神 2007: 40）とも呼ばれる、それまでのスケジュール管理ではなく、夢・目標の実現を主目的にした手帳（術）が登場し、以後の手帳（術）が大きく変わることになる。なかでも、ライターの藤沢優月による『夢をかなえる人の手帳術』（2003）、実業家の佐々木かをりによる『ミリオネーゼの手帳術』（2003）の刊行は、それまでほぼ男性のものであった手帳（術）に女性の視点を取り入れ、自分らしく生きるための手帳という選択肢を示した点で新しいものであった。一九九〇年代から市販手帳の選択肢は増えていたが、著名人がプロデュースした「夢手帳」が複数刊行されるようになったこの二〇〇〇年代以降、手帳の選択肢はビジネス誌で手帳特集が組まれ、手帳に関するムック本が刊行されるほどに増えることになる。

コピーライターの糸井重里による「ほぼ日刊イトイ新聞」から生まれ、二〇〇一年に発売開始となった「ほぼ日手帳」は、こうした「夢手帳」もまた特定の用途にとらわれているとし、どのような使い方もそれぞれ正解であり、何も書かない一日があってもよしとする、より自由な使い方を許容するべく提案された手帳だといえる。これまでの手帳（術）の逆を行くこのようなコンセプトに加え、作り込まれた細部、多様なバリエーションは多くの支持者を生み、上述したように現在の販売部数は年間六七万部にまで達している。

さて、このように手帳の用途や選択肢が多様化した状況において、本章冒頭に示したような手帳オフが可能になる条件が出そろうことになる。つまり、手帳の多様性、そしてそのなかで見いだされた工夫の奥深さが、個々人で異なる手帳の選び方や使い方についてそれぞれ学び合い、珍しい手帳に歓声が上がるような状況を、また何よりそうした手帳の奥深さをきっかけにして人々が集まり、つながり合う状況を形成したと考えられるのである。

包括的にはこのように手帳をめぐる現状を捉えることができるが、より具体的に手帳オフはいかにして運営されているのだろうか。冒頭のイベントを開催した団体の代表であるAさん（女性、会社員、四〇代）を事例にして考えてみたい(7)。

Aさんは当初、他の団体に参加していたが、その団体が「大きく育って」いった結果、「活動の方向性の違い」が生まれ、数名で団体を抜けて今の団体を立ち上げることになったという。より具体的には、団体が大きくなるなかで、団体が手がけていた手帳を紹介する各種のイベントもまた影響力が大きくなり、メーカー等の利害関係が絡んで紹介の「公平性」が保てなくなったことに疑問を感じたことが大きいとA

さんは述べている。イベントで大きく紹介される、流行している手帳が誰にとっても必ずよいのではなく、流行していなくともその個人に合う手帳や、何よりも自分に合った手帳の使い方を考えていくことがより重要なのではないか。そのような思いから、「手帳っていうものを通していろんな人との交流があったり意見交換があったりすることで、何かもっと本当に手帳っていうものが、はやりとかじゃなくて、ツールとして定着していったら面白い」という趣旨のもと、現在の団体を運営しているという。

ここで一つ確認しておきたいのは、Aさんは手帳自体を用途に応じて5冊使い分け、それぞれについて自ら製本するほどの手帳愛好者だが、特定の手帳や特定の使い方を称揚したり人に勧めたりということはなく、個々人に合った選び方や使い方が望ましいと考えていることだ。手帳は一見して、ごく私的に選ばれ使われるようにみえるが、そこに伏在している「流行」「利害関係」といった他律的な側面を、より個々人が納得できるように引き戻そうとする向きがAさんとその運営する団体の活動にはある。上述した舘神さんも、手帳メーカーが主導したり、特定の手帳に関する手帳オフやセミナーが先行していた状況に対して、「異なる手帳のユーザー同士が、同じテーマについてそれぞれの立場から意見を交わす場を作りたい」という考えから自らの手帳オフを始めたと述べていた。しかしこうした動きの一方で、特定の手帳のファングループや、手帳（に関する本）の著者がその使い方をレクチャーするような会も続いている。今日の手帳をめぐる状況は、特定の手帳（術）に引き寄せていこうとする向きと、より個々人の多様な選び方と使い方へと開いていこうとする向き、いわば手帳をめぐる引力と斥力が双方せめぎ合うなかで展開されているように思われる(8)。

さて、Aさんは団体の活動のなかで、SNSによる発信に力を入れてきたという。発信者のAさんが女性であることにもよるが、こうしたSNS上の発信に際して、それまでビジネス用途中心だった手帳の解釈を広げて発信したことで、それまで男性が多くを占めていた団体の参加者構成は大きく変化したという。冒頭で紹介したイベントの参加者は女性が3分の2を占めるものだったが、参加者の手帳の用途はスケジュール管理、夢・目標の管理、メモ、ライフログとさまざまであり、こうした用途に応じて手帳を複数使い分ける人も少なくなかった。こうした各種の用途のうち、特に近年特有のものであり、また今日における手帳愛好者の広がりに少なからず貢献し、かつそこに現代的な自己意識のあり方を看取することができると思われるある用法に注目してみたい。その用法とは「ライフログ」である。

3 「自己の書法」の現在形としてのライフログ

3・1 ライフログとは何か

もともとライフログという言葉は、個人の生活データを自動的に集積するサービスやアプリケーションを指す言葉として二〇〇〇年代初頭から使われるようになったものである。ライフログという言葉がタイトルに冠された初めての書籍は、このようなサービスの端緒となった Microsoft の MyLifeBit Project（2002〜）のアイデアを提供したゴードン・ベルらによる『ライフログのすすめ――人生の「すべて」をデジタルに記録する！』（Bell & Gemmell, 2009=2010）であり、その原著タイトルは *Total Recall*（完全記憶能力）であった。ベルはそこで、すべてをデジタルに記録することで自己管理の質が劇的に改善するという主張を行っている。

二〇一〇年一月に邦訳が刊行された同書において、ライフログはデジタルツールの活用のみを示す言葉だったが、同年六月に刊行された美崎栄一郎『「結果を出す人」はノートに何を書いているのか　実践編』（2010）において「ライフログ的なノート」という「ノート術」が新たに言及される（美崎 2010: 6）。それは日々の出来事について時系列的に細かく記録をとっていくというもので、大まかにいえば、デジタルツールでなされる自動的な記録を、手動で、また自分自身がとりたい事柄について行っていく用法である。このように細かく記録をとる用法は手帳術にも取り入れられ、冒頭で紹介したイベント参加者の幾人かはそのための手帳を用意していた。

ただ、ライフログという言葉が示すのはそのような用法のみにはとどまらない。美崎は「いわゆるライフログ」を示す前例として、ライターの奥野宣之が二〇〇八年に刊行し、三〇万部を超えるベストセラーになった『情報は一冊のノートにまとめなさい――一〇〇円でつくる万能「情報整理ノート」』（2008）も挙げていた（美崎 2010: 194-235）。奥野の手法は時系列的に記録をとる点では上述したものと同じだが、書くだけではなく「貼ること」を大きなポイントとしている。その日みた映画の半券や行った店のショップカード、コースターなどを貼り、その横に感想などのメモを書く。旅行の際にもらった観光マップやパンフレットを貼り、自らがたどった道をペンでなぞる。他にも、その日に読んだ新聞記事、給与明細、撮った写真、美術館やライブのチケット、電話メモまで、ありとあらゆるものを貼っていくのである。ライフログという言葉にはこのような用法も含まれ、やはり手帳オフ会の参加者のうち幾人かはそのための手帳を持っていた。

筆者が注目したいのはこのような、書くことに留まらない手帳・ノートの用法である。以下、本章ではライフログという言葉についてこの用法をさすものとする。この用法はそれまでの手帳術やノート術に比して、視覚性に抜きんでた用法だといえる。文字だけでなく、絵、貼られたモノを手帳の紙面に混在させるこのような用法が提案され、また少なくない人々がそれを採用していることの意味をもう少し考えてみたい。

3・2 ライフログという書法の浮上

このような手帳・ノートの用法の経緯について少し整理しておこう。奥野の著作で示されているような用法は、奥野がパイオニアというわけではない。手帳をスクラップブックのように用いることは、国内で初めての手帳に関する著作である『誰も教えてくれなかった上手な手帳の使い方』(後藤 1979: 46) ですでに紹介されており、それ以前から手帳の一つの使い方として、個々人のレベルで行われていたと考えられる。そのような用法が明確な意味を帯びてくるのは上述した「ほぼ日手帳」の影響が大きいと考えられる。「ほぼ日手帳」は二〇〇五年からガイドブックが刊行されているのだが、初年度版に掲載された「43人の使用例」のなかには写真やコンサートのチケット、カフェの名刺など、付箋以外の何かを貼っている者がすでに6名みられた(9)。これが二〇〇七年版では47例のうち17例に増え、二〇一三年版では22例中15例といったように、「ほぼ日手帳」の用法のなかで何かを貼ることは年々自明の用法になってきたといえる。貼ることに留まらず、何かしらの絵が描き込まれたものも合わせると、半数以上が書くことに留まらない用法をとっている。「ほぼ日手帳」がその普及過程のなかで、このような貼り、描く用法をともに広めてきた側面があるとはおそらくいえるだろう。

だが、ライフログすなわち「ほぼ日手帳」ではない。その影響力は小さくないと思われるが、二〇〇〇年代後半における「ほぼ日手帳」の台頭、前述した奥野のベストセラー、そして貼り、描くことを含めた使用の自由を許容するモレスキンノートへの注目といった複数の事態が並行するなかで、書くことに留まらず貼り、描くことを重視するライフログという書法は広がっていったと考えられる。

ところで、その奥野の著作と上述した美崎の著作、モレスキンノートのファンブック『モレスキン「伝説のノート」活用術——記録・発想・個性を刺激する75の使い方』(堀・中牟田 2010)、他にもライフログに関する五藤隆介『たった一度の人生を記録しなさい——自分を整理・再発見するライフログ入門』(2011) など、ライフログ関連の書籍の多くは、ある一人の編集者によって手がけられている。そこでその編集者、市川有人さん (現・ダイヤモンド社) がこうした書籍を手がける経緯について押さえておきたい(10)。

市川さんはダイヤモンド社に移る以前の二〇〇七年頃、経済評論家の勝間和代が『効率が一〇倍アップする新・知的生産術——自分をグーグル化する方法』(2007) を刊行するなど、知的生産術や情報整理術が当時なりにデジタルの方向へ「サイボーグ化」していくことに違和感を覚えていたという。そこで市川さんは、その路線とは異なる「アナログの情報整理術」を打ち出したいと考え、作家エージェントから紹介を受けていた奥野の企画をその方向で手がけていくことになる。そのなかで市川さんは、「奥野さんのやり方も『ほぼ日』チルドレンみたいなところ」があると述べてその影響を指摘し、自身も「『ほぼ日』の世界観は大好きだし、手帳をスケジュール管理だけでなく、何でもない日常に意味づけできるツールとして再発明したことに大きな影響を受けた」とは述べるものの、「ほぼ日手帳」からもまた距離をとるように企画を進めていった。その理由について市川さんは次のように述べている。

「ほぼ日」はこれまでの手帳のルールからすべて自由でしたが、唯一残っていたのが、ほぼ日のアイデンティティであるその独自の世界観というか、糸井重里さんというアイコンだったと思います。つまり、「ほぼ日」の唯一の制約は、「ほぼ日手帳」であることなんだと。要は「ほぼ日」というブランドを選択すること自体からも自由になりたい。

たとえば、ページの下に印刷されている「三六五の日々の言葉」などは、ほぼ日さんの世界観は好きでも、毎日使う手帳には特にいらないという人も少なくないと思います。そういうブランドの根幹に関わる制約を取り除いていったときに、唯一の残っていた空白地帯が、何も制約のない普通の大学ノートだった。

こうして、自由な用法を許容する「ほぼ日手帳」からさらに斥力を起こすような流れで奥野の著作が企画されることになる。そこで打ち出されたのは、どこにでも売っているようなキャンパスノートを使った、ただ時系列的に書き、描き、貼るというスタイルであった。このような奥野のスタイルについて市川さんは「これ以上、先がないほど自由で、簡単な、ここ十数年の手帳術の『進化』が行き着いた果てにあるもの」だと述べている。

3・3　「いま」を確かに残す――奥野宣之さんの著作とインタビューから

　さて、そのような奥野の主張について、著作とインタビューを素材に整理していこう（以下から「奥野さん」としたい）(11)。ベストセラーになったのは上述の『情報は一冊のノートにまとめなさい』（2008）だが、ここではライフログという言葉を明示してその「効用」をもっとも明確に示している『人生は一冊のノートにまとめなさい――体験を自分化する「一〇〇円ノート」ライフログ』（2010）を参照したい。

　奥野さんがその著作で紹介するのは、「ごく普通のノートを毎日持ち歩いて」、「誰でも簡単にできるライフログ」（2010: 11-12）だという。体験したことを時系列的に書き記すとともに、チケットやパンフレット、ショップカードなどその日行ったことに関するモノ（主に紙素材）、またその日撮った写真、その日読んだ雑誌（気になったところに下線を引きながら）などを貼り付けていく。このような手法はすでに「ほぼ日手帳」でも紹介されているのだが、奥野さんの著作ではその「効用」が明確に示されている。

　奥野さんはライフログの効用を「過去に体験したことを生々しく感じる」ことにあると述べる（奥野 2010: 13-19, 98）。デジタルの情報では失われてしまう、「イライラしながら汚い字で書き殴った電話メモ、雨粒でにじんだ地図、手紙に使われた紙とインクの風合い」などのアナログな情報が、その時々の「雰囲気」「臨場感」「感覚」をより残してくれるのだという。そのようにして「何気なく過ぎ去っていく日々を、『確固とした体験』にすること」。それによって、「時間とともに薄れていく体験を風化させず、より実感を持ったかたちで確実に自分の中に刻み込んでおくことができる」のだと奥野さんは述べる。「体験のしっぱなし」ではなく、「体験をより自分のものに」する。ただ書くだけではなく、その日の出来事を視覚的に想起させてくれる資料を、その物理的な風合いとともに時系列のなかに埋め込むことで、「自分の中に記念碑を建てることができる」。奥野さんはライフログの効用をこのように述べる。

こうしたライフログは、読み返すことで「体験をリサイクルし、今の自分に活かす」ことにもつながるという（奥野 2010: 64）。この読み返しにあたって、また読み返すに足るだけのライフログを継続させるにあたっての一つのポイントは、「あまり内省しないこと」にある。この際にも、何かを貼ることは重要なのだという。インタビューでの言及を参照すると、何よりまず、書くばかりだと見返した際に自分の文字で埋められた紙面に「ちょっと、『うっ』てなる」。「日記を読み返すと恥ずかしいというような」感情もまたそこでわきおこり、読み返す動機が減退してしまう。そもそも私的に書くという行為は内省的になる傾向があるが、そのように書くことを推し進めていくと「自分を見つめ過ぎる病」のような状態になってしまう。「あまり、俺の人生の目的は何たらかんたらでとかずっと書いてたら、それは間違いなく病気になる」。そのため、書かないことがむしろ必要なのだと奥野さんは語る。

貼る行為はそうした内省の「どつぼ」を避け、ライフログを続ける作業的な楽しさ、また読み返す動機を支える視覚的な楽しさという点で重要であるというのだが、それは自らへの振り返りを全く放棄するような営みではなく、ある構図から写真をとる、気になったモノを貼るといったそれぞれの契機において、「そのどれを選び抜くかが自分の感性」を浮き彫りにするのであり、「どこを引っ張ってくるか、どう並べ替えるかで、もうすでに個性というか、自分ならではのものになる」のだと奥野さんは語る。「あまり直接的に自分の気持ちを書くんじゃなくて、何かに仮託したほうが、ある意味素直なものになるし、自然だと思うんです」。手帳に関していえば、各種の手帳術は基本的にスケジュールやアイデアをコントロールするために案出・推奨されるものだが、奥野さんはモノに仮託することによって「コントロールが利かない感じ」「偶然性」が自らの日々に生まれ、「風通し」がよくなっていくことを重要だと考えているのだ。

3・4　視覚化されたアイデンティティとライフログ

さて、ここまでの議論を整理しておこう。今日、かつてないほど手帳とその用途が多様化するなかで、その主要な一アクターである「ほぼ日手帳」やモレスキンノートは手帳・ノートにあれこれのモノを貼り、描くという用法を浸透させてきた。しかしそれらの影響を受けながらも、そこからもさらに自由にあるべく奥野さんの手法は打ち出されている。そのなかで奥野さんは、日々の体験をより濃密にするべく書くことと貼ることを混交させた用法を提唱しつつ、かつて日記がそうであったような内省から離れていこうとしている。もちろん内省をまったく行わないわけではないが、視覚性の側により目を向け、自らのコントロールからも離れていくような記録を積み重ねつつ、しかし自分自身が歩んできたことを記す「『ノートの束』という物体」(奥野 2010: 40) を作り続けている。筆者がインタビューを行った時点で、奥野さんのノートは212冊目に達していた。

奥野さんは手帳、ノート、情報整理に関する著述を手がける人物が少なからずそうであるような、自らが主催するセミナーなどをもっていない。だがその著作で示されている実践は、手帳オフなどでも一定数のフォロワーがみられ、その実践の効用を参加者に問うと、奥野さんが述べるのとほぼ同様に「空気感が残る」、漠然と過ごすのではなく「この日にこういうことがあったんだな」と思える、といった語りを聞くことができた。

ライフログのこのような広がりについて、奥野さん自身は「多分むなしいんだと思う」と述べる。「そんな充実しているやってないじゃないですか」、だからその「欠落感」を埋めるために日々の記録を彩り、「人間の人生が一日一日雲散霧消していくことへの納得感」を得たい人が行っているのではないかと述べる。

日々についてただ書くだけでなく、貼り、描くことでその日が確かにあったことの輪郭を鮮やかに得ようとする営みは、奥野さんが指摘するように過ぎ去っていく日々へのむなしさが関係しているのかもしれない。だがこのむなしさから抜け出すべく、内省的な記述ではなく、視覚的な手法を選ぶのはなぜだろうか。ここに現代社会の状況をみることができるのではないだろうか。

つまり、概してウェブログ以降、今日では特にSNSを通して視覚的に「日々の充実」がプレゼンテーションされる昨今において、自らについて書くことは自身にとっても充実感を感得させ難くなっており、自らについて綴る言葉の選択以上に、視覚的な表現の選択が自らを特徴づける、また自身にとっても意味があると感じられるような、そのような現代社会の自己意識のあり方がここにはみられるのではないだろうか。アイデンティティの視覚化とまでいえるかはわからないが、これはライフログに従事する人々により端的に表れつつも、現代を生きる私たち全般にある程度分け持たれている自己意識のあり方といえないだろうか。

4　物質的な異種混交性への配慮

みてきたように、今日の手帳文化は、かつての日記がそうであるような、書く行為のみに収まるものではない。貼り、描くという行為もそこには重なっていることを前節では示したが、それ以外にもさまざまなことがらが関わっている。本章ではとりあげなかったが、スケジュール管理や目標管理のために手帳を使う場合でも、たとえばマスキングテープなどを用いた装飾がしばしば行われている。マスキングテープに限らず、書きやすさや個性的な発色を求めれば筆記用具、切り貼りを行うならのりやはさみといったように、手帳愛好者の多くは文房具もまた愛好している。インクが裏抜けしないことや書き心地を気にする者は紙質にこだわり、自作手帳を用いる場合は手帳の綴じ方、表紙の皮の材質や色などにこだわる。何を選ぶかに正解はなく、自らが納得する組み合わせを選ぶことが重要なのだと考えられる。

文筆家の山本貴光は『文体の科学』(2014)のなかで、書かれた内容(文字)を考えるにあたっては、「物質的な側面も重要な役割を演じている」のではないかと述べている(山本 2014: 19)。つまり、文字が記される「本の大きさ、デザイン、使われている紙、ページ上の文字の配置、使われている書体やその大きさ」など、「文章が象られた物質、媒体や具体的なすがたかたちも視野に」入れることで新たにみえてくることがあるのではないかという。

おそらくこの指摘は手帳をつけること、手帳を読み解くこと双方にあてはまるものだろう。特に後者についていえば、仮に何らかの手帳を対象として分析を行うのであれば、その分析はただ書かれた文字のみに反応すべきではなく、どの手帳に書かれたのか、どのような視覚的素材が用いられたのか、どのような文房具が用いられたのか、より敷衍していえばどのようなモノが用いられ、そのことにどのような意味があるのかをそれぞれ考えることが、他の自己を綴る対象の分析よりも重要になってくると筆者は考える。つまり、手帳をめぐる今日的な「自己の書法」(Foucault, 1983=2001)、ひいては今日における自己表現について考えるにあたっては、綴られた文字に折り重なっている「物質的な異種混交性」(Law & Mol, 1995: 280) への配慮が要請されるのではないだろうか。

推薦文献

小林多寿子 1997『物語られる「人生」――自分史を書くということ』学陽書房

牧野智和 2015『日常に侵入する自己啓発――生き方・手帳術・片づけ』勁草書房

舘神龍彦 2007『手帳進化論――あなただけの「最強の一冊」の選び方・作り方』PHP研究所

注

(1) 舘神さん本人へのインタビューによる(二〇一七年二月七日)。ただ彼は、手帳の活用法についてごく早くから指摘していた梅棹忠夫『知的生産の技術』(1969) の読者による自主的な研究会や、一九九〇年代初頭のパソコン通信全盛期における手帳をテーマにしたフォーラムの存在を指摘しており、今日の手帳オフはこうした手帳をめぐる集まりの現代における繰り返しではないかとも述べていた。

(2)「バレットジャーナル」という言葉には、自分自身の好みに合わせて手帳を作ることや、その手法も含まれている。

(3) より「歴史」との関係性を意識した言及としては、「個人資料としての日記から、どのように個人の生活史を全体的な歴史(または時代)過程に脈絡化させることができるか」、「歴史を生きた個人の〈生〉の個性を分析することを通して、歴史を担う人間の(一つの)典型を浮き彫りにする」(古屋野・青木 1995: 69) というものもある。

（4）川又俊則（1999）もまた、現象としての自分史に注目し、受葬という営みとともに、生きざま・死にざまを自己表現しようとする現代的動向として捉えている。

（5）上述した舘神さんが語るところによれば、舘神さんが手帳オフを開く以前から、手帳メーカーによる講習会のようなイベントが開催されていたという（それは現在も続いている）。しかしそれは販売促進目的の、供給側主体のイベントといえるもので、今日における手帳オフの直接的な源流とはいい難いと舘神さんは述べていた。だが特定の手帳について、ユーザーがグループを作りオフ会を開くような動きもそのなかで生まれており、その際メーカーは、ユーザーの動きをメーカーが支援するようなかたちで関わっていたという。こうした背景のなかから、より各個のユーザーを主体とする手帳オフは生まれてきたと考えられる。

（6）一九八〇年代後半のシステム手帳ブームは、個々人が創意工夫して自分で手帳を構成するという選択肢を生み出したといえるが、当時のシステム手帳は非常に高価なものが多く、ブームも部分的なものに終わったように思われる（もちろん現在でもシステム手帳の愛好者はいるのだが）。

（7）二〇一七年一月七日インタビュー実施。

（8）後述する市川有人さんへのインタビューにおいても、二〇〇〇年代から mixi などを中心にその使用の自由度が支持を集めていたモレスキンノートのファンブックを制作する際、あえてその活用術をまとめるというスタイルをとったところ、「自分なりの使い方でゆるく楽しんでいたのに、いわゆる手帳術をモレスキンに応用した活用術なんていらない、という批判がものすごくあった」という。このような事例もまた、手帳（術）をめぐる引力と斥力によって今日の手帳文化が動いていることの表れではないだろうか。

（9）そもそも、このガイドブックは文字よりも使用例の写真を全面に押し出したつくりになっており、手帳における視覚的側面がこれ以降重視されるようになったとみることもできる。

(10) 二〇一六年一二月二〇日インタビュー実施。
(11) 二〇一六年一〇月四日インタビュー実施。

第2章　なぜ演じるのか――フィクションに託すサファリングの語り

西倉　実季

1　「この、顔のせいで」

「あきらめることは慣れています。昔から、あきらめなくちゃならないことが多かったから。この、顔のせいで」。開演して間もなくのセリフである。演じている女性は黒いマントに白いマスク姿。次の瞬間、演者はゆっくりとマスクを外し、素顔を見せる。顔が変形していることが一目でわかる。客席の空気が一気にぴんと張りつめ、観客の視線は演者の顔に釘づけとなる。

顔の変形のために女優になる夢を断念した主人公と、顔に大きな赤あざがあっても舞台で活躍する女優。演者はベネチアンマスクを使いながら、二人の登場人物を演じ分けていく。一人芝居だ。女優は芯の通った声と抑揚の効いた口調で、身振り手振りを交えながら、もっと自分の欲望に忠実に生きてはどうかと主人公を説得する。

ぶつかってみればいいじゃないか！

あんた、女優の夢もダメ、好きな男への告白もダメ、最初から全部あきらめて……

いったい、あんたの人生の幸せって、どこにあるんだい？


最初は女優の言葉に耳を傾けていた主人公であったが、次第にいら立った様子で反論しはじめる。セリフが先に進むにつれ、表情は苦渋に満ち、目には涙が浮かぶ。声は震え、ついに悲鳴にも似た叫びとなる。


あなたは……あなたは、強いからそんなことが言えるんです！

自分の見た目を受け入れて、自分の思うように、好きなことに向かっていける強さがあるから、そんな……無神経なことが言えるんだわ。

みんながみんな、あなたみたいに強いわけじゃない！

少なくとも私は……傷つくのがとっても怖い！

女優になりたくても、「よくそんな顔で」って言われたら、もう言葉が出ないわ。

告白してもし、「君みたいな人は対象外だ」なんて言われたら、きっと立ち直れない。

私には、体当たりしてみる勇気なんてない！

この顔に生まれてきただけでも、生きづらいのに……

これ以上、傷ついたら……生きてなんていけない！

あなたに……私の気持ちは……わかりっこない。

2　演じることと人生

これは、顔面動静脈奇形という血管の疾患のため、生まれつき鼻と口が変形している河除《かわよけ》静香さんの一人芝居『華』のワンシーンである(1)。河除さんは四〇代の女性であり、二人の子どもの母親でもある。二〇一四年、「見た目問題」(2)を題材とする一人芝居をはじめた。彼女が二〇一一年に地元・富山で立ち上げた外見に疾患や外傷を持つ当事者の交流会で、参加者から「こわれ者の祭典」(3)を紹介されたのがきっかけである。交流会の方向性と通じ合うものがあったため、富山にこのイベントを招待してはどうかという提案がなされ、下調べをしているうちにいっそのこと実際に出演してみようと考えたのだ。当初は自分の気持ちを詩に乗せて朗読する予定であったが、まるで会話のような作品に仕上がったため、一人芝居として演じてみることにした。一回限りのつもりが、観客から好意的に評価され、「自分の独りよがりと思っていたものがみんなに通じる」という体験をしたことで、継続してみたくなった。それ以降、「こわれ者の祭典」のようなイベントのときだけでなく、教育機関や人権団体から講演の依頼を受けて「見た目問題」当事者としての体験談を語る際に、あわせて一人芝居を演じている。インタビュー調査(4)に協力してもらった時点では、『悪魔』、『運命の王子様』、『僕のご先祖様』、『華』の順番で四つの作品を制作し、それぞれ上演する機会を持っていた。

「たかが外見のことで」というように、外見に疾患や外傷を持つ人々の困難経験は身体機能に制約がある人々のそれと比較され、過小評価されてきた（西倉 2009）。一九九九年に発足したユニークフェイス(5)の活動は、それまで不可視化されてきた彼／彼女たちの困難経験を顕在化させ、社会に問題提起した点で画期的であった。外見に疾患や外傷を持つ人々はこれを契機に、体験記の出版、メディアへの取材協力、調査研究への協力といった形で徐々に自己を語りはじめ、彼／彼女たちのストーリーに進んで耳を傾けようとする聴衆が出現した。ここには、ケン・プラマーが指摘したストーリーとコミュニティとの弁証法が確認できる（Plummer, 1995=1998）。河除さんの活動もまた、こうした動向のなかに位置づけられる。個人的経験がパロール（話し言葉）として語られるか、エクリチュール（書き言葉）として書き綴られるか、あるいはパフォーマンス(6)として演じられるかという違いはあるが、ストーリーがその生産者（語り手／書き手／演者）と消費者（聞き手／読者／観客）との相互作用のなかで産出されている点はすべてに共通する。

とはいえ、調査インタビューや体験記として個人的経験を語ったり書いたりすることと、パフォーマンスとして演じることには、見逃せない相違点もある。何より、調査インタビューや体験記において語り手／書き手は自分自身のことを語る／書くのに対して、パフォーマンスの場合、演者は自分とは異なるフィクショナルな人物を演じるのが一般的である。河除さんの一人芝居も、彼女自身の個人的経験を土台に制作されてはいるが、登場人物は基本的にはフィクショナルな存在である。とするならば、フィクションを演じるという表現は、通常の個人的経験の語りとどのような点で異なるのかという問いが探究される必要がある。

本章が扱う河除さんの一人芝居は、アートを通じた自己表現としても捉えられるだろう。この観点から精神科病院内の造形教室活動を取り上げた荒井裕樹は、アートとは特別な知識とスキルを備えた人だけが生み出すものではなく、作り手自身の抑えがたい思いから描かれる自己表現のなかにも「アート」と呼びうる要素が含まれているのではないかと指摘する（荒井 2013）。荒井によれば、病いや障害を持つ人々のアートの可能性を検討する試みにおいて、産出された作品それ自体よりも、「ある人が表現を生みだしていく過程や、その人に表現を生みださせていく場や関係性の力そのもの」（荒井 2013: 26）をアートとして把握しようとする関心の移行がみられる。それは、表現するプロセス、すなわち「人間が他者との相互作用における関わりをもつ時間の流れのなかで自己表現をおこなってきたプロセスから生じ、また他者がそれに共感する全過程を包括している」ような「プロセスとしてのアート」（藤澤 2014 :109-110）を重視する視点である。

本章が試みるのは、プロセスとしてのアートに注意を払いつつ、個々の作品それ自体が持っている意味を同時に把握することである。荒井の表現を借りれば、「作品の特徴について語ることが表現者の〈生〉について語ることになり、表現者の〈生〉について語ることが作品の特徴について語ることになるような語り方」（荒井 2013: 30）をめざしたい。河除さんが制作した作品自体と、それらが制作され上演された過程や彼女に作品を生み出させた関係性を捉えながら、演じることが演者にいかなる種類の経験を可能にし、それがその本人の人生とどのように関係しているのかを明らかにすること。これが本章の目的である。

3　一人芝居『悪魔』——登場人物に代弁してもらう

3・1　自分の気持ちを発散する

河除さんが最初に制作・上演した作品は、学校でのいじめをモチーフにした『悪魔』である。あらすじを紹介しよう。

先天性の疾患のため顔が変形している主人公「私」は、同級生Sから「君みたいなヤツに基本的人権はない。なにせ、君は人間ではなくて化け物なんだから」と罵られる。その言葉は「私」の心にSへの憎悪を生み、悪魔を召喚する。悪魔は「私」にSへの復讐の契約を持ちかける。それは、一〇年後に生まれるSの子どもを「私」と同じ顔にするというもので、いったん交わしたら自らの命を差し出さない限り解消できない。悪魔との契約から約一〇年後、Sから突然連絡があり、許しを乞われる。Sが過去の過ちを後悔し続けていたことを知った「私」は、謝罪を受け入れる。そこで悪魔に契約解消を申し出るが、「契約を取り交わした瞬間からお前の心はすでに化け物だ。そんなお前の心を晴らすのは復讐しかない」と言い放たれてしまう。ただ人間として認められたかった「私」は、Sがそう認めてくれたにもかかわらず、復讐を完遂して心まで化け物になり果てたくないとの思いから、命と引き換えに契約を取り消す。

河除さんの講演は、はじめに一人芝居を披露し、そのあと見た目問題当事者としての体験談を語るといった組み合わせが定番である。そうした機会におもに上演するのがこの作品である。河除さんによれば、体験談を語ることとパフォーマンスを演じることとは次のように区別される。前者は「ありのままの自分の人生」、すなわち「事実」を話すことが求められるが、後者は「フィクションの力」を借りながら「自分の思いを表現」することができる。『悪魔』を演じることで河除さんが表現したかったのは、保育園から中学校まで続いた「一〇年に渡るいじめ」のただなかでは「言えなかった思い」である(7)。

K：心のなかでは憎んでいたりしても／＊：うんうん／その時代、実際に自分が子どものときとか思春期のときにそれを口に出して言えたかっていうたら、言えなかった。誰にも言ったことなかったし。言えなかった思いを今、こう、言っている、みたいな感じですね。「じろじろ見られていやだった」っていうセリフがあるお芝居のときも、あのー、じろじろ見られていやな気持ちにならんわけないだろう！みたいな。アハハハハ。ほんとは、うん、思ってたし、今でも見てくる人たちに言いたい。言いたいけど言えない。…（中略）…だから、なんか、普段言えない気持ちを舞台で、もう（笑）、自分の気持ちなんやけど、代弁して、自分の気持ちを役に代弁して言ってもらってる感じですね。

＊：あーー。河除さんの気持ちなんだけど、登場人物の気持ちとして？

K：として、代弁して言ってもらってるっていう感じですね。だからたぶん、言ったらあんなにすっきりするんやと思います。アハハ。

＊：ああ、そうなんですね。演劇だと、しゃべってるのは河除さんだけど、でも舞台上やっぱり違う人の発言だから、代弁っていうことになるんですよね。

K：そうですね。私はその、代弁のような感じで、自分の気持ちをここで発散しているみたいな。発散というか、言ったぞ、みたいな。

いじめに遭っていた当時の河除さんは、相手に抵抗したり反論したりすることはもちろん、親や教師に打ち明けることさえできなかった。顔のせいで虐げられていることを知られるのがたまらなく恥ずかしかったからである。自分の気持ちを封印せざるをえないのは過去に限ったことではない。交流会のなかには、執拗な視線を向けてくる他人に毅然と抗議するメンバーもいるが、河除さん自身は現在でも「言いたいけど言えない」。こうした彼女にとって、いじめに遭っている役柄を演じることは、その人物による「代弁」という形で「過去の言えなかった自分の気持ちや、今でも言えない自分の気持ち」を表現することなのである。

河除さんが依頼を受ける講演の多くは、人権に関連するものである。そうした機会には、聞き手に「わかりやすく伝える」ために、いじめや就職差別など、これまでの人生から「人権に関係しそうな」出来事を選び出して「時系列的に話す」ようにしている。しかし河除さんは、こうした「語りだけでは伝わらないもの」や「表現できないこと」があると考えている。それは、「これだけ苦しかったんだとか、これだけ恨んでたんだとか」、それぞれの出来事にまつわる「自分の感情」である。「そのとき自分がどんな気持ちだったか」を伝えるには「感情」を思う存分表出できるフィクションを用いたパフォーマンスの方が適しており、観客にも「より共感してもらえる」のではないかという。

3・2　自分の物語として体験してほしい

河除さんによれば、観客の「共感」を喚起するにあたって効果的なのがフィクションである。中学三年生のときの公民の授業で「基本的人権の尊重」について習ったあと、ある男子生徒から「お前に基本的人権はない」と言われたこと。ずっと相手に対する憎悪と復讐心にとらわれていたこと。成人式で彼と再会し、「中学のとき、いじめてごめんな」と謝罪されたこと。いじめた側も「良心の呵責」に長年苦しんできたとわかり、それまでの「恨み」が「すーっとなくなった」ように感じたこと。これらはすべて実際の出来事であり、その意味で『悪魔』の筋書きは「ほぼ実話」にもとづいている。とはいえ、この作品はやはりフィクションである。悪魔はもちろん、主人公の「私」もフィクショナルな登場人物であり、悪魔との契約も現実世界では起こりえない虚構の出来事であるからだ。河除さんが基本的には自身の「実体験」に依拠しつつもフィクションの要素を付加して作品を制作するのは、「現実の私の、本当にあったこと」を演じたのでは観客が「感情移入」できないと考えているためである。

Ｋ：観る人が感情移入するには、私じゃダメ、みたいな。私本人のありのままの生々しいのやったら、ただの私の話になるので、私じゃダメ、みたいな。

＊：演じている河除さんの実体験だと？

Ｋ：そうですね、ただの私の実体験の披露になってしまうがで、観る人が私のその実体験に感情移入っていうのは／／＊：ああ／／河除静香になるっていうのは、ちょっと、私も、自分ベースで考えたらできんかなと思って。やっぱり、観る人が感情移入するには、フィクションであり物語。…（中略）…物語がおもしろいのは、自分が主人公の気持ちになってみたり／／＊：あー／／主人公として物語の世界を体験できるから／／＊：そっかそっか／／物語っておもしろいな、感情移入ができておもしろいなって思うがやと思うから。だから、感情移入するためには私じゃダメ、みたいな（笑）。

＊：実在の河除さんだと／／Ｋ：そうそう／／あくまで河除さんの話としてしか観れないけど、『悪魔』だったら「私」っていうのに自分を重ねてってていうか？

Ｋ：そうですね。だから、自分の物語として体験してほしい、みたいな。自分だったらどうかなってていう感じで、感情移入して観てほしいっていうのがやっぱりあるから、［演じるのは］実体験じゃない感じですね。

河除さんによると、河除静香という特定の人物の「実体験」をそのまま演じたのでは「あまりにも生々しく」、観る者は「感情移入」する余地がないため、楽しむことができない。河除さんの言う「楽しむ」とは、観客が主人公に「共感」を覚えながら「物語の世界を体験」することを指している。主人公が泣いているシーンであれば、「ああ、たしかに自分もそう言われたらここで涙が出る。この悲しい気持ちわかる」というように、「主人公になった気持ち」でストーリーを追体験しながら「観て、感じて」ほしいという。なぜなら、「私」の立場に身を置いてみない限り、誰にでも保障されているはずの基本的人権を否定され、「子子孫孫」に至る復讐を決意するまで追い込まれてしまういじめ被害者の心情は伝わらないからである。「もし自分が主人公だったら……」というように、反実仮想的な視点で自己と他者の立場を反転させてみなければ、見た目問題とは何か、自分には関係ないと思ってきた人々が理解することはできない、というわけだ。河除さんは、顔にあざを持って生まれ、ユニークフェイスの代表を務めた石井政之がかつて「アナタは頬をマジックで赤く塗って外出できますか？」(8)と読者に問いかけたことに触れながら、「［受け手は］自分のこととして考えてみたり行動してみないと、それ［＝見た目問題の内実］はわからない」と語っている。

河除さんによれば、観る者のこうした追体験を可能にするのがフィクションであり物語である。演者は、自身とは異なるフィクショナルな人格をその身体と言語を通じて提示しようと試みる。対して観る者は、想像力を働かせ、登場人物に自身を重ね合わせながら、演者が提示するものを受け取ろうとする。河除さんにとってフィクションを演じることは、演者と観客、より一般的には見た目問題当事者とそうでない人との間にこうしたコミュニケーションを成立させうる契機なのである。

4　一人芝居『華』――複数の自己を対話させる

4・1　どっちも自分

次に、冒頭で取り上げた『華』という作品のあらすじを紹介しよう。顔のことを気にして女優になる夢も恋愛もあきらめた「レディ」は、ある日、顔にあざのある主人公が登場する舞台を観る。物語はごく平凡であったが、なぜか強く心をつかまれたレディは主演女優の楽屋を訪ね、メイクだと思い込んでいたあざが本物だと知って驚く。顔のことで傷つくのを恐れるあまり何事にも消極的なレディと、顔にあざがあっても舞台で主役を張るまでになった女優。正反対の生き方をしている二人の女性は、話をしているうち口論になってしまう。しかし、女優が客席の自分をめがけて演じていたことを知ったレディは、彼女が同じ立場の者として心を通わせようとしてくれたからこそあれほど胸が熱くなったのだと気がつき、女優のセリフに後押しされ、これからの人生で自分の「華」を咲かせる希望を見出していく。

劇作家の平田オリザは、「対話」を「お互いに相手のことをよく知らない、未知の人物と交わす新たな情報交換や交流」と定義したうえで、演劇は三つの対話を内包していると指摘する（平田 1998: 201）。以下では、⑴演劇作品内での役柄同士の対話、⑵演劇集団内での劇作家、演出家、俳優相互の対話、⑶劇場における表現する側とそれを観る側との対話という三つのうち、⑴と⑶に注目してこの作品が持つ意味や河除さんが演じることの意味を検討していく。⑵の対話を除外するのは、河除さんが演じているのが一人芝居であり、なおかつシナリオも彼女自身が書いているためである。

まず、演劇作品内での役柄同士の対話は、『華』の見せ場である主人公のレディと女優との「言い争い」に見て取れる。冒頭で取り上げたシーンである。互いに顔に疾患を持ちながら、一方は、自分のこの顔では「絶対に無理」と舞台に上がる夢に見切りをつけ、他方は、主演女優としての気概は「このあざがアタシにくれたものだ」と胸を張る。同じような境遇に生まれながら、対照的な生き方をしている二人の女性。こうした役柄の設定やその間の対話によって何を表現したかったのか、河除さんに質問してみたところ、次のような答えが返ってきた。

K：女優さんは／／＊：うん／／あのー、今の舞台とか講演とか行ったりする自分で、でもレディは、過去の自分とか、やっぱり日常生活でマスク取れない自分があったりする、みたいなとこで、それぞれにぞれぞれの立場の自分の言いたいことを言わせている、みたいな。アハハ。…（中略）…たとえばこちら［＝女優］が舞台とかしてる自分で、こっち［＝レディ］が日常の自分やとしたら、前向きな方に完全に来たかって言われたらそうじゃなくて／／＊：うんうんうん／／自分はこの［＝

レディと女優の」間で行ったり来たりしてるような感じで。
＊：あえて分けるとしたら二種類の自分がいて、どっちも自分っていうことですよね？
Ｋ：そうですね。どっちも自分で、そのときの状況によって気持ちがあっち行ったりこっち行ったり
こっち行ったり、みたいな。アハハ。
＊：ああ、ああ、その［＝女優とレディの」間をね。
Ｋ：間を行ってる感じですね。
＊：お芝居ではそれぞれの登場人物に、その、それぞれの自分の感情を言わせてるっていうか？
Ｋ：そうですね、うん。で、そのなかにメッセージ入れたりするんですけど、やっぱりどっちの気持ち
もわかるから、『華』のレディの、あの、好きな人にも言えなかったとか／／＊：うんうん／／その、
いろんなつらい目に遭った自分の感情もわかるし、女優の、なんかその、ドンとぶつかっていかれ！
みたいな。
＊：やってみればいいのに、みたいなね。
Ｋ：やってみればいいじゃん！みたいな、アハハハハ／／＊：アハハハ／／自分もわかるから。
＊：ああ、［レディの気持ちと女優の気持ち］どっちもわかると？
Ｋ：どっちもわかる。だからどっちも自分やから。やけど、でも、言い争わせてみたかったというのが
あって。

舞台上では躊躇なく素顔をさらす河除さんであるが、日常生活では真夏でもマスクが手放せない。他人

にじろじろ見られるのではないか、素顔を見せたら周囲の態度が激変してしまうのではないかと、仕事や買い物のときはもちろん、自宅のサンルームで洗濯物を干すときや暗闇のなかを運転するときでさえ、マスクなしでは落ち着かないのだという。ここには「一歩踏み出そうと思ってもなかなか難しかったり、ちょっとしたことにびくついたりしている自分」がいる。そうした自分の存在をレディという役柄に託したのである。

一方、一人芝居をはじめ、「一歩踏み出したことで今までなかった世界を体験できている」自分がいることも確かだ。それまでの河除さんは、顔に疾患を持つ自分は「表に出てはいけない存在なんだ」と思い込んでいた。高校時代、県内ではめずらしい部活動に所属していたため地元のテレビ局が取材に来るが、カメラに映る位置にいたはずなのに放送された映像からは外されていたこと。短大の卒業アルバムに、集合写真以外、彼女が写った写真は一枚も使われていなかったこと。「被害妄想かもしれない」とはいえ、これらは河除さんに「自分は表に出てはダメ」と思い込ませるのに十分過ぎる出来事であった。ところがいざ一人芝居に挑戦してみると、「かっこよかった」「素敵だった」など、観客から「自分が絶対にもらえないと思っていた言葉」をかけられ、テレビや新聞の取材依頼もあった。この顔でも「表に出られる」、いや、むしろ「表で何かをすることが求められている」と思えた瞬間だった。こうして自分が実際に体感した「一歩踏み出すことの重要さ」を、女優という役柄を通して表現したかったのである。

ただし、河除さん自身がインタビューのなかで強調しているように、彼女が辿った経過をレディから女優へという一方向的な変化として理解してはならない。なぜなら、レディと女優のどちらも紛れもなく河除さん自身だからである。二人の登場人物はいわば両極であって、その間を「あっち行ったりこっち行ったりして生活しているのが現在の自分」なのだ。二人が口論する場面を盛り込んだのは、自分のなかに複数の自己が存在していることやそれらが今なお「葛藤」を続けていることを過不足なく表現するためである。

レディと女優の「言い争い」にはもうひとつ、見た目問題当事者の多様性を表現するという意図が込められている。河除さんによれば、交流会を重ねるにつれ、同じ当事者であっても「考えはひとつじゃない」ことを痛感するようになった。たとえば、他人にじろじろ見られたときに断固たる態度で抗議する人もいれば、（マスクで隠す生活を送る以前の河除さんのように）沈黙してしまう人もいる。当事者はけっして一括りにできないし、問題の現れ方も単純ではない。同じように顔に疾患を持ちながら正反対の考え方をする二人の女性の対話を通して、そのことを伝えたかったのだ。

4.2　ひと言を届けたい

次に、劇場における表現する側とそれを観る側との対話を検討するにあたって注目したいのが、河除さんが定めたこの作品の宛先である。河除さんによれば、『華』は交流会に参加しなくなったある女性を念頭に置いて制作した。恋愛に積極的になれずにいたその女性は、同年代の女性同士で「女性としての悩み」を話し合い、共有したいと望んでやって来た。しかし、老若男女が一堂に会する交流会の場では、彼女のニーズに応えることができなかった。河除さん自身、自分に恋愛や結婚ができるのかと悩んだ時期があるからこそ、交流会から離れていったその女性のことが気がかりだった。

Ｋ：だからすごく、その人がすごい気になって。一生懸命やってるけど、でも一歩出れないみたいなところを／／＊：うんうん／／レディに重ね合わせてみたりして。…（中略）…自分が結婚を求めるならば絶対、幸せになれるような気がするけど、その一歩が踏み出せないっていう気持ちもわかる、みたいな。だから、恐れる気持ちもわかるけどー／／＊：うんうん／／もう、こっちはこっちで勝手に応援してるからねー、みたいなことを、アハハハハ、このお芝居で、結局その人には観てもらえてはないがですけど、このお芝居のなかでそういうふうなことを伝えたくて。

…（中略）…

＊：いざこざはあったけど、女優のひと言とか、私の方を見てお芝居してくれてたんだ、私のことを思ってやってくれてたんだって［レディが］気づくとこあるじゃないですか。

Ｋ：ああ、そうですね。

＊：そういう形で、なんか、そのー、河除さんもその彼女を思ってるよっていうことですよね？

Ｋ：そうなんです！　まさにそういう感じなんです。私もあなたのこと、まあ、届くかどうかは別として、思ってます！みたいな。勝手に考えてるんです！みたいな。ウフフ。

深く苦悩している様子の女性であったが、それも含めて「必死に生きる姿」が河除さんには「すごくきれい」に映った。恐れず歩み出せば彼女が望むような恋愛や結婚ができるはずだと信じてはいるが、「その一歩が踏み出せない」という気持ちも痛いほどに理解できる。だから河除さんは、女優がレディにそうしたように「私はあなたを思っている」、「人生に自分の華を咲かせてほしい」と彼女に伝えたかったのである。劇中における女優からレディへのメッセージが、そのまま演者である河除さんから（潜在的な観客である）交流会と距離をおくに至った女性、さらには彼女と同じような状況にある人へのメッセージでもあるのだ。ここには、演劇作品内での役柄同士の対話が、同時に劇場における表現する側とそれを観る側との対話でもあるという入れ子の構造が見て取れる。

幸いにも河除さんの周囲には、恋愛に投げやりな態度を見せたときに叱責してくれる友人や、結婚なんてできるのかと不安に駆られたときに「あんたの武器は性格や！」と背中を押してくれる先輩がいた。振り返れば、人生の要所で「誰かのひと言」が一歩を踏み出せずにいた自分を変えてくれた。そう痛切に実感している河除さんは、その女性に同じような「ひと言」を届けたいとの思いから『華』を制作し、いつか彼女が観てくれることを期待しながら演じている。

5　サファリングの創造性

5・1　自分の人生には味がある

ここまで二つの作品を取り上げ、それぞれの作品が持っている意味に加えて、河除さんが表現を生み出していく過程や彼女に表現を生み出させていく関係性を検討してきた。では、これらの作品を演じるという経験は、演者である河除さんに何をもたらしたのだろうか。一人芝居をはじめたことによる変化について質問したところ、次のような答えが返ってきた。

K：あの、自分の人生けっこう味があるなって思えるようになったというか。自分の人生とか、見た目問題当事者の人たちの人生ってすごい味があるなって思うように。たとえばお話［＝シナリオ］つくるときに／／＊：うんうん／／自分の過去のエピソードとか、他の見た目問題の当事者の、交流会の人たちの、交流会でお話聞いて、それをお話［＝シナリオ］に反映させようとしたときに、なんか、そういう人たちの人生にすごい味を感じるというか。そんなふうに感じるようになったのは、このお芝居するようになってからやなと思って。

＊：単に、その、つらかった人生とかではなくて？

K：ではなくて。たしかに、今思えば、あのときすごいしんどかったけど、お芝居のなかに取り入れて、演じて、演じて、演じて、ああ、なんか、たしかにつらかったけど、それがあって自分がある、みたいな。

実体験にもとづく作品を制作することは、過去を回想しながらシナリオに反映させるエピソードを取捨選択する点で、河除さんにとって人生の「見直し」の機会となった。「こんなこと乗り越えて今まで生きてきた」という気づきを得て、さまざまな出来事が「今の自分になるためのひとつの過程」という意味を帯びてきたのである。河除さんの言う「味」とは、自分の人生を再吟味することによってはじめて見えてきた味わいとして理解することができるだろう。これは作品を制作したことによる変化であるが、上の引用では、演じたことによる変化も同時に語られている。いじめや就職差別は「もちろんない方がいい」経験ではあるが、一人芝居をしている現在の立場から振り返れば「大事な出来事」でもある。なぜなら、「あのときの感情を演技に乗せられる」のは、自分が実際にそうした出来事を体験してきたからに他ならないためだ。これまでの人生は「たしかにつらかった」が、「それがあって自分がある」というように、演じることの重要性が増しつつある今の自分にとってはかけがえのないものである。いじめや就職差別を経験し、恋愛や結婚も簡単にはうまくいかなかった「自分にしかできない表現」があると考えるようになった河除さんは、ここに至る人生をこれまでとは別様の視点で捉えはじめている。

感情の表出以外に「自分にしかできない表現」としてインタビューのなかで語られたのは、自分の顔を活かした表現である。河除さんの作品には、パフォーマンスの最中にマスクを外すシーンが多く盛り込まれている。観客に「見た目問題のインパクト」を与えるにはどのタイミングでどう外すのが効果的か、いずれの作品でも念を入れて検討しているという。「たしかに、私のような者にとってこの世は生きづらい」。マスクを外し、素顔をさらしてこのセリフを言うことで、登場人物にとってのみならず、演者の河除さん自身にとっても「本当にこの世は生きづらいのだということ」を観客に感じ取ってもらいたいのだ。河除さんいわく、これは自分の顔も「小道具」として使用した「自分にしかできない表現」である。

5・2　この顔に生まれてきた意味

医療人類学において、「サファリング」という概念は順調な生のプロセスを乱すものとしての病いや障害をめぐって現れる苦悩や苦難と定義される（Kleinman & Kleinman, 1991）。浮ヶ谷幸代は、サファリングを抱える人々やコミュニティがそれに向き合うことでサファリングに対処する術や生きる技法が編み出されることを「サファリングの創造性」（浮ヶ谷 2015: 5）と位置づけている。サファリングに創造性の契機が内在するという指摘は、河除さんが辿ってきたプロセスを考慮すれば大いに納得できるものである。家庭も仕事も充実していたが、その反面「この顔じゃなかったらよかったのに」と恨んだり「なんでこの顔に生まれてきたがやろ」と嘆いたりすることもあった。治療の情報を検索していたなかで偶然「見た目問題」という言葉を知り、勇気を出して大阪での交流会に参加した。その会の主催者の「富山でもやってみればいいよ」という言葉に後押しされて地元で交流会を立ち上げ、期せずして一人芝居をはじめることになった。そして、自分のパフォーマンスが観る者の「共感」や「[今後の人生の]一歩につながるもの」を引き出せたと実感できたとき、「自分にしかできない表現」があると確信できたとき、「この顔に生まれてきた意味ができた」と思えた。サファリングと対峙してそのつど自分にできることを試み、状況を切り開こうとしてきたからこそ、河除さんは人生の新たな意味を見出すに至ったのである(9)。彼女が辿ってきたプロセスには、まさしく「創造性の源泉」(浮ヶ谷 2015: 17)としてのサファリングを確認することができる。

ただし、こうした創造性は河除さん個人に帰属するものではないことに注意が必要である。河除さんがサファリングに対処する術としてもっとも重要な位置を占めているパフォーマンスは、他の見た目問題当事者との関係性において制作され上演されているからである。具体的には、シナリオには交流会で語られる他の当事者の個人的経験が盛り込まれ、『華』という作品は交流会に来なくなった女性に向けて演じられているのだった。交流会をはじめとして、さまざまな場で出会った他の当事者の個人的経験がパフォーマンスのなかに織り込まれ、河除さんの身体と言語を通じて提示されているのだ。その意味では「[作品は]自分だけのものではない」。このように、サファリングに対処する術や生きる技法は、他者との関係性のなかで編み出されているのである。

6　フィクションを介した自己表現

6・1　フィクションの効用

フィクションを演じるという表現は、通常の個人的経験の語りと比較してどのような特徴を持つのか。最後に検討したいのは、はじめに掲げたこの問いである。これは、河除さんはなぜフィクションを必要とするのか、彼女にとってフィクションは何の役に立つのかという「フィクションの効用」（大浦 2013: 31）に関係する問題でもある。『悪魔』と『華』という作品が持っている意味や、河除さんにおける「プロセスとしてのアート」の側面を検討して見えてきたことを二点指摘したい。

フィクションを演じるという表現の特徴のひとつは、現実の状況や関係性のなかでは表出が困難な感情を表現できる点である。河除さんは、いじめをめぐって過去に表出できなかった感情や、他人からの不快な反応に対して現在でも表出できない感情を『悪魔』の主人公による「代弁」を通じて表現しているのであった。河除さんによれば、はじめて引き受けた講演で過去のいじめについて話そうとしたとき、自己紹介の段階で涙が溢れてしまい、「自分のなかでまだこんなつらいっていう気持ちあったんや」と気がついた。いじめの相手から謝罪を受け、彼を責める気持ちはもう消えていたが、それでも『悪魔』を制作したのは「やっぱり、その人［＝いじめの相手］に［伝えたい］っていうのがあったんかも」と振り返っている。しかし、当時言いたかったことを伝えるにはすでに相当の時間が経過しているうえ、今ではその彼も含めた地元の同級生たちと良好な関係を築けており、それを壊すようなことは絶対にしたくない。かといって、過去の未消化な気持ちを抱え込んでいくのはあまりに苦しい。こうした河除さんにとってフィクションを演じることは、いじめにまつわる感情を自分自身ではなく登場人物のものとして表現し、その結果、みずからの感情を「発散」できる機会なのである。これは、他人からの不快な反応に対して表出できないでいる現在の感情についても同様である。じろじろ見てくる他人を目の前にして「見るな！」と抗議することは難しいが、怒りや憤りを封印し続けるには限界がある。「[舞台上でセリフを］言ったらあんなにすっきりする」というように、こうした感情を登場人物の「代弁」として表現することは、河除さんにカタルシスをもたらしている。これらは、作品を制作する作者と、作品のなかで物語を提示する語り手が一致しない「作者と語り手との分離」（清塚 2009: 8）として定義づけられるフィクションを用いてこそ可能な自己表現である。

フィクションを演じるという表現のもうひとつの特徴は、必ずしも一貫しない自己を無理なく表現できる点である。河除さんは、「一歩を踏み出せない」自分をレディに、「一歩踏み出した」自分を女優に託して『華』を演じているのであった。河除さんにとって二人の登場人物はどちらも自分であるが、メディアの取材を受けると「今の自分はどちらですか？」と質問されることがしばしばある。「どっちでもあるし、どっちでもない」と考えている彼女には、うまく答えようがない。河除さんによれば、取材などで体験談を語る際には、過去の出来事のなかから相手の要望に適うものを選択し、「小さい頃からどういうことがあって、今どうなっているか」を「時系列的に話す」ことが求められる。この語り方に適合的なのは、過去から現在へという一方向的な変化である。河除さんの自己がレディから女優へと変化を遂げたのであれば、こうした語り方を通じて表現することができる。しかし、実際には両者の間を「あっち行ったりこっち行ったりして生活しているのが現在の自分」なのであり、一方向的で不可逆的な変化が想定された語り方にはうまく適合しない。これに対して、自分のなかの矛盾するような心情を複数の登場人物に投影することができるフィクションは、河除さんにとってより自由な表現を可能にするものなのである。

ライフストーリー研究はたしかに、「日常の生活経験のなかで演じられる混乱、多義性、矛盾」(Plummer, 1983=1991: 103) をすくい上げようとするものである。しかし、語り手が相手の要望に応じて語ることが求められる点では、メディアの取材も調査インタビューも同様であり、ライフストーリー・インタビューも例外ではない。とするならば、ライフストーリー研究もまた、自己の一方向的な変化を暗黙の前提としてしまい、混乱や矛盾をはらんだ自己を把握し損ねている可能性はないだろうか。

ライフストーリー研究は、語られたことは真実なのかという疑問に対して、「内的一貫性」という新たな基準を提示することで応答してきた(桜井 2002)。ライフストーリー研究が依拠すべきは、語られたことが調査者の知識や他の語り手による語りと矛盾しない「外的一貫性」ではなく、「過去や現在の経験、そして予想される未来を当人がどのように理解しているかの、内的に一貫した解釈」(桜井 2002: 201-202) が表現されているかどうかである、という主張である。内的一貫性の概念はライフストーリー研究において重要であるが、倉石一郎はその絶対視は危険であると指摘する (倉石 2015)。というのは、「語りにおける一貫性の非-生成」(倉石 2015: 196) を取り逃がす恐れがあるからだ。本章の問題関心に照らすと、非-一貫性の存在を許さず、内的一貫性を担保しようとする構えが、混乱や矛盾をはらんだ自己への視野を閉ざしてしまう事態である。

6・2　語りとパフォーマンスの社会学に向けて

残された課題として、身体パフォーマンスゆえの表現可能性をあげておきたい。本章では、個人的経験をパロールでもエクリチュールでもなくパフォーマンスで表現することの意味については十分な議論を展開することができなかった。しかし、河除さんが「語り」と「パフォーマンス」を明確に区別し、後者だからこそ可能な表現があると考えていることをふまえるならば、これは検討を要する論点である。上野千鶴子は、ディアスポラ・アーティストたちが身体を介した表現に向かう傾向があることを指摘しつつ、次のように述べている。

おもえば言語だけが「表現」ではない、というあたりまえの事実を、わたしたちは忘れがちではないだろうか。…（中略）…言語が表現手段のうちでもっとも支配的な地位を占めるために、言語をツールとする者の社会的な優位もまた保証されてきたが、だからといって「言語化されない」表現に対する「畏《おそ》れ」を失っていいわけではない。おそらく社会学者の仕事は、言語になろうとしてなりがたい人間の経験を、その速度に追いつけないことを自覚しながら、だが力量の限界まで、逐《お》いかけていくことではないか（上野 2005: 306-307）⑽。

いじめに対する怒りと憤り、顔のせいで多くをあきらめざるをえなかったことへの悲嘆、自分には到底かなわないと思い込んでいた恋愛が成就したときの歓喜。河除さんはこれらを言語ではなく身体を介して表現している。個人的経験の身体的次元を「自己語りの社会学」はどう扱いうるか。その探究はまだこれからである。

推薦文献

荒井裕樹 2013『生きていく絵――アートが人を〈癒す〉とき』亜紀書房

部落解放・人権研究所編集・発行 2017『見た目問題のいま』

ケン・プラマー 原田勝弘・川合隆男・下田平裕身監訳 1991『生活記録の社会学――方法としての生活史研究案内』光生館

注

（1）以上のセリフは、河除さんに提供いただいたシナリオから引用した。

（2）NPO法人マイフェイス・マイスタイル（MFMS）の代表を務める外川浩子の造語。二〇〇六年に設立されたMFMSは、あざや火傷などの「見た目を理由とした偏見や差別などによって生じる問題」である「見た目問題」の解決をめざして、イベント開催や情報誌発行などの活動を展開してきた。河除さんはMFMSの趣旨に賛同しており、自身を「見た目問題当事者」と自認している。

（3）「病気」の体験発表とパフォーマンスから構成されるイベント。アルコール依存症とひきこもりの体験を持つ月乃光司が代表を務める。二〇〇二年に第一回目が新潟市で開催され、現在までに、アルコール依存症、ノイローゼ、うつ、幻聴幻覚、過食症、ひきこもり、脳性まひ、リストカット、自殺未遂、パニック障害、性同一性障害などの体験者が出演した。

（4）河除さんへのインタビューは、二〇一六年六月一一日および二〇一七年三月二三日に実施した。第一回目のインタビューでは、一人芝居をはじめたきっかけ、それぞれの作品に込めた思い、語りとパフォーマンスとの違いについて聞き取ることを目的とした。第二回目のインタビューでは、制作・上演を経ての自己の変化を中心に聞き取った。

（5）病気やけがなどが原因で容貌に特徴を持つ人たちによるセルフヘルプ・グループ。二〇〇二年にNPO法人化し、二〇一五年に解散した。

（6）パフォーマンスとは、意識的か否かにかかわらず「見せる・見られるという眼差しを内包した人間の社会的行為すべてを言い表す言葉」（中島 2009: 327）である。ただし、パフォーマンスは「論争をはらむ概念（contested concept）」（高橋 2011: 18）であり、学問分野や研究者によってその意味するところは異なる。演劇やダンスなどの舞台芸術としてのパフォーマンス、自己提示としての日常生活のパフォーマンス、儀礼や祝祭などの文化的パフォーマンスという高橋の整理にもとづくと（高橋 2005, 2011）、本章が焦点を当てるのは一つめの意味のパフォーマンスである。

（7）以下で引用する会話は、インタビューの内容を文字起こししたトランスクリプトからの抜粋である。Kから始まるのは河除さんの発話、＊から始まるのは調査者の発話を意味している。また、二重斜線（//）、ブラケット（［ ］）はそれぞれ、話されているところに発話が重複した場合と筆者による内容の補足であることを示している。

（8）石井は「石井さんぐらいのアザなら、気にすることはないんじゃない？」と言われるたびに、たった一時間でもマジックで赤く塗った顔で電車に乗ったり誰かとすれ違ったりすれば、じろじろ見られ、「気持ち悪い」

という言葉が聞こえてくるはずだ、と反論したくなるという。これは、「私の身に現実に起きていることは、アナタの想像以上上だろう」という問題提起として受けとめる必要がある（高橋・茅島 2002: 62-63）。

（9）J・M・モースによれば、サファリングそれ自体が自動的にこうした変化を生起させるわけではなく、そのためにはサファリングと十分に向き合い、それを潜り抜けるプロセスが不可欠である（Morse, 2000）。西倉（2017）では、サファリングを潜り抜け、自己や病いの経験を笑うユーモアを生み出している円形脱毛症の女性マンガ家を取り上げげた。

（10）草柳千早もまた、相互作用は「単に言葉だけではなく身体を介したより複合的で全体的なやりとりである」にもかかわらず、社会問題に対する構築主義アプローチには「ある種の言語中心主義」の傾倒が認められることを指摘している（草柳 2015: 8）。

第3章　もうひとつのドクターズ・ストーリー
——患者の死をめぐる小児科医の苦悩の語り

鷹田　佳典

1　「自分は天国に行ったらいけない」

Ａ：自分は天国に行ったらいけないと思いました。地獄に落ちて、患者さんと同じだけの苦しみを受けなきゃいけないっていうふうに思いました。

これは筆者が行ったあるインタビューの中で語られた言葉である。これを語ったのは、四〇年以上にわたって小児血液腫瘍の治療に携わってきた小児科医（以下、Ａ医師と呼ぶ）である。本章の目的は、ここに示されている「苦悩」の内実を、その語りに即して検討することにある。

筆者は数年前から、患者の死を医療従事者がどのように経験しているのか、ということに関心を抱き、調査を行ってきた。これまで小児領域をフィールドにしてきたこともあり（鷹田 2012a）、最初は小児科に勤務する看護師の方々に（鷹田 2012b）、続いて小児科医に聴き取りを行った。小児科医の調査は二〇一四年から開始し、これまでに合計二一名にインタビューを重ねてきたが、そのなかの一人が今回取り上げるA医師である。ここでA医師のケースに焦点を当てるのは、冒頭で引用した一節が示すように、苦悩の経験がその語りにおいて重要な位置を占めているからである。

2　医師の語りと苦悩

ヘルスケアの領域において、「語り／物語（narrative）」に関心が集まるようになって久しい。心理療法の領域における「ナラティヴ・セラピー」の登場に始まり（McNamee & Gergen, 1992=1997, White & Epston, 1990=1992）、病いの意味に着目したアーサー・クラインマンの先駆的研究（Kleinman, 1988=1996）や「ナラティブ・ベイスト・メディスン（NBM）」（Hurwitz et al., 2004=2009）の拡がり、「物語医療（narrative medicine）」（Charon, 2006=2011）の提唱など、医療における物語論の多様な展開を示す例は枚挙に暇がない（江口・斎藤・野村編 2006）。

だが、そこでの関心の中心はあくまで「患者の物語」であって、患者を治療する「医師の物語（doctors' stories）」（Montgomery Hunter, 1991=2016）が取り上げられることは多くない(1)。もちろん医師の物語が皆無というわけではない。実際、書店の書棚には著名な医師の評伝や成功譚が所狭しと並んでいる。だが、クラインマンが、「内部からの、医療行為をすることについて実際に感じている経験、治療者であるとはどんなことなのかという物語が欠けている」と指摘するように（Kleinman, 1988=1996: 276）、「医師をすること（doctoring）」（Cassell, 2002）について医師自身が語った物語が少ないのが現状である。なかでもこれまでわれわれがあまり目にすることがなかったのが、医師の「苦悩の物語」である。

ここで〝suffering〟とは、苦境、苦痛、苦難、苦悶など、人間存在が生きる過程で直面するさまざまな「苦」をめぐる事象を包摂する概念である(2)。本章ではそれらを総称して「苦悩」と表記するが、こうした苦悩が主題となる領域のひとつが医療現場である。われわれは病いを「患うこと（suffering）」でさまざまな苦悩を経験する。このテーマについて数多くの著作があるエリック・キャッセルは、苦悩を、病いによって患者の「全体性（integrity）」が損なわれることで生じる事態ととらえる（Cassell, 2004）。したがって医療には、単に疾患を治療することではなく、この失われた患者の全体性の回復を促し、その生を全般にわたって支えていくことが求められる。このとき、患者の語りに注意深く耳を傾けることがそのための重要な方途となる。なぜなら、病いを患う自己についての物語を語り直すなかで、患者は病気によって断絶したバイオグラフィ（人生の歴史、生活の履歴）を再構築し、未来に向けての方向性を見出すことができるからである(3)。

こうして医療現場では、患者の「苦悩の語り」をどう聴くか、ということについて多くの議論や実践が積み重ねられてきた。しかし、既述のように、医療のもう一方の主体である医師（を含めた医療従事者）の「苦悩の語り」については、これまで十分な関心が向けられてこなかった。この点について、医療人類学の立場から専門職者のサファリング（suffering）について論じている浮ケ谷幸代は、現代医療の専門家のなかには、固有の葛藤や苦悩を抱えた人がいるにもかかわらず、それは「ないもの」とみなされてきたとして、次のように述べる。

専門職固有の問題は合理的に解決されるべきものであり、問題に伴う感情や情動も理性的にコントロールされるべきものとして扱われてきたのではないでしょうか。こうした状況では専門家自身の苦悩はないものとみなされる、もしくはあったとしても合理的な解決の対象でしかないことになります（浮ヶ谷 2014: 5）。

つまり、医療者もさまざまな苦悩を抱えているにもかかわらず、常に「質実剛健」であることを求める「役割意識」や社会的期待によって、その存在は当人の胸の内にしまい込まれるか、よくて「私的な場で吐露される程度」になってしまっているというのである（同上）。実際、後述するように、A医師も冒頭で言及した苦悩について、これまでごくわずかな人にしか語ったことがないということであった。では、医師の抱える苦悩とはどのようなものであるのか。次節では、A医師のキャリアをたどりつつ、その内容を確認したい。

3　A医師のストーリー

A医師へのインタビューは、二〇一六年に都内の喫茶店で行われた。A医師とはすでに面識があり、（テーマは違うが）過去に一度だけインタビューをする機会もあった。しかし、A医師のこれまでの小児科医としての歩みや患者に対する向き合い方、亡くなった患者やその家族への思いについて、腰を据えて話を聞くのはこれが初めだった。

3・1　治らない病気が治るように勉強する

一九七〇年代中頃に医学部を卒業したA医師は、まず、大学病院の小児科に配属される。そこで一年間勤務し、翌年、別の病院に移動した。三年目に再び大学病院に戻り、その後は数年ごとに地域の病院と大学病院を行き来するということが続く。一〇年目は重度心身障害児を診る病院で働いたが、大学病院が近くにあり、仕事が終わるとそこに行って毎日回診をした。そして、一九八〇年代後半に現在の病院に移り、以後、三〇年近くにわたって血液腫瘍の子どもたちの治療にあたってきた。

このように、四〇年近く小児医療に取り組んできたA医師であったが、小児科医を目指したのは、「子どもが好きだった」ことと、幼少期のある出来事が関係していると語る。A医師は一歳の頃に「肺炎か何か」に罹ったことがあった。当時は「ペニシリンもあるかないかの時代」で、親はA医師が「死んじゃうんじゃないか」と心配した。幸いA医師の体調は回復し、命を取り留めるのだが、A医師はその話を物心がついたときから「ずーっと聞かされて」育ってきたため、幼稚園に通う頃には、将来何になるかを聞かれて、「お医者さん」と答える子どもになっていた。小学校三年生のときに再び肺炎にかかるのだが、昔自分を診てくれた小児科医にかかった際、「あ、（あのとき）助けてくれた人だ」と思ったという。こうした幼少期の出来事もあり、医学部を卒業したA医師は、「初志貫徹だなと思って」小児科に進む。

A医師が働いていたのは、いずれも近隣から難しい症例の子どもが集まる大学病院や地域の中核病院であり、患児が亡くなることも珍しくなかった。たとえば、A医師がそのキャリアを通じて取り組んでいくことになる小児の白血病であるが、現在は8割ほどが治癒を期待できるようになったこの疾患も、A医師が小児科で働き始めた頃は、治る子どもが「一〇人に一人もいなかった」時代で、「ほとんど不治の病い」だった。

そのA医師が初めて患者の死にふれたのは、医師になって一年目のときである。命に関わる疾患を複数抱えた患者で、ほどなくして亡くなってしまうのだが、そのときの思いをA医師は次のように語っている。

A：亡くなったときはもちろん切なかったですけども、助けられなくて残念だなとは思ったけど、でも助けられないと思っていたので、しょうがないなというふうには思いました。

その患者の症状はきわめて重く、「助けてあげられないっていうのはもう見るからわかる感じだった」。そのため、患者が亡くなったときは「切なかった」し、「助けられなくて残念だと」思ったが、治療が困難であることは医学的に疑う余地のないものであり、「しょうがない」という思いがA医師にはあった。

この患者の死に際し、A医師が感じたことがもうひとつある。一年目のA医師は先輩医師のあとについて診療を学んでいたのだが、その先輩医師は遺族に、亡くなった患児の解剖を申し出ることができなかった。患者が亡くなると、病院側は遺族に対し、解剖をお願いすることがある。特に希少疾患や難治性の疾患の場合、病気の原因や治療の効果をより詳しく調べるために解剖依頼が行われる。しかし、この先輩医師は、患者と「長いお付き合い」だったため、「可哀そう」という思いから、どうしても解剖を言い出せなかったのである。こうした先輩医師の態度に、当時のA医師は疑問を感じたという。

Ａ：私は短いお付き合いだったので、何で先輩は解剖させてくれって言わないんだろう。すごい珍しい病気だし、やっぱり解剖させてもらって、次なる患者さんのために勉強するのが当然でしょって思って、そういうふうに思いました、最初のときは。もちろん悲しかったですけども、でも一方では冷静に、治らない病気が治るように勉強するのが医者だろうって思ってました。

A医師が解剖を言い出せない先輩医師の態度に疑問を抱いたのは、ここで語られているように、「解剖させてもらって、次なる患者さんのために勉強するのが当然」だという思いがあったからである。もちろんA医師にも患者が亡くなって悲しいという気持ちはあった。だが、そうした感情に流されて解剖するチャンスを逸してしまえば、医療の発展は遅れ、それは「次なる患者」の不利益につながってしまう。「治らない病気が治るように勉強するのが医者」であり、そのためには亡くなった患者に対する感情を制御し、「冷静に」事態と向き合わなければならない――。これが医師として働き始めた頃のA医師の考えであった。

3・2　しょうがないと思うけど……

このように、「医者になりたて」の頃のA医師は、疾患の治療を医師の第一義的な使命と考え、患者に対しても、どこか「研究の対象」とみているようなところがあった。患者の死についても、切なさや悲しさを感じつつも、「しょうがない」ものとして受け止め、それを次の患者の治療に生かすためにしっかりと「勉強する」ことが医師の責務だと考えていた。だが、そこからキャリアを少しずつ積んでいくなかで、患者の死や治療に対する考え方は徐々に変化していく。

ひとつには、患者との関わりが変わったことが関係している。新人の頃は先輩について診療の勉強をする時期であり、患者との関わりも比較的短期間でそれほど深いものではなかった。しかし、見習い期間も終わり、主治医として診療を担当するようになると、患者との関係性は必然的に濃密なものとなる。特に白血病の治療は長期に及ぶため、患者とは「すごく長くお付き合い」になる。そのなかで、患児に対し、「かわいいというのとは違」うが、「大切な感じ」がA医師のなかで大きくなっていった。そのため患者が亡くなったときは、「すごく悲しかった」とA医師は語る。

もうひとつは患者に対する責任が大きくなったことである。医師になって数年は指導医について「お勉強する」という立場であったため、患者が亡くなっても、「自分のせいで亡くなった」と感じることはあまりなかった。しかし、その期間が終われば、主治医として患者の治療を任されるようになる。A医師も七年目の頃には、知識と経験を積み、「いっぱしの気分」で患者の治療にあたるようになっていた。そうしたなかで患者が亡くなってしまうと、「自分が未熟だったから治せなかった」という思いに駆られ、「とてもつらかった」という。

A：何でも勉強したみたいな感じで、それで助けられないっていうのは、あと、やっぱり病気の発見が遅れたとか、思わぬことが起こっちゃったとか、そういう対処ができなかったとか、そういうようなことはありましたので、とてもつらかったです。そのくらいになると患者さんを亡くすのは結構、しょうがないとは思うんだけど、しょうがないとは思うけど、自分でそう思いました。

ここでも「しょうがない」という表現が出てくるが、それが二度繰り返されたり、「しょうがない」の後に「けど」という接続詞がついていたりする点からは、どこかで患者が亡くなってしまったことを割り切って受け止めきれないA医師の当時の心境がうかがえる。そこには、主治医として患者の治療（命）に責任を負っているという強い思いが関係していると考えられる。

3・3　やくざな治療

だが、A医師が患者の死に際して感じる苦悩は、医師として患者の命を救うことができなかったということだけに起因するわけではない。それは、治療という、患者の命を救うために行うその行為が、不可避的に患者を苦しめてしまうという事実にある。

A：抗がん剤使うっていうのは、非常にやくざな治療っていうか、患者さんの体をいじめる。そうしなかったら治らないから、それはしょうがない。しょうがないんだけど、それをやったことによっていろんな合併症が起こったり、移植なんかもそうです。…（中略）…なので、そういうときはつらいっていうのとはまたちょっと違いますかね。何て言うんですかね。そうそう、自分は天国に行ったらいけないと思いました。地獄に落ちて、患者さんと同じだけの苦しみを受けなきゃいけないっていうふうに思いました。

小児がんの治療は、化学療法を中心に、放射線療法や外科治療を組み合わせて行う（集学的治療）。たとえば、化学療法では強力な抗がん剤が使用されるが、抗がん剤はがん細胞のみならず、正常な細胞にも作用するため、嘔吐や口腔粘膜の障害といった副作用が生じる。また、放射線照射による合併症もあるし、手術も侵襲性を伴う。さらに、標準的な治療では効果がない場合、「切り札的な治療法」（細谷・真部 2008: 112）として、造血幹細胞移植が行われることもある。造血幹細胞移植には、骨髄移植、末梢血幹細胞移植、臍帯血移植があるが、他人の細胞を用いて行う同種移植には、移植片対宿主病（ＧＶＨＤ）と呼ばれる拒絶反応が生じることがある。重症化することもあり、場合によっては、命に関わることさえある。

このように、小児がんの治療は「患者さんの体をいじめる」ような性質を有する。もちろん、病気を治し、患者の命を救うためには、この「やくざな治療」に頼らざるをえない。「そうしなかったら治らないから、それはしょうがない」ことではある。だが、これらの治療をすれば必ず治るという保証はない。場合によっては、治療をしたことで患者が命を落とすことさえある。そのことに対する「罪の意識」にも似た思いが、本章の冒頭で引用した、「地獄に落ちて、患者さんと同じだけの苦しみを受けなきゃいけない」という語りにつながっているのである。

この点については、当時の時代状況も確認しておく必要がある。Ａ医師はインタビューのなかで、医師七年目だった一九八〇年代前半を振り返りながら、今だったらそのような「無理な治療」をしないで、もう少し楽な治療をすることもできるが、当時は「１％も治る見込みがなくても、自分たちで、これやったら治るかも、これやったら治るかもみたいにして、どんどん、どんどん治療していく」時代だったと語る。一九七〇年代には患者の多くが亡くなっていた小児がんも、一九八〇年代後半には、白血病でいえば半数の患者が治癒を期待できるまでになった（真部 2015）。A医師がここで回想しているのは、まさにその移行期にあたる時期であり、小児がんの有効な治療法の確立を目指して積極的な治療が行われていた。その成果として、小児がんの治療成績は飛躍的に伸びていくわけであるが、そこには同時に、治療によって「どんどん、どんどん苦しい思いをする」患者の姿もあった。

A：どんどん、どんどん治療してると、患者さんはどんどん、どんどん苦しい思いをするんですね。でもそれは、自分たちはよくわかってないから、そうやっても治らないんだっていうこともわかってないし、どれだけ患者さんが苦しんじゃうかっていうこともわかってないから、それはしょうがなかったんですけど、でも、それをやればやるほど患者さんが苦しい思いをする、お家にも帰れない、最後は人工呼吸器つけて何もわかんなくなって亡くなっちゃう。

繰り返すように、当時は有効な治療法を模索していた時代であり、医師たちには、ある治療がどのような効果をもたらすのか、また、その過程で患者がどれほど苦しむのかもわかっていない部分があった。それはある面で「しょうがない」ことではあったが、治療を「やればやるほど患者が苦しい思いを」し、自宅にも帰れず、「壮絶な」最期を迎えるケースを幾度となく経験するなかで、A医師のなかには罪責感のような思いが澱のように積み重なっていったのである。

3・4 「医者目線」の医療から「患者目線」の医療へ

ここまでみてきたように、小児医療を取り巻く時代状況は時間の流れとともに大きく変化してきた。それに呼応して、A医師の治療に対する向き合い方も変わってきた。なかでも大きな変化は、「医者人生の後半のずっと後」になってのことであるが、もう治療の手立てが残されていないことを伝え、治療の差し控えも含め、その後の選択肢を患者や家族と一緒に考えるようになったことである。これに対し、医者人生の「前半」は、「なにがなんでも治療する」というのが基本であり、「治療しないのはいけないというふうに」さえ思っていた。

こうしたA医師の治療スタイルが変化したのは、上でみたような「いろんな悲しいことをいっぱい経験した結果」であるが、もうひとつ、子どもの権利を尊重しようという「世の中全体の変化」も大きな「転機」になったという。

A：子どもを中心に、子ども目線で考えたときに何が一番大事かっていうふうに、そこから考えるようになって、それまでは医者目線だったから、…（中略）…でも、そうじゃない。やっぱり患者さんの立場で患者さんのよりよい生活とか、よりよい亡くなり方とか、たぶん、その辺りから自分が変わっていったと思います。

ここでA医師が語っているように、「なにがなんでも治療する」という医療は、同時に、「医者目線」の医療でもあった。そこでは医師が治療選択の主体であり、患者や家族の意思はあくまで二次的なものとして位置づけられていた。しかし、子どもの権利保障が世界的な潮流になるなかで、医療現場においても、患者である「子ども目線で考えたときに何が一番大事か」という観点が重視されるようになる。A医師もまた、この頃から、患者にとっての「よりよい生活」や「よりよい亡くなり方」を実現するために何ができるかということを大切にするように「変わっていった」のである。

4　治療をめぐる医師の苦悩

前節では、四〇年以上に及ぶA医師の小児科医としての歩みを描いてきた。小児白血病がまだ「不治の病い」であった時代にキャリアをスタートしたA医師は、病気を「治す」ことに心血を注いできた。そうしたなかで、小児白血病の治療成績はここ三〇年で大きく改善された。しかし、A医師のストーリーは、そうした「医学の勝利」をメインプロットにしたものではなく、むしろその過程で経験してきたさまざまな苦悩や葛藤が物語の重要な位置を占めていた。もちろんそこには、今回のインタビューが患者の死をテーマにしたものであったことが影響していることは間違いない。それでも、ここで語られたことは、A医師の語る「ドクターズ・ストーリー」の重要なバージョンのひとつであることもまた事実である。そこで以下では、前節の内容を踏まえつつ、医師の苦悩について考察したい。

4・1　治療に内在する暴力性・両義性

患者の死をめぐるA医師の苦悩について考えた場合、長く関わってきた患者が亡くなってしまったことに起因する「つらさ」もあるが、より根幹に位置すると考えられるのが、治療という実践に内在する暴力性、もしくは両義性に関わる苦悩である。

通常、医療の目的は、患者に「治癒（cure）」をもたらすことだと考えられている（われわれは病気を治してもらうために医師のもとを訪ねる）。疾患が治癒することで、患者は病いによる苦しみから解放される。そのために医師が行うのが「治療（cure）」であるが、患者に治癒をもたらすために行われる治療には、その過程において、患者に苦しみをもたらすというもうひとつの側面がある。治療に伴う痛みや副作用はその典型であるが、こうした苦しみは、程度の差こそあれ、治癒という最終的な目標を達成するためには避けて通れないものである。このとき、治療がもたらす苦しみは、治癒という結果（への期待）によって「正当化（justify）」される（Zussman, 1992）。だが、治療は常に治癒をもたらすわけではない（治療≠治癒）。いかなる治療的手段を用いても治すことのできない疾患が存在するからだ。このとき、治療に伴う苦しみの正当化は困難となる。

こうして、治療の持つ暴力性・両義性は、慢性疾患の治療や終末期の場面において前景化することになるのだが、この問題を患者の視点から詳細に描き出しているのが、フランスの哲学者、クレール・マランである。免疫系の疾患を抱える慢性疾患患者でもあるマランは、その著書である『熱のない人間』の第二部、「治療することと苦しめること、治癒をもたらすことなく治療すること」において、「治療の中にありふれたものとしてある暴力」についての省察を行っている（Marin, 2013=2016）。マランによれば、治療は、「それが幸いにも最終的に治癒をもたらす場合であっても、常に試練である」という。なぜなら、既述のように、「治療には縮減不可能な形で暴力が内在する」からである（Marin, 2013=2016: 129）。ここで重要なのは、こうした治療に潜在する暴力が、患者に苦しみをもたらすだけでなく、治療を行う医療者にも苦しみをもたらす（そして、それがほとんど認識されていない）ことである。

治療の出発点そのものには、治療を受ける人の苦しみがあるのだとしても、同時に、これに比べてずっと認識されないままになっているのだが、治療する人の苦しみも存在するのだ（Marin, 2013=2016: 130）。

A医師が治療に取り組むなかで感じた苦悩も、患者を苦しみから解放するために治療を必死に行っているにもかかわらず、その過程において不可避的に患者を苦しめてしまうという「逆説」によってもたらされていた。いわばそこでは、医師が患者にとって「苦しみの源泉のひとつ（a source of suffering）」（Zussman, 1992: 110）になってしまう事態が生じているわけである。

4・2　解剖実習と医師としての「覚悟」

しかし、治療は不可避的に暴力を伴うため、医師はどこかで「覚悟」を決めてそれがもたらす苦悩と向き合わなければならない。医師はそうした覚悟を、長い修練の過程で徐々に身につけていくものと考えられるが、そのひとつとして注目したいのが「解剖」である。A医師はインタビューのなかで、解剖実習を経験したことが医師としての「私のベースになっている」として、次のように語っている。

Ａ：解剖させていただくっていうのはものすごい大変なことだったんです。やっぱり生きてらしてのご遺体を本当に細かなところまで刻ませていただくわけですよね。そのときにひとつ乗り越えるっていうのがあると思うんです。

医学生はその養成課程で解剖実習を受ける。この解剖実習は、人体の構造を直に確認したり、医療器具の取り扱い方を学んだりする重要な機会であるが、同時にそれは、人の体にメスを入れるという強い情緒的負荷を伴う経験を通じて、「感情を抑え込み、ある種の麻痺を飼い馴らす」(Marin, 2013=2016: 209) ための訓練という側面も有する(4)。すなわち解剖実習は医学生にとって、「暴力への荒々しい参入儀礼」(*ibid.*, 204) でもあるのである。

4・3 「寄り添う医療」の模索

だが、治癒をもたらすために、ときに患者を苦しめる治療も行わなければならないことへの覚悟は、患者の死によって揺らぐことがある。医療社会学者のロバート・ザスマンが指摘していたように、治療に伴う苦しみは、疾患の治癒が期待できない場合、正当化が困難になるからである。では、こうした事態に医師はどう対応するのだろうか。Ａ医師によって示されたのは、治療への向き合い方を問い直すというものである。

前節でみたように、A医師の治療への向き合い方は、医者人生の前半と後半で変化していた。医者人生の前半は、「なにがなんでも治療する」というのがA医師の基本姿勢であったが、後半になると、治療の手立てがないことを患者側に伝えたうえで、積極的な治療を行わないという選択肢も含め、今後の治療方針を一緒に考えていくというやり方へと変わっていく。その背景には、子どもの権利に対する社会的な認識の拡がりといったことに加え、「なにがなんでも治療する」ことで患者が壮絶な最期を迎えるというケースをA医師がたくさん経験したことがあった。そうしたなかでA医師がたどり着いたのが「患者目線に立った医療」であるが、ここではその含意を、再びマランの議論を参照しつつ考えてみたい。

マランは、医療技術の進歩が疾患の治療において大きな成果をもたらす一方で、「治癒することはないがそれとともに生き、あるいはそれを生き延びるべき」者たちを数多く生み出してきたと述べる（Marin, 2013=2016: 209）。すなわち、病いや障害を抱えながら生きる者たちがマジョリティになったのが現代の大きな特徴だということである(5)。にもかかわらず、今日の医療システムは、依然として「治療という目標をめぐって構築されている」（*ibid.*）。それどころか、ある面で治癒の追求は、「ますます強迫観念的なものになっている」とさえいえる。その結果、治癒の可能性を期待できない慢性疾患患者は、治療に内在する暴力性によって、深刻な苦悩を経験しているのだが、マランはこうした事態を踏まえ、次のような提言を行う。

おそらくは、医療の未来を新しい地平の中で考えなければならない。それは治癒よりも、人間の苦しみの軽減を重んじる医療である（Marin, 2013=2016: 11）。

ここで言われている苦しみの軽減を重視する医療を、マランは、患者の苦しみに「寄り添う医療（médecine d'accompagnement）」と呼んでいるが、それは、A医師が医者人生の後半で取り組むようになった「患者目線に立った医療」と多くの点で重なり合う。患者の苦しみに寄り添うためには、「患者が自分自身の病いをどうとらえているのかに注意を払う」必要があるが（Marin, 2013=2016: 260）、そのためには、まさに患者の視点に立ち、患者が望む生のあり方や亡くなり方を共に模索していかなければならないからだ。

それは患者の苦しみを軽減するだけでなく、医師の苦悩を軽減する医療でもあると考えられるが、マランが述べるように、こうした「寄り添う医療」を実践するのは容易なことではない。とりわけ、周産期医療や小児医療において、その困難性は顕著である。というのも、治療を断念し、「小さな患者の運命を受け入れること」は、医師にとって多大な苦痛を伴うからである（Marin, 2013=2016: 253）。

そしてそれは、患児の家族にとっても同様である。A医師が語るように、子どもの親もまた、「最後まで望みは捨てない」し、死期が間近に迫っているような状況にあっても、「奇跡が起こって治るかもしれない」と、治療の継続を希望することがあるからだ。そうした親の思いも汲み取りつつ、治療が患者にもたらす苦しみも考慮に入れながら、どう「折り合い」をつけていくのかは、医師にとって非常に「難しい」ことなのである。

4・4　共有されることのない苦悩

医師の苦悩について、ここでもうひとつ考えておかなければならないのは、そうした苦悩の存在がしばしば周囲からは認識されず、結果的に、医師の内奥にしまい込まれ、他者との間で共有されることがほとんどないことである。このことはA医師の事例からも明らかである。本章の冒頭で引用したA医師の語りを聞いたとき、筆者はその内容に衝撃を受けながらも、それをこれまで誰かに話したことはあるのかと尋ねた。苦悩と向き合う手段のひとつは、それを誰かに語り、受け止めてもらうなかで、世界（他者）との「結びつき（connection）」を再構築することだからである（Egnew, 2009）。しかし、A医師から返ってきたのは、これまでほとんど誰にも話したことはない、という答えだった。

たとえば、他の医師には、自身が抱える苦悩については、「言うべきことじゃない」という気がするため、誰にも話したことはないとA医師は語る。「一生懸命」に病気を「治そうと思って」日夜頑張っている医師に対し、治療することで患者を苦しめている苦悩を口にすれば、もしかしたらその医師は自分と「同じような気持ちになってしまうかもしれない」し、そのことで苦悩を感じ、治療に迷いが生じるかもしれない。A医師がこれまで他の医師に自らの苦悩を語ることがなかった理由のひとつは、そうしたことへの危惧があったからである。

しかし、苦悩の共有困難性がより強く語られたのは、遺族に対してである。A医師が勤務する病院では、年に一度、子どもを亡くした家族のための「慰霊祭」を行っているが、参加するのは全体の「四分の一ぐらい」だという。残りの遺族の欠席理由は不明だが、A医師は、「残りの方はたぶんつらくて来れないのかな」と考えている。子どもを亡くすということは親にとって耐え難い出来事であり、そこからの回復は容易ではない。A医師もこれまで多くの遺族をみてきたが、死別から「一〇年でどこまで回復されるかわからない」ほど、子どもの死を受け止めることは難しい。なかでも「傷が深い」と感じているのが、「悲惨な亡くなり方」をした子どもの遺族である。そういう遺族には、慰霊祭の案内をしても、「思い出したくないから連絡くださるのはやめてください」と拒絶されてしまうこともある。そうした反応にふれたとき、A医師はどうしても、「あんなふうに（子どもを）死なせたのを恨んでるのかな」と考えてしまう。それと同時に感じるのは、医師である自分も、患者が亡くなってしまったことや、治療の過程で患者を苦しめてしまったことに苦悩を感じているが、そのことが遺族には「わかってもらえないんだな」ということである。

A：やっぱり医者と患者さんは対立してるわけじゃないんですけども、患者さんにとってはそういう相手なんだなっていうふうに思います。「一緒に泣いてくれるって思わないのね」っていうふうに思われるんだなって、ちょっとつらい気がします。私たちだって患者さん亡くしてつらいのにわかってもらえないんだなっていうのは思います。常々思ってます。

患者の死後、遺族と医療従事者が関わりを持つ機会は多くない。そうしたなかで、遺族会は、両者が再会し、故人を「共に悼む」ための貴重な場となる（鷹田 2013）。だが、そうした場に参加しない（できない）遺族も少なくない。その理由はさまざまであると思われるが、A医師は、自分が遺族から患児の死を「一緒に」悼む存在としてではなく、どこか「対立」する存在として認識されているように受け取っている。そしてそれが、自身の苦悩の共有不可能性という感覚へとつながっているのである。

5　医師の「苦悩の語り」をどう聴くか

ここまで本章では、A医師の事例から、医師の抱える苦悩について考えてきた。そこで明らかになったのは、治療に内在する暴力性・両義性が医師にとって苦悩の源泉になっていること、そうした苦悩が他者とは容易に共有しえないものとして感得され、そのことが別の苦悩をもたらしていることだった。治療が患者にもたらす苦悩については、ここ三〇年ほどの間に関心が高まってきた。そのなかでわれわれの社会は、治療至上主義の弊害を批判し、ときにその担い手である医師を激しく糾弾してきた。だがそのとき、医師もまた、「過剰治療（overtreatment）」がもたらす倫理的ジレンマに苦しんでいるという事実には目を向けてこなかった。そうした状況は、現在も大きくは変わっていないようにみえる。マランは先に引用した「治療する人の苦しみ」に言及した文章に続けて次のように述べているが、われわれはその問いかけを真摯に受け止める必要がある。

いったい誰が治療者を治療するのか。病人や高齢者や障害者の苦しみを和らげる人の苦しみを、誰が担うのか（Marin, 2013=2016: 130）。

治療に内在する暴力性・両義性をめぐる医師の苦悩について考えることが重要なのは、それが医師の抱えるもうひとつの苦悩（他者との苦悩の共有困難性によって生じる苦悩）と密接に関連しているからだ。

浮ヶ谷が述べていたように、専門職者の苦悩を「ないもの」とみなすような社会のなかでは、それらは当事者の胸の内にしまい込まれざるをえないのである。

既述のように、ヘルスケアの領域における物語論への関心の高まりのなかで、患者の語りを医療者がしっかりと「聴く」ことの重要性については、少しずつ認識が拡がっている。だが、そこで同時に考えられなければならないのは、われわれが医師（を含めた医療専門職者）の語り、とりわけ本章でみてきたような「苦悩の語り」をどう聴くことができるのかということである。本章はそのひとつの試みである。

推薦文献

アーサー・クラインマン 皆藤章監訳・高橋洋訳 2011『八つの人生の物語――不確かで危険に満ちた時代を道徳的に生きるということ』誠信書房
ダニエレ・オフリ 堀内志奈訳 2016『医師の感情――「平静の心」がゆれるとき』医学書院
浮ヶ谷幸代編 2015『苦悩とケアの人類学――サファリングは創造性の源泉になりうるか？』世界思想社

注

（1）キャサリン・モンゴメリーの『ドクターズ・ストーリーズ』は、早くに「医師の物語」に着目した重要な研究成果のひとつであるが、そこでの著者の主眼は、医学という解釈実践の「物語的構造」を解明することにあり、必ずしも、医師が自分自身の経験について語る物語に照準しているわけではない（Montgomery

Hunter, 1991=2016)。

（2）“suffering” については、本書のコラム「サファリング研究」も参照されたい。

（3）クラインマンが述べるように、医療者には語りの「倫理的証人（moral witness）」となることで、病む者の失われた「士気を取り戻すこと（remoralization）」に寄与することが求められているのである（Kleinman, 1988=1996）。

（4）人類学者の星野晋は、医学生にとって解剖実習は、「感情を廃した医学的視点・行為と他者への思いや自分自身の感情の間に折り合いをつけなければならない最初の機会」であると述べている（星野 2014: 169）。

（5）フランクはこうした社会を、「寛解者の社会（remission society）」と呼んでいる（Frank, 1995=2002）。

研究コラム
サファリング研究

鷹田　佳典

サファリング（suffering）とは、一言でいえば、われわれが生きる過程で経験する「苦しみ」のことである。重い病気の発病や突然の解雇、離死別といった出来事に直面したとき、人は身体的苦痛、精神的苦悩、経済的苦境、実存的苦難など、さまざまな苦しみを（複合的に）経験する。人生はある意味で苦しみの連続であり、われわれは「四苦八苦」しながら日々を生きている。サファリング研究はこうした人間存在にとって不可避の苦しみ（human suffering）の特質を、それをもたらす社会状況や応答可能性とともに探求することを目的とする。そのなかで、「物語／語り（narrative）」の視点からサファリングについて重要な議論を展開している二人の「アーサー」がいる。医療人類学者のアーサー・クラインマンと社会学者のアーサー・フランクである。

先述したように、重篤で慢性的な経過をたどる病いは、サファリングをもたらす主要な出来事のひとつである。このとき、慢性の病いを患う者にとっては、自身の経験についての物語を語ることが重要になる。なぜならそれは、病いによって失われた人生の「海図を描き直し、新しい目的地を見いだすための方法」（Frank, 1995=2002: 84）であるからだ。しかし、苦しみのただなかにある者にとって、その経験を一定のまとまりを有した物語として語ることは容易ではない。むしろ、どう語ればよいのかわからず沈黙したり、呻きにも似た短い言葉を絞り出すので精一杯だったりする方が一般的である。こうした「混沌の語り（chaos narrative）」（フランク）に対し、われわれはしばしば、定型化された解釈枠組みを当てはめ、サファリングをなんとか理解可能なものにしようとする。しかしそれは、単に語り手の経験を「否認」する振る舞いであり、彼らを「ますますの混沌の深みへと」追いやることになる。そうではなく、聴き手がすべきことは、混沌に敬意を払い、声なき声に耳を傾けることである。

こうした指摘が重要であるのは、それがサファリング研究の二つの主要な問いをめぐる重要な問題提起となっているからである。一つめは、「サファリングは敵か?」（Gunderman, 2003）という問いである。一方には、サファリングを否定的事態と位置づけ、それを回避・排除・殲滅するための戦略を探るという立場がある。その根底には、サファリングを統制すべき課題、もしくは解決可能な「パズル」とみなす考えがある。他方、サファリングを人生における「不可避の水準」（クラインマン）と位置づけ、「人間の条件の手なづけがたい一部分として受け入れる必要性」（フランク）を強調する立場がある。そこでは、サファリングは単に否定されるべき存在ではない。というのも、「苦しみを伴う道徳的・人間的体験には自分自身と他者の生き方を創り直していく力」が内包されているからだ（Kleinman, 2006=2011: 180）。確かにサファリングと向き合うことは大きな困難を伴うが、その過程で人は、人生にとって「本当に重要なこと」を学ぶのである。

二つめの問いは、「サファリングを調査することは可能か?」（Frank, 2001）というものである。調査研究とは一般に、対象者のデータ（語り）を収集・分析し、そこから学問的な知見を引き出すことを目的とする。サファリング研究においても、そうした試みが広く行われている。しかし、フランクはそこに疑問を投げかける。というのも、サファリングはその本質的側面において、明確な言語化（articulation）を拒むからである。ここに、サファリング研究の「永続的ジレンマ」（*ibid.*, 361）があるわけだが、たとえばクラインマンによって記された『八つの人生の物語』（Kleinman, 2006=2011）は、こうしたジレンマに対するひとつの回答例かもしれない。

クラインマンは本書において、不確かさや危険のただなかで「道徳的な生」を生きようとする八人の物語を書き記しているが、そこでなされているのは、精神科医・研究者として、サファリングに診断カテゴリーや分析概念を当てはめるのではなく、語り手の「体験世界に入り込み」、そこで聴いた物語を「シンプルに語る」という作業である。「物語になることを拒否するストーリーに耳を傾け」、「学問的著述というジャンルの限界を乗り越える」ような方法論を模索すること、そして「物語について考える」だけでなく、「物語とともに考える」こと（フランク）、これが今日のサファリング研究における重要な課題となっている。

第4章　人生の転機について語る人々——自由記述を量的にとらえる方法

浅野　智彦

1　自由回答欄の自己語り

大震災後、海外在住の友人に呼ばれた事もあり、海外一人旅を初めてした。ツアーではなく、ノープランで初ニューヨークへ行った。英語なんて全くできないのに一人で歩き回った。色々な人種や文化とふれあえて、日本に帰ってきてから考え方など変わった。

役者を志したもののうまくいかず、アルバイト生活を続けていたが飲食店のアルバイトで大変充実した仕事をするようになった事で、飲食業界への就職につながった。

父親が外国で交通事故にあい、生死をさまよった。その父を一人で外国へ迎えに行ったこと。家族関係を見直すきっかけになった。

離婚をしたこと。（自分の決意で）すぐに再婚し子どもにも恵まれたが、それまでの何となく楽しく過ごすという自分から脱皮できた。

父の死をきっかけに自然と手を合わせるようになり、神仏を考えるようになった。変な新興宗教でなく、土地の氏神様へ詣でて、お墓参りをし、お仏壇にてを併せるようになった。

大学一回生の時に神戸に居住するようになり、阪神淡路大震災に被災。自身は無傷だったが、下宿は全壊しました。ビルや鉄道、高速の高架などが倒壊するのを目にして、それまでの価値観が崩れました。

これらは以下で紹介するある調査の自由回答欄に記述された転機についての語りである。ここには短いものではありながら、自己について語る物語が見てとれる。

2　量的研究における自由記述の扱い

2・1　かけがえのない個人 vs 代替可能な個人

本章の目的は量的調査の自由回答欄に記入された人生の転機についての記述を量的な方法で整理することである。具体的には、第一に転機を語るのはどのような人かという問いに答えること。第二に転機の語りの詳細さはどのような要因によって左右されるかという問いに答えることを試みる。

自己についての語りを研究するといえば、ふつうは一人あるいは複数の人を対象にしてその人生を丁寧に聞き取るといったやり方（いわゆるライフストーリー研究やライフヒストリー研究）が思い浮かぶ。実際、そのようなやり方でなされた自己語りについての研究はこれまで厚く蓄積されてきた。そのような研究においてまず関心の焦点となるのは、語り手が生きてきた人生そのもののかけがえのなさ（固有性）であろう。その人がまさにその人である所以が、その人の自己語りを通して表現される。それを聞き取り、文字へと定着させることが、第一の焦点となる。

社会学が自己語りを研究する際には、さらにもう一つの関心の焦点がある。それは、その人の人生がどのような社会において生きられたものであったのか、という問いだ。ある人がまさにその人であるとしか言いようのない人生を歩む際に、その固有の軌道は真空の中を走るのではない。それは、つねにその人が産み落とされた社会の中で、その圧力、その磁場を貫いて走る。ある人生が、どうしようもなくある軌道を描いてしまうとき、そのどうしようもなさ（他であり得たかもしれないが、実際にはこうなるほかかなかった）は、語り手の固有性を表現するものであると同時に、社会の圧力や磁場を映し出すものでもある。たとえば、連続殺人犯・永山則夫の自伝的手記を素材にした見田宗介の「まなざしの地獄」は、永山の人生のかけがえのなさを描き出すことを通して彼の人生をいやおうなく殺人者のそれへと走らせてしまう社会構造のあり方を鮮やかに浮かび上がらせる（見田 1973→2011）。実存・対・社会構造ではなく、ある人を実存として描き出すことを通してこそ社会構造が浮かび上がる、という姿勢がそこでは徹底されている。

2・2　量的な調査研究と自己語り

このような自己語り（自己物語）についての研究は、しばしば調査票を用いた量的研究との対比において質的研究と呼ばれる。もちろん多くの研究者によって論じられ、確認されてきたように（そして本書でも共有されている理解であるが）、量的・質的の対比はあまり有用なものではない。たとえば、質的研究と呼ばれるものの中にはライフストーリー研究、ライフヒストリー研究以外にも、会話分析、参与観察、言説分析等々、多様な方法が特段の共通性も見出されないまま混在している。それらは、要するに「量的ではない」という消極的な理由で一つにまとめられた、いわば「残余カテゴリー」なのである。

とはいえ量的な調査研究と自己語りについての研究が対比させられるのも理由のないことではない。先に見た自己語り研究の二つの焦点は、たしかに量的な調査研究の方法論と馴染みにくいものであるからだ。第一に、自己語りについての研究が語り手をその固有なあり方において理解しようとするのに対して、量的な調査研究は調査票への回答者を研究対象たる母集団の一標本として扱おうとする。回答者たちは、母集団のあり方をうまく代表できると考えられる限りにおいて意味をもつ。言い換えれば、回答者たちは、母集団の誰もが同じ確率で引き当てられるようなやり方で選び出されたものであり、この抽出の手続き（無作為抽出）が取られている限り、端的にいってそれは誰でもよいのである。ここに見られるのは、固有で代替不可能である個人に着目する研究と、母集団を代表する限りという限定をおいて代替可能である個人に着目する研究との対比である。

この違いは第二の焦点にも関わる。一方において自己語りの研究は、かけがえのない個々の人生についての語りから、その人生が生きられた場としての社会についての理解を引き出そうとする。他方において、量的な調査研究は、代替可能な（かけがえの「ある」）複数の個人の回答から、母集団のあり方を統計的に推測しようとする。そのために後者では、意味のブレが生じないように質問文の文言を工夫した上で、一定の選択肢の中から回答してもらうという形式をとることが多い。ここに見られるのは、意味を用いた理解を志向する研究と、統計学的な推測を志向する研究との対比である。

2・3　母集団における人生の転機の分布

本章で試みたいのは、この二つの方法論の接点におかれるような素材についての分析だ。すなわち、量的調査の調査票に対して回答者が与えた自己語りについての分析である。具体的には、人生の転機を尋ねる質問に対してなされた自由記述による回答を素材として、もっぱら量的な分析を行おうとするものだ。これによって自己語りを（ライフストーリー研究、ライフヒストリー研究の照準する）固有性ではなく、母集団における分布の問題として考えてみたい（あるいはそのための準備作業を行いたい）のである。自由記述による回答は量的調査の中ではごく小さな部分を占めるものであるが、近年、テキストマイニングの技術が向上してきたことによって、より高度な分析がなされるようになってきている。しかしここではごく初歩的な分析を試みる。

量的調査の自由回答欄は物理的なスペースという点でも、記入にかけられる時間という点でもきわめて限定的な語りにすぎない。当然、これを自己語りとして扱ってよいのかという疑念が向けられるであろう。たとえば、浅野は自己物語の定義として⑴語り手の視点と登場人物の視点の一致、⑵出来事の時間的構造化、⑶聞き手である他人への志向の三点をあげている（浅野 2001）。この定義を厳密に適用するなら、調査票の自由回答欄に書き込まれた断片的な記述は、自己物語とは言いにくいものだ。たとえば、以下で分析対象とするデータについていえば、転機として「結婚」「出産」などといった単語で回答している人々が多数を占めている。これは出来事の時間的な構造化としては最も原初的なものにすぎない。

しかしこうもいえるだろう。原初的であることは、時間的構造化であることそのものを否定してはいない、と。この回答は回答者の人生の転機を尋ねる問いに対して与えられたものであり、その限りにおいて「私の人生は〜を転機として現在に至る」という語りを含意している。また、この語りは、転機がその定義上回答者の人生をそれ以前と以後に分けるものであるため、過去の自分（登場人物）と現在の自分（語り手）という二つの視点を前提にしている。そもそも自分の人生を振り返ってそこに転機を見出すこと自体が、人生を時間的に構造化して眺める営みなのである（宗教的な回心はその最も劇的な形式である。芳賀・菊池 2007）。そしてそれは、調査者という聞き手に向けて語られたものである。そうしてみると漢字たった2文字でなされたこの回答も、きわめて原初的な水準ではあるが、自己物語（自己語り）を構成しているといってよい。

計量的な調査によって得られたこのような自己語りは、語り手の人生のかけがえのなさに照準することはできないが、それを人々の語りの分布の中において見ることができる。どのような人が転機を経験し、どのような人が経験しないのか。あるいは、どのような人がその経験を詳しく語るのか、といった問いについて母集団における様子をある程度正確に推測することができるのである。本章が試みるのはそのような作業である。

3　データと分析方針

本章で用いるデータは、青少年研究会が二〇一二年に実施した調査の結果である。調査対象は東京都杉並区、神戸市灘区・同東灘区在住の30代、40代男女。この調査は、同地域在住の16～29歳の男女を対象とする調査に付随して実施されたものである（同調査の全体像については藤村・羽渕・浅野編 2016 を参照）。層化二段抽出により回答者を選び出し、有効回収数は700程度、回収率は4割程度である。この種の調査としては比較的代表性の高い（対象者の全体をよく反映した）ものといえるだろう。

この調査は、基本的には典型的な量的調査なのだが、一部に以下のような自由記述を求める質問項目を含んでいる。

Q：あなたの人生にはこれまで大きな転機といえるような出来事がありましたか。おありでしたらその時期と内容もごく簡単にお書きください。

この回答から回答者の人生における転機の有無、転機の時期、転機の内容がわかる。この質問に対して「はい」と回答した人は477人（66・3％）、「いいえ」と回答した人は227人（31・6％）、無回答は15人（2・1％）であった。転機を経験した年齢の平均は27・8歳である。7割弱の回答者が平均28歳たらずで何らかの転機を経験しているということになろう。

転機の内容に含まれる出来事・エピソードのうち、比較的一義的に解釈しやすくまた多くの人があげたものに絞ってみる。多い順に、「結婚」(95人、「転機あり」と回答した人の20・4%に相当、以下同様)、「出産」(58人、12・4%)、「転職」(51人、11・0%)、「他人の死・病気」(39人、8・4%)、「自分の病気・怪我」(34人、7・3%)、「就職」(30人、6・5%)などとなる。ただし、これは転機の内容に含まれる出来事を数えたものなので、一人の回答の中に複数の出来事が語られている場合もある。

転機の有無と内容 (n=719)

転機の有無	人数	%	平均年齢(歳)
転機あり	477	66.3	27.8
転機なし	227	31.6	
無回答	15	2.1	
合計	719	100.0	

転機の出来事	人数	%
結婚	95	20.4
出産	58	12.4
転職	51	11.0
他人の死・病気	39	8.4
自分の病気・怪我	34	7.3
就職	30	6.5

これらの回答を用いて、次のような順序で分析を行う。

第一に、転機が「ある」と回答した人々は「ない」と回答した人々とどのように違っているのか。年齢、性別、家族形態、教育歴、職業などの要因に注目して検討してみる。

第二に、転機の内容を記述する際の詳しさに注目する。すなわち転機についての自由記述に費やされた文字数に注目し、これらがどのような要因と関連しているのかを検討してみる。

以上の検討において特に注目したいのは、自己意識に関わる質問項目(内容は以下に詳述)との関連だ。この調査では回答者が自分自身についてどのように考え、感じているか(後で詳述する「自己意識」)、さまざまな角度から尋ねている。転機についての語りが自己語りとするなら、自己意識のあり方と何らかの関連をもつことが予想される。両者の関連を統計学的な手法で分析してみよう。

4　転機を経験するのは誰か

転機についての語りは自己語りの最も基本的な形態の一つである。2節でも論じたように、転機の有無について尋ねられたとき「はい」と回答する人は、自らの人生を振り返り、そこに一定の構造を認めたことになるからだ。すなわち、転機によってその前後に分割され、おそらくはその転機後の最も新しい時点に現在を位置づけるような、そういう構造を見出しているのである。「転機」とは人生を構造化するための最も単純な見取り図の一つといえるだろう。もちろん転機をもたないことが、ただちに自己を物語として構造化していないことを意味しない。転機のない自己物語も多くあるだろうからだ。したがってここでは、転機といういわば原型的な自己物語を採用する人としない人の違いを見ることにする。

4・1　転機を経験する人の基本属性

まず「転機あり」と回答した人（以下、「転機あり」群）の基本属性を見ていこう。転機の有無は数量で測れないカテゴリー変数なので、基本属性のうち同じくカテゴリー変数の場合にはクロス集計（二つかそれ以上の質問項目をかけ合わせて集計し、グループごとの関係や傾向を見る手法）によって、量的変数の場合には分散分析（グループごとの平均値に違いがあるかどうかを見る手法）を用いて、転機の有無と基本属性の関連性を確認する。

年齢　転機と年齢には正の関連があり、「転機あり」群は「転機なし」と回答した人（以下、「転機なし」群）に比べて平均年齢が有意に高い（分散分析）。「有意に」高いというのは、たまたま今回の調査に回答した人がそうであるだけではなく、母集団つまり杉並区・灘区・東灘区在住の30代、40代の人々全体においても「転機あり」群の平均年齢が高いと推測されることをいう。

「転機あり」群の方が年齢が高いというこの結果は、単純に人生経験の多寡を考えれば当たり前のようにも思える（ただし後で見るように、この関係は他の要因がもたらす見せかけのものである可能性が高い）。そこで今度は「転機あり」群だけを取り出し、その年齢と転機を経験した年齢との関連を見てみる。両者の相関係数（+1から-1までの値をとり、関連性の向きと強さを示す数値）は、０・３１０となり統計的に有意と判断される。これは年齢が上るほど転機を経験する年齢（以下、転機年齢）も上になり、逆に年齢が下るほど転機年齢も下になるという関係を意味している（なお転機年齢の平均は前節で見たように27・8歳）。この関係が何を意味しているのか、この調査の質問項目からだけではわからないが、二つ可能な仮説を述べておく。

(1)一つは、転機が年齢と関連する効果であるという仮説だ。すなわち、転機とは客観的な出来事ではなく、それを想起する年齢と相関的に見出される、とする見方である。たとえば、若い頃には「これが転機だ」と考えていた出来事が、年齢が上り、経験を重ねることによって別の出来事によって上書きされていくようなことである。これは自己が物語として、つまり遡及的に構成されるという理解となじみのよい考え方だ。

(2)もう一つは、転機が世代と関連する効果であるという仮説だ。世代とはここでは出生時点を共有する人々の集団（「出生コーホート」ともいう）を指す。たとえば「団塊の世代」と呼ばれるのは一九四七～四九年のいわゆる「第一次ベビーブーム」の時期に生まれた人々の集団であり、「新人類世代」と呼ばれるのはおおむね一九六〇年代に生まれた人々の集団のことである。各世代は、社会的な出来事を経験する年齢の違いによってそれぞれ異なった特徴を備えるようになる、と考えられている（ただしこのような世代間の差異が徐々に不明瞭になりつつある点について、川崎・浅野編 2016 参照）。この仮説にたてば、何らかの理由によって新しい世代ほど早い時期に転機を経験することになるだろう。

これら二つの仮説のうちどちらがより説明力があるのかを知るためには、同じ回答者に対してたとえば一〇年後に再び転機について質問するほかないだろう。同じ対象者に対して異なる時点で複数回行う調査をパネル調査と呼ぶ。転機についてもそのようなパネル調査の実施が望まれるが、ここでは先の二つの見方を仮説として提起しておくにとどめる。

性別　転機の有無と性別の間には関連が見られなかった（クロス集計）。女性（男性）の方が男性（女性）に比べて転機を経験する割合が有意に高いことはない、ということだ。

配偶関係・子ども　転機の有無と結婚経験・子ども有無の間には有意な正の関連が見られ（クロス集計）、「結婚経験あり」「子どもあり」の方が「転機あり」の割合が有意に高い。これは前節で見たように、転機の内容として「結婚」あるいは「出産」（以下、「結婚・出産」と総称）をあげる人が3割に上ることを考えると自然な結果である。

学歴・職業　転機の有無と大学を卒業しているか否か、および雇用形態の間には関連が見られなかった（クロス集計）。雇用形態については8つに分類して尋ねているが、これを正規雇用・非正規雇用・自営業の3つに再分類して分析しても結果は変わらない。

暮らし向き・世帯収入　転機の有無と階層的な変数の間には単純ではない関係が見られた。すなわち一方において転機と暮らし向き（現在の暮らし向きに関する主観的な評価）の間には関連が見られなかった（クロス集計）。だが、他方において「転機あり」と世帯収入（8段階）の間には有意な正の関連が見られた（クロス集計）。すなわち収入が高いほど転機を経験する割合が有意に高くなっている。暮らし向き・世帯収入は、先に見た学歴・雇用形態とも合わせて回答者の階層的な地位を示すものと解釈できるが、全体として見たときに転機の有無とそのような地位との関係は曖昧である（関係があるともないとも断言しにくい）。なぜなら転機の有無は、学歴・雇用形態・暮らし向きの間には関連性が見られなかったが、世帯収入との間には正の関連が見られたからだ。ここではさらなる調査研究が必要であることを確認しておくにとどめる。

地域　転機の有無と調査地点（杉並区および神戸市灘区・東灘区）の間には関連が見られない（クロス集計）。ただし転機の内容に注目し、「地震」をあげた割合に注目すると、神戸の回答者の方が有意に高い（クロス集計）。阪神・淡路大震災が個々人の人生に与えた影響の一端をここに見ることができるだろう。

SNS利用　転機の有無とソーシャルメディア利用の有無の間には関連が見られなかった（クロス集計）。ただし、ソーシャルメディアを利用している回答者について見ると、「転機あり」とＳＮＳで日記を書くこと、ＳＮＳでコメントをしたり「イイね」を押したりすることの間には正の関連が見られる（クロス集計）。すなわち日記を書く、コメントをする、イイねを押す回答者は、そうでない回答者に比べて「転機あり」の割合が有意に高い。したがって転機とソーシャルメディアの間には、何らかの関係があるといえるだろう。その関係は、ソーシャルメディアの利用の有無ではなく、利用のあり方に関わるものであり、さらにいえば他人との日常的な「語り合い」に関係していると推測される。

転機を物語的な構成と考える立場から見ると、この関係は重要な意味をもつ。というのも、転機を含めて自分自身について語る機会は今日の社会にはさまざまに存在するが（入試や就職試験での面接、カウンセリング等々）、ソーシャルメディアはその中でも最も日常的な機会となっているからだ。SNSで日記を書いたり、友人たちと日記を読み合い応答し合ったりする営みは、日常生活の一こまとなった自己物語であるといってよい。転機の物語はそのような日常化された自己語りと関係しながら（あるいはもしかすると日常的な物語の一部として）語られているのかもしれない。

ロジスティック回帰分析　以上の結果を踏まえて、基本属性のそれぞれの質問項目が独自にもつ効果をロジスティック回帰分析という手法で見てみた。結果としては、さまざまな要因を考慮すると、独自に効果をもつのは世帯収入のみであった。すなわち世帯収入の高さは他の要因を統制しても転機の有無と有意な正の関連をもつということだ。また、先に見た年齢との関連が消えてしまうことにも注意しておこう。年齢が転機の有無と関連するように見えたのは、他の要因との関連（たとえば年齢が高いと収入も高くなるなど）がもたらした見せかけの関連性であったということだ。

4・2　転機内容（出来事）と基本属性の関係

ここまで転機の有無と基本属性との関係を確認してきた。次に「転機あり」群だけを取り出して転機の内容（先に見た記述頻度の高い出来事・エピソードに絞る）と基本属性の間にどのような関係があるのか、ごく簡単に確認しておこう。

年齢　年齢と有意に関連する転機の出来事は「他人の病気・死」のみである。年齢が高いほど転機の出来事として「他人の病気・死」をあげる割合が高くなる。これは「他人」の多くを親が占めており、本人の年齢が高いほど親の病気・死を経験する割合が高いためであると推測される。

性別　転機の出来事として「結婚・出産」をあげた割合は女性の方が有意に高い。他方、「転職」は男性の方が有意に高い。また「他人の病気・死」は女性の方が有意に高い。この結果には、ライフステージにおける結婚・出産の意味づけのジェンダー非対称性、および社会の中でケア役割が女性により多く期待されることが反映していると推測される。

配偶関係　結婚経験があると、転機の出来事として「自分の病気・怪我」「就職」をあげた割合が低い。前者は病気や怪我自体が結婚を難しくするという因果関係が推測される。

子どもの有無　子どもの有無は（ある意味では当然のことであるが）「結婚・出産」のみ関連し、それ以外の転機の出来事とは関連が見られない。

学歴・職業・暮らし向き　大学を卒業しているか否か、および雇用形態、暮らし向きと転機の出来事の間には関連が見られない。

世帯収入　世帯収入が高いほど転機の出来事として「結婚・出産」をあげた割合が高いという関連が見られる（分散分析）。

地域　神戸の回答者は転機の出来事として「転職」をあげた割合が高く、杉並の回答者は「就職」「他人の病気・死」の割合が高い。もっともこの違いだけでは納得のいく解釈は難しい。今後他の質問との関係でさらに検討しなければならないが、ここでは違いのみ指摘しておく。

以上のことから、性別・年齢・世帯収入・調査地点と転機内容の間には関連が見られた。その多くが「結婚・出産」と関わるものであり、この出来事が自己語りにとって重要なものであると同時に、その語りが基本属性の違いにしたがって不均等に分布していることが確認された。

次に転機の有無と自己意識のあり方の関係について検討していこう。

4・3　転機を経験する人の自己意識

自己論に物語という概念を導入することの意義の一つは、次のような点に光を当てたことにあった。すなわち自己という現象は、たとえば医学にとっての身体部位（心臓、肺、血管等々）とは異なり、人が自らをどのように意味づけるかに本質的に依存するものである。心臓の働きは、当該心臓によって生きている人がその心臓についてどのように考えるかということとは基本的に独立に観察することができる（厳密にいえばプラシーボ効果のように臓器に心理が影響をもたらすこともあり得ようが）。だが、自己とはその自己を生きる人が自分自身をどのように考えるかということと無関係ではあり得ない。というよりも、自己とは人が自分自身を経験するその様式であるとさえいえるだろう。心臓は、その人が心臓をどのように経験しているのかとは独立に研究対象とすることができるが、自己は人がそれをどのように経験しているのかを抜きにしては研究対象として成り立たないのである。まさにジョージ・ハーバート・ミードが論じるように「それ自身にとって対象だという自己の特徴」こそが「自己」を「他の対象と本質的にちがう」ものたらしめている（Mead, 1934=1973: 147）。

自己を語る営み（自己物語）が自己論にとって重要なのは、それが自分自身を経験する一つの様式であると同時に、それを他人に伝え、理解してもらうための表現でもあるからだ。自己を経験的に研究するためのやり方はさまざまであり得るが、自己の成り立ちに即していえば、自己物語を対象とするという道筋は少なくとも最も有力な研究プログラムの一つだといってよいだろう。

ところで、本章で利用している調査においては、まさにこのような自己自身を回答者がどのように経験しているのかについて尋ねる質問項目が含まれている。となると転機という自己物語（あるいはその原型）を語るかどうかということが、他の質問項目の回答に見られる「自分自身を経験するさまざまな様式」（以下、「自己意識」と総称する）とどのような関係にあるのか、という問題が浮上してくることになる。

4・4　転機の有無と自己意識の関係

記述が煩雑になることを避けるために、「転機あり」群と自己意識の間の興味深い関連に絞って分析の結果を紹介していこう（以下、「転機あり」群を「転機なし」群と比べた有意差を示す）。

自己肯定　「転機あり」群は自己評価において比較的肯定的である。たとえば、「転機なし」群に比べて「転機あり」群は「自分が好きである」割合が有意に高い（クロス集計）。また自己有能感に関わる質問項目（特技・才能、ルックス、勉強、友人関係、性格）も肯定的回答が有意に高い（クロス集計）。さらに「今のままの自分でいいと思う」が有意に高い（クロス集計）。

自分らしさ　「転機あり」群は自分自身について比較的はっきりしたイメージをもっている。たとえば、「転機あり」群は「自分には自分らしさがあると思う」割合が有意に高い（クロス集計）。また「他人とは違った自分らしさを出すことが好き」が有意に高い（クロス集計）。さらに「大切なことを決める時に参考にする」ものとして「自分の心情」「自分の感覚・直感」が有意に高い（ただし、「世間の評価・道徳」、「親友・恋人の意見」、「ネットの情報」、「専門家の意見」も有意に高い点には注意が必要）。ただしその自分らしさは必ずしも一貫しているわけでもなさそうで、「転機あり」群は「意識して自分を使い分ける」割合が有意に高い。

未来重視　「転機あり」群は人生全般について前向きな態度をとっている。たとえば、時間的な展望の方向性（現在、過去、未来、特になし）を尋ねる質問に対して、「転機あり」群は未来重視（「よい未来を迎えられるよう、それに向けて努力している」）の割合が有意に高く、逆に特になし（「何かを深く意識することもなく、流れるまま日々を暮らしている」）の割合が有意に低い。また「物事に真剣にとりくまないのはかっこ悪いと思う」「わからないことは積極的に調べようとする」あるいは「自分の必要とする情報を取捨選択できる」の割合は有意に高い。

以上のことは、転機の物語が現時点での自分のあり方を再確認し、それを肯定する意味合いをもつことを示唆するものだ。

とはいえ転機の内容によって自己意識の性質が変わることもあり得よう。たとえば、「結婚・出産」のような肯定的（と一般的には受け止められるような）出来事の場合、自己意識はそれと相関的に肯定的に構成されるが、より消極的・否定的な出来事の場合にはまた違ってくるのではないか。

4・5　転機の否定的内容と自己意識の関係

先にあげた転機内容の出来事の中で、消極的・否定的と見なしうる「自分の病気・怪我」「他人の病気・死」をあげた回答者の自己意識のあり方を「転機あり」群に絞って、ごく簡単に確認してみよう（以下、「転機の出来事をあげた人」をそうでない人と比べた有意差を示す）。

自分の病気・怪我と意思決定　「自分の病気・怪我」を転機の出来事にあげた人は、そうでない人に比べて何か重要なことを決めるときに「自分の意見・信念を重視する」「ネットの情報を重視する」割合が有意に高い。

他人の病気・死と意思決定　「他人の病気・死」を転機の出来事にあげた人は「損得計算を重視する」割合が有意に高い。逆に「親の意見を重視する」の割合が有意に低いが、これは「他人」の中に「親」が含まれているということかもしれない。

他人の病気・死と性格　「他人の病気・死」を転機の出来事にあげた人は「自分の性格は悪くない方だ」の割合が有意に低い。

以上の結果は、先に見た全体の傾向性と大きく乖離するものではないが、一部（他人の病気・死と性格）において消極的・否定的な内容の転機と消極的・否定的な自己意識の関連性が見られたことに注意しておこう。

5　転機を詳しく語るのは誰か

前節では転機の有無が回答者のどのような属性と関連しているのかを検討した。ところで「転機あり」群の転機内容の記述をあらためて見てみると、その詳しさに大きな幅があることがわかる。本節では、この「詳しさ」を記述の文字数としてとらえ、これがどのような属性と関係しているのかを検討してみる。

はじめに基礎的な数値を示しておく。転機内容の記述に用いられた文字数の最小値は0、最大値は285。平均値は15・44、標準偏差は24・81となる。最も多かったのは文字数2で、121人（「転機あり」群の25・4％）となる。

また「転機あり」群だけを取り出して、文字数の分布を見るとおおむね表のようになる。

「転機あり」群の文字数分布

7文字まで	5割
14文字まで	7割
36文字まで	9割
60文字まで	9割5分

5・1　転機を詳しく語る人の基本属性

まず前節と同様に、「転機あり」群の基本属性（性別、年齢、配偶関係、学歴、職業、暮らし向き、世帯収入、地域、ソーシャルメディア利用）に注目し、転機内容の記述の文字数との関係を確認する。

結論からいうと、文字数と関係があるのは性別だけであり（分散分析の結果、女性の方が文字数が多い）、他の属性（年齢、配偶関係、学歴、職業、暮らし向き、世帯収入、地域、ソーシャルメディア利用）とは関連が見られなかった。つまり、女性がより詳しく語るという以外の特徴は見られない。「転機を詳しく語るのは誰か」という問いに対して、基本属性は（性別をのぞいて）答えを与えない、ということだ。

次に転機内容の記述の文字数を分析しやすいように変換したものを従属変数として（具体的には文字数に1を加えたものを対数変換する）、性別、年齢、配偶関係、子どもの有無、学歴、暮らし向き、世帯収入、地域を独立変数とする重回帰分析を行う。結果は、性別のみがかろうじて有意を示している（ただし10％

水準)。つまり要因間のさまざまな影響関係をとりのぞいて正味の関連性だけを取り出してみると、(有意性という点ではたいへん心もとないものではあるが) やはり性別だけが関連性のある要因として残るということだ。

前節で見たように転機の有無には世帯収入が関連していた。だが転機の内容を詳しく語るかどうかは性別のみが関連している。転機の有無とその語りの詳しさとは異なる要因に左右されることが示唆される。

5・2 転機を詳しく語る人の文字数と自己意識の関係

転機の有無が自己を経験する様式に関わりをもつとしたら、それをどの程度詳しく語るのかということもまた自己を経験するその仕方に関わっていると考えられる。そこで前節と同様に、自己意識に関する質問項目と転機内容の記述の文字数との関連をごく簡単に確認してみよう。

(1) 転機内容を記述する文字数の多さは、肯定的な自己評価と関連がある。たとえば、「自分を好きかどうか」は記述の文字数と関連がある (クロス集計)。ただしその関連性は単純ではなく、おおむね正の関連 (自分を好きであるほど文字数が多い傾向) ではあるが「大嫌い」と回答した人で反転して文字数が多くなっている。また「自分には他人にない特技がある」と回答した人も文字数が多い傾向がある。

(2) 転機内容を記述する文字数の多さは、「本当の自分」に近づこうとする態度の強さと関連がある。たとえば、「どこかに今の自分とは違う本当の自分がある」と回答した人ほど文字数が多くなる傾向がある (分散分析、相関係数)。それと同時に「なりたい自分になるために努力することが大事」と回答した人ほど文字数が多くなる傾向がある (相関係数)。他方で「どんな場面でも自分らしさを貫くことが大切」と回答した人ほど文字数が多くなる傾向がある（分散分析、相関係数）のだが、他の点と合わせて考えるとここで「貫くことが大切」とされる「自分らしさ」は必ずしも現にある自分ではなく、これから達成される自己を含むと推測される。なお「ファッションは自分らしさを表現するアイテムだ」と回答した人ほど文字数が多くなる傾向も確認されており（相関係数）、「ファッション」は「本当の自分」に近づく手段の一つとしてとらえられているのかもしれない。

以上のことは、転機を語る際の詳しさが自己への肯定的な態度のみならず、いわば「本当の自分」に向かおうとする志向性と関係していることを示唆している。転機の有無が自己への肯定的な態度と関連していることは前節で指摘した通りだが、それについて詳しく記述するという態度は、自己の現在のみならず未来へと向かう志向性をも含んでいるように思われる。

以上、転機の有無、転機記述の詳しさについてごく簡単な確認を行ってきた。

繰り返し確認しておけば、ライフストーリーやライフヒストリーを個別に聞き取る研究とは異なり、このような確認は回答者個々人の生活や人生については多くのことを教えない。しかし、他方でこのような分析は転機の語りが母集団においてどのように分布しているのか、また自己意識のあり方とどのように関連しているのかについて、ある程度確かな推測を与えてくれる。

この調査の場合、東京都杉並区・神戸市灘区・同東灘区在住の30代、40代の男女とも、転機の出来事は「結婚・出産」が多くあげられ、世帯収入が多いほど転機を経験し、女性の方が転機の記述が詳しい。転機を経験し、それを詳しく記述する人は自己肯定と未来志向の態度をもつ。世帯収入以外の社会階層との関連は見出されていないので慎重さが求められるところではあるが、仮に社会経済的な格差が拡大していくとしたら転機を語る人・語らない人の格差も広がっていく可能性があるだろう。

もちろんここでの分析はごくごく初歩的なものであり、もう少し多くの質問項目やより高度な技法を用いた複雑な分析を行うことも可能であろう。この程度の簡単な分析でわかることを示せれば、本章の目的は達せられたことになる。

6 転機研究のこれまでとこれから

最後に転機の語りについてのこれまでの研究を概観しながら、鍵となるいくつかの文献を紹介しておこう。この分野の今後のあり方は、これらの文献を踏まえてはじめて展望されるであろう。転機の経験は、これまでライフコース研究の領域において研究の対象とされてきた。

実はライフコース研究はかつて計量的アプローチを中心として活発に行われてきた（代表的な成果として森岡・青井編 1991）。これは内的な経験を重視し、個々人の語りに注目する諸研究（ライフヒストリー研究、ライフストーリー研究、バイオグラフィ研究）と対比されることもある（田中・ゴツィック・岩田ワイケナント編 2013）。ライフコース研究の全盛期に大久保孝治は以下のように述べていた。

一九七〇年代に合衆国で生まれ、八〇年代の初めに日米の家族社会学者の交流を通じてわが国に移入されたライフコース研究も、八〇年代の終わりを迎えた今日、毎年の日本社会学会の大会で一つの分科会を構成するまでに定着した。しかし、そこで報告されるライフコース研究の大部分は役割移行のタイミングに関する数量的分析である（私自身そうした研究報告を行ってきた）。もちろんそれはそれでライフコース研究の不可欠の領域であり、これからもコーホート分析法の開発、パネル調査法の導入、宗門人別帳のような歴史的資料の活用、などによって画期的な展開の期待される領域である。問題は、そうしたライフコースの外面的経歴（家族歴、学歴、職歴など）の研究に比べて、内面的経歴（自分の人生についての主観的な意味付与の連鎖）についての研究がひどく遅れているという事実である。ライフコースがさまざまな経歴の束であり、その相互作用の過程であるとすれば、内面的経歴についての研究の遅れはライフコース研究そのものを皮相なものに陥れる危険性をはらんでいる、と私は思う（大久保1989: 170）。

大久保がその重要性を強調した「内面的経歴」の研究は、この後の時期にライフコース研究からはやや距離をとりながら進められることとなった。大久保自身は、この論文において転機に注目し、外面的経歴と内面的経歴との双方を視野に収めた分析を試みている。具体的には、朝日新聞の連載コラム「私の転機」を素材として、転機の類型化を試み、そこに関わる重要な他者たちの種類を整理し、転機を経験する年齢と時代状況との対応を確認している。その際に、コラム執筆者をケースとして扱い、ケース数を数え比率を算出するという計量的な手法を用いながら、転機の経験の内面的な構造に迫ろうとするものでもあった。

大久保のこの論文に先立つ高田公理の論文も、同様の方向性を追求していたように思われる（高田

1986)。高田は、日経産業新聞の「転機」というシリーズ記事を素材として転機をもたらした契機、それによってもたらされた変化を類型化し、各類型の比率を算出している。また明治・大正・昭和のそれぞれのビジネスエリートたちがどのような経歴をたどってきたのかを分類し、その変化を数量的に検討している。そのような分析の結果として、高田は、転機が日常化しており、特権性を失っていると論じる（その例として浅田彰のスキゾキッズ論が参照されているところに時代が感じられる）。

大久保や高田が新聞に掲載された記事を資料として用いたのに対して、調査票調査によって得られたデータを用いて分析を行ったのが太郎丸博である（太郎丸 1995）。彼は、一九八八年に行われた調査を用いて40歳以上の転職経験者に対して尋ねられた以下の質問への自由回答を分析対象とした。

あなたの生き方に一番大きな変化を与えた転職は何歳の時ですか
その転職によって、どういう生き方から、どういう生き方に変わりましたか

その際に、方法論的には変数指向アプローチを、分析対象・ライフコースに対する考え方においては事例指向アプローチをとるとする。いわば計量的アプローチによる転職のレトリック研究ということになる。転職と年齢・性別・職業との関係が確認され、レトリックとして「中心のレトリック」「安定のレトリック」が抽出され、それぞれ学歴、性別との関連が論じられている。

心理学の領域でも、物語論を意識しつつ計量的な手法を用いた転機の研究がある。たとえば、大学生を対象とした杉浦健の研究はその代表的なものだ（杉浦 2004）。

しかし転機の語りを計量的アプローチで分析するというこの方向性は、必ずしも大きな流れとはなっていないように思われる。大久保のいう外面的経歴と内面的経歴は、ライフコース研究とバイオグラフィ研究としてそれぞれ独立に展開され（ライフコース研究はそれ自体が縮小してしまったといえるかもしれないが）、転機の研究はもっぱら後者の一部として行われるようになっている。

以上を踏まえていえば、本章は、現時点でのライフコース研究・バイオグラフィ研究の双方を視野に入れつつ、量的研究における自由記述の分析を通して自己語りの研究の幅を広げる可能性を探索しようとする試みと位置づけることができるであろう。

推薦文献

森岡清美・青井和夫編 1991『現代日本人のライフコース』日本学術振興会（学振選書）

大久保孝治 1989「生活史における転機の研究――「私の転機」（朝日新聞連載）を素材として」『社会学年誌』30: 155-171.

太郎丸博 1995「転職による転機と当事者の解釈過程――ライフコース論の方法論的検討」『年報人間科学』16: 57-73.

第5章　自己を語ること・人生を書くこと——ともに書く自分史の世界

小林　多寿子

1　人生史サークル　黄櫨《こうろ》の会

福岡県の八女《やめ》。県南西部の矢部川流域に広がる扇状地に八女茶や果樹が栽培され、田畑が緑豊かに広がるのどかな田園地帯である。一帯にはかつて黄櫨《はぜ》の木がたくさん植えられ、美しく紅葉して八女の晩秋を彩った。八女は、旧八女郡三町二村を合併した八女市、隣接の筑後市、広川町を合わせて総人口約一三万人が暮らす地域である。

この八女地域に「人生史サークル黄櫨の会」（以下、黄櫨の会と略）という自分史を書くグループがある。一九九七年に始まり、二〇年以上にわたり、ともに自分史を書き続けてきた。『黄櫨』という名の定期刊行の会誌を年三回、刊行している(1)。

二〇一四年八月二四日午後、八女市社会福祉会館で『黄櫨』第50号発刊記念式典が開かれた。会場には百名以上の会員や関係者が出席し、会にゆかりのある二人の講演がおこなわれた。一人目は麻生渡、二人目は安保博史である。麻生は福岡県知事を務めた政治家である。『黄櫨』には10号、20号、10周年、40号、50号という節目の折にエッセイを寄稿しており、黄櫨の会では健筆家として知られている。

二人目の安保は、黄櫨の会発足以来一六年にわたり自分史講座の講師を務めた近世文学を専門とする国文学者である。初回から数えると、約150回におよぶ自分史講座で人生を語りあう材料を提供し、『黄櫨』で書くことを促してきたという。安保によれば、黄櫨の会はただ文章を書いて会誌に載せるだけの会ではない。おたがいの文章について語りあい、研鑽することで絆を深めてきたので、50号も続くことができた。自分の人生に光を当て直し、人生の再発見・再評価をおこない、高齢期を価値あるものとして生きることができるのが黄櫨の会であると、安保は講演で話している。

第50号記念式典は、その後、会場を八女市内のレストランに移して懇親会となった。いくつかのテーブルに分かれておしゃべりに花が咲き、踊りの披露や安保を囲んだ合唱もあり盛会であった。この和気あいあいとした交流はたがいに人生を物語ることによって得られた親交の状況であり、自己語りがもたらす交話phatic機能が発揮されている(2)。そしてたがいの人生の物語を評価しあい、書く実践を促進しあう「書く共同体」(3)(小林 1997)のありようがこの場に顕在化している。

2 自己語りとしての自分史

自分史とは自己の経験を自己自身が書いた人生の物語をさす。フランスの自伝研究者フィリップ・ルジュンヌによれば、自伝は一八世紀半ば以降に広まった自己の人格の歴史を語り、出版するという近代に誕生した新しい現象である。自伝とは、自己の歴史を中心とする人生の物語であり、自己自身の人生を散文で回顧的に語った物語であるという（ルジュンヌ 1995: 6-7）。書き手、語り手、作中の人物が同一人物であることが自伝の要素としてあげられており（ルジュンヌ 1995: 10）、書く主体と書かれる対象が一致することが自伝の要件である。自分史は自伝とこの同じ要件を共有しており、本章では自分史と自伝を互換的にとらえている。自分史は、自己によってあらわされた自己のライフストーリーであり、浅野智彦のいう「人々が自分について語る物語」としての自己物語である（浅野 2001: 4）。そしてオーラルはなく、リテラルな、つまり書く実践による自己語りである。

自分史を書く系譜をたどるなかで注目されるのが、日本における自分史の特徴として一貫して見られる「ともに書く」という書き方のスタイルである。「ともに書く」スタイルとは、自分史講座やサークルなどの形で書く集団を作り、複数の人たちが一緒に自分史を書く実践をさす。定期的に集まる機会を設け、短い文章を書いて持ち寄り、少しずつ書きためて、文集にまとめる。一冊の自伝的作品として本にする人もある。このような「ともに書く」スタイルで自分史をあらわすことを支えているのが、自分史講座の講師やアドバイザーを務め、自分史が書かれることを促す指導的立場にある人たちである(4)。

自分史を書くグループは、一九五〇年代にさかんになった生活記録運動の時代に陸続と誕生したサークルがその端緒の一つであろう。一九五〇年代は自己語りが本格的に始まった時期である。「生活記録」「生活綴方」「伝記」等、さまざまな名称で生活あるいは人生を書く実践が取り組まれるようになった。「思想の科学」による「伝記を書く運動」や各地のサークル活動はいずれもグループで書きはじめている(5)。

一九六〇年代終わりには橋本義夫が主導した「ふだん記」運動が始まり、最盛期には二〇以上の「ふだん記」グループが全国に広がっていた(6)。一九八〇年代の自分史ブーム以降は、自治体や社会教育機関によって開かれた自分史教室の延長で各地に自分史を書くグループがつくられた。「ともに書く」という集合的に自分史を書くスタイルは、戦後の展開のなかでいくつかのタイプとなって顕著に見られた現象である。

黄櫨の会はそれらのいずれのタイプとも異なる。一九五〇年代の紡績女工の生活記録や「エンピツをにぎる主婦」のように職場を同じくしたり階層性を共有したりする人たちのグループではない。「ふだん記」運動のように一人の強力な主導者に牽引されたグループでもない。一九八〇年代以降によく見られるようになった自治体や社会教育機関が関わったグループでもない。黄櫨の会は、八女地域に暮らす人びとを中心に末安良行が設立提唱者となり、複数の地元の協力者を得て立ちあげられ、活動してきた自分史グループである。八女という地域に根ざした民間の自発的な集団である。

黄櫨の会は、特定の地域に根ざしたサークルであることに加えて、いくつかの特徴がある。一つには、「人生史」という独自につけた名称によって、自分史が人生の物語であることを明快に主張していることである。自分史は自伝、ライフストーリー、ライフヒストリー、生活記録、「ふだん記」、生い立ちの記などさまざまな名称で呼ばれているものの総称である。「人生史」という名称は二〇〇〇年代には散見されるようになったが、一九九七年設立当時は唯一のオリジナルな名称であっただろう。

設立発起人の一人であり、『黄櫨』の編集を長く担当した椎窓猛(7)によれば、「人生史」と名づけたとき、「自分の人生を語り残そうという意味」をこめたという。「自分史というと、なんか狭くとられる」、というのは、「自分というと本来、一人という」意味であり「自分史だけでは細い感じがする」。そこで、「人生というと、歩いた道の幅が広くならせんか」と設立提唱者の末安と話しあったことを述べている。「自分」史ではなく「人生」史とすることで、単独の個人にとどまらずとりまく他者も含めた幅広い人生をとらえるねらいがあった。

二つめの特徴は、一九九七年四月に193名の会員で発足以来、二〇年以上にわたって執筆を続けている会員がかなりいること、そのなかで女性の比率が高いことである。一九九七年発足当時、会員のうち女性は約70名で35％、二〇一四年刊の50号執筆者55名のうち女性は24名で44・4％である。一九九〇年代前半の自分史作品執筆者の性別を見ると、男性が約7割くらいであった（小林 1997: 24）。日本自分史センター所蔵作品を単著作者の性別で見ると、女性36・8％（二〇一四年八月三一日現在、かすがい市民文化財団）であり、黄櫨の会の女性比率は高いほうである。

黄櫨の会の催しに参加すると、女性が多く参加しているという印象を受ける。第50号発刊記念式典もそうであった。この印象は、実際に会誌に執筆する人たちのうち女性が半数近い比率を反映している。集合的な書き方の持続性、とくに女性の継続性は注目される。

三つには、自分史図書館という小さな私設図書館をもっていることである。黄櫨の会の会誌や出版された作品や寄贈された自分史関連作品を所蔵している。それは八女地域のライフストーリー・アーカイヴとも見ることができ、他にあまり見られない特徴であろう。

黄櫨の会発足以来、書く実践を続けてきた女性たちに、人生の物語を書いてきたこれまでの経緯を尋ねた。このインタビューは、自己語りをする自己について語ってもらうインタビューである。なにを書いたのかというテクストの内容の説明に加えて、書く動機やいかに書いたのかという書く実践、書いた後のことも尋ねている。その意図は、自伝的テクストをテクスト生成のコンテクストに連結させて理解すること、人生の物語を書いたその後について語ってもらうことで、書くことが自己自身になにをもたらしたのかを見ることにある。自己の物語化が自己自身にいかに還元されたのか、それは自己を書くことが自己自身へいかに再帰するのかという自己物語の再帰性を考えようとする問いである。なにを書いたのかという作品の分析も合わせておこなうことで、人生の物語を書くという自己語りを複層的にとらえたい。

3　ある女性の人生の物語——なにを書いたのか

黄櫨の会会員の藤島美子は、一九九七年四月に黄櫨の会が発足したときに会員となって『黄櫨』に毎号欠かさず文章を寄せてきた。一九九七年創刊号から二〇一七年の58号まで計64編の作品が載っている。一編ずつは二千字程度の短いものであるが、二〇年間におよぶ寄稿の継続によりさまざまな内容の作品が堆積している。加えて、一九九九年には『人生史』という題名で自分史を書き、小さな本にまとめた。

八女地域で生まれ育ち、生きてきた一人の女性は二〇年間にわたりなにをいかに書いてきたのか、書き記してきた作品を分析しつつ、藤島の自己語りを一つの事例として人生を書く営みについて考えてみよう。

3・1　一冊の本『人生史』

『人生史』はわずか54頁の小さな本である。表紙には、二月生まれの著者にふさわしい水仙の花ととももに「黄櫨叢書　第二巻」と記されている。黄櫨の会では「黄櫨叢書」というシリーズで単著の作品も出しており、二〇一七年現在で26冊の叢書が刊行されている。藤島の作品は、発足からまだ二年に満たないときに二番目の叢書として刊行された。

この作品は48の小見出しからなり、出生から時系列で配置され、「黄櫨の会入会」で締めくくられている。「書いた時間」と「書かれた時間」という時間軸でなにが書かれたのかを検討しよう。

「書いた時間」とは著者が書く実践をおこなったその「現在」がどんなタイミングであったのかをさしている。人生を振り返り、書く行為に取り組んだ時間が書く人自身にとってどのような状況の時間であったのかということは、書く動機や書く内容を理解するのに手がかりとなる。書いた時間は、筆者64歳のときである。その時点で著者は、公務員を定年退職したのちもパートタイムの仕事に就き、60代を通して仕事を続けたが、三人の子どもたちはすでに結婚して、孫も誕生している。

人生を振り返る行為は自由自在におこなわれるはずである。しかし自在だからといってなんでも書かれるわけではない。哲学者ヴィルヘルム・ディルタイがその自伝論で指摘するように、「生涯の過ぎ去った部分を結ぶ連関をその意義の範疇によってとらえる」（ディルタイ 1981: 170）のであり、なんらかの意味ある出来事や経験が書かれる。書かれることがらを精査することによって、書き手にとって書かれることの意味を考えることができるだろう。この観点から、「書かれた時間」が具体的に人生のどのような時期であったかを見てみよう。

「書かれた時間」は、一九三二年の誕生に始まり、現在にいたるまでという生涯にわたるものの、全体を万遍なくではなく、人生前半に力点がおかれている。表Aのように、その力点は書かれた文章の量に反

表A　藤島の『人生史』の時間構造

書かれた時間			行数	%
人生の時期	年齢層（歳）	時代（年）		
乳幼児期	0 － 6	1932 － 1938	70	11.3%
小学校時代	6 － 12	1938 － 1944	136	21.9%
女学校時代	12 － 16	1944 － 1948	136	21.9%
家業従事	16 － 20	1948 － 1952	41	6.6%
新婚期	20 － 30	1952 － 1962	73	11.8%
求職期	31 － 34	1963 － 1966	54	8.7%
公務員	35 － 60	1967 － 1992	88	14.2%
定年後就労	61 － 65	1992 － 1997	23	3.7%
総行数			621	100.1%

映されている。

この表からわかることは誕生から女学校卒業までの一六年間が作品全体の55・1％、20歳で結婚するまでが61・7％と、生まれ育った実家での暮らしや学校生活、小学校四年生のときに始まった第二次世界大戦―太平洋戦争の時期が6割以上綴られている。

「満ち足りた生活」という見出しに表象されるような幸福な子ども時代、対照的に、戦争の時代に入り、戦時中の家業の廃業、学徒勤労動員中の姉の死という家族にとって不幸な悲嘆の出来事、戦後の農地解放から農地を守るために農業に従事することになる生業の転換や物資不足という生活困難の時期を描いている。幸せな子ども期と家族の死という不幸の対照性、結婚とその破綻という幸福と不幸の対照性が本書のモチーフの一つである。

3・2　短編作品64編

『黄櫨』は定期刊行の会誌として、一九九七年八月の創刊号以来、年三回刊行されている。会員は『黄櫨』専用の原稿用紙2枚から10枚（約1千字から5千字）以内で、一人1編投稿できる。

藤島は、創刊号から毎号、作品を投稿してきた。初期の時代に

表B　65～85歳の間に書かれた作品（全64編）

過去を振り返った作品（24編）

書かれた時間		書いた時間（執筆時の年齢）と作品数	時代（年）	作品数合計
人生の時期	年齢層（歳）			
子ども期(乳幼児期＋小学校)	0 － 12	65歳2, 66歳1, 67歳1, 72歳1	1932 － 44	5
女学校時代	12 － 16	65歳1, 66歳2, 69歳1, 72歳2, 73歳1,　76歳1	1944 － 48	8
新婚期	20 － 30	66歳1	1952 － 62	1
働く一人親	30 － 34	67歳1, 68歳1, 79歳1, 80歳1	1962 － 66	4
働く(公務員＋定年後)	35 － 77	67歳1, 79歳1, 80歳1	1967 － 92 － 2009	3
人生全体		71歳1, 73歳1, 81歳1		3

現在中心の作品（48編）

書かれた時間		書いた時間（執筆時の年齢）と作品数	作品数合計
人生の時期	年齢層（歳）		
60代後半	65 － 69	65歳2, 67歳3, 68歳3, 69歳2	10
70代前半	70 － 74	70歳3, 71歳2, 73歳2, 74歳3	10
70代後半	75 － 79	75歳3, 76歳3, 77歳3, 78歳3, 79歳2	14
80代前半	80 － 84	0歳2, 81歳2, 82歳3, 83歳3, 84歳3	13
80代後半	85以上	85歳1	1

は短い作品3本が載ったこともある。二〇一七年三月刊行の58号までに掲載された総計64編の作品は、自分史と日常のエッセイ、それらを融合したスタイルの書きものである(8)。具体的になにがどのように書かれたのかを、書いた時間と書かれた時間に注目して検討してみよう。

表Bは、何歳のときの自己がいつの時期の自己を書いたのかを作品内容から示している。この表からさしあたり三つのことを指摘しよう。

一つは、現在中心の作品が多いことである。現在中心とは、書いた時間と書かれた時間がほぼ重なっており、回想的、過去遡及的ではないことである。そのときどきの年齢と仕事や家族の状態に応じて、そのときのいま・現在の位置から自己を書いた文章が多い。いま・現在のことだけを書いた作品が64編中48編、つまり4分の3は、現在中心的作品である。

二つには、書かれる時間が過去から現在へ移っていることである。表Bからわかるように、子ども期を書いたのはほぼ70代前半までであった。70代後半から現在のことが大半となり、80歳を過ぎてからは日常生活と日々の感情、人生観や〈老い〉が主要なテーマとなっている。二〇年にわたり書き続けてきたことを時間軸に沿って見てみると、書く内容の重点がしだいに過去から現在へ移動していることがわかる。書かれた時間が書く時間とどんどん重なるようになってきた。

三つには、一つの作品に複数の時間が書き込まれており、そこに現在の意味づけや解釈を見い出すことができる。現在の日常生活を書きながらも、過去の自己の経験が想起され、複数の出来事が結びつけられて書かれている。これは〈点と点をつなぐ connecting the dots〉行為の成果である。書かれた時間のなかに異なる時間が混在し、それらをつなぐ糸が現在の解釈である。その解釈によって、過去の出来事や経験は現在の自己へ指示的に向けられている。

3・3　人生の書かれ方

〈点と点をつなぐ〉行為は、現在の時点、すなわち振り返って書く自己にしかできない行為である。そして過去の出来事や経験を結ぶ糸は、現在の時点の意味であり、評価であり、解釈である。

64編中、12編は明白に〈点と点をつなぐ〉作品であるが、そのなかからいくつか例をあげてみよう。

「箪笥」　66歳のときの作品では、亡くなった母が生前大事に使っていた総桐箪笥のことが書かれている。

箪笥は、母が着物姿で家業に忙しく立ち働く姿を思い起こさせてくれるだけでなく、作られて約百年たつ箪笥は、「物の大切さを説いて、愛着心を持つことを教えてくれる、教育の一端をのぞかせる箪笥」である。著者が付与する「教育」という意味でとらえられた母の思い出と形見の箪笥のストーリーである（『黄櫨』4号 1998: 149-150）。

「柔らかい心 柔らかい頭」この作品は80歳を過ぎて友人の訃報に接することが増えてきたと、書き出されている。友人たちも境遇は違ってもそれぞれの修羅場をくぐりぬけ、家族を守り子どもを育ててきたのであり、かけがえのない友であったと思いながら、自己自身の30代を想起している。「前途多難な道も、進むことしかないと心に決めて対処したこと、今思い出してみてもそんな事があったから、成長と喜びが味わえたと感謝する」と綴る。現在の時点から振り返ったとき、多難な道を進んだからこそ成長と喜びが味わえたという評価をしている（『黄櫨』48号 2013: 16-17）。

ただ、評価は肯定的なものばかりではない。反省や後悔、嘆きや憂いも表明されている。

「家族」65歳のときの作品では、子ども時代に暮らした母と父のことが書かれている。母は、長女が学徒勤労動員中に亡くなり、白木の箱に入って帰って嘆き悲しんだものの気丈に立ち直り、「前向きに進もう」と身をもって教えてくれた。その姿を見て育ったおかげで自己の苦難も与えられた試練として乗り越えられたと、母の姿勢から学んだことを肯定的に評価している。その反面、父には、晩年に楽しみを規制して寂しい生涯を終わらせたのではないかという思いが今でも心の奥で消えず、苛まれる日々であると、現在の反省と後悔を書いている（『黄櫨』2号 1997: 79-89）。

〈点と点をつなぐ〉という、過去の時点を現在の糸で結びつけて書く行為には、確認や納得、解釈のなかで新たな意味を見いだし、自己自身にとって予想外の発見や再評価がともなうことがありうる。さらに継続的な書く行為により解釈の繰り返しもあり、同じ出来事への異なる評価や意味も付与されうる。この行為こそ書き手にとって人生の物語を書く実践の中軸にあり、また書くことの醍醐味でもあるだろう。

4　書く実践について語る

なぜ書いたのか、そしていかに長く書き続けたのか、書く実践をめぐる問いかけに、書き手自身が語ってくれた(9)。語る時間と書く時間を照らし合わせてみると、語られたのは『黄櫨』40号がちょうど刊行されたときである。その号には「私の生きてきた四二年間」というタイトルで、当時79歳の藤島が、公務員として25年、パートタイムで17年、計42年にわたって働いてきた人生を振り返った作品が載っている。

4・1　人生の物語

藤島の人生の物語は、最初の大きな打撃とその後の努力により人生が順風となったという苦難と好転のストーリーとして語られている。最初の大きな打撃とは、結婚一〇年めの30代初めに夫の出奔により幼い子ども三人とともに残され、一人で子どもを育てることになったことである。とりあえず農業や内職で生計をたてる。それから調理師資格を取って学校給食調理員として採用され、定年退職まで公務員として勤めることができた。その後もパートタイムで77歳まで働いた。

困難にあいそれを努力で乗り越えたという人生のストーリーラインは、最初の艱難に耐えた時期には、ときに「情けなくて涙がぽろぽろと出てきた」という痛惜の出来事や竦んでしまうような不安な気持ちを抱えざるをえなかったという苦労のエピソードが連なっている。しかし、公務員となり安定した職を得て以降は、「これで一生懸命がんばらんといかん」と、仕事上の創意工夫や勉強を重ねた話、職場の重責の役割にも鍛えられたエピソードで構成され、がむしゃらに働いたことが中軸のストーリーとなっている。そして退職時には、やり遂げたという達成感と大きな満足感をもって終えることができた。

あぁよかった、なにごともみなさんに迷惑かけずに、無事に勤めを果せた。あのままうちに籠っていたらどないなっていたかわからん、だから、捨てる神あれば拾う神ありって母が言っていたのはこれだなって、一番におもいました。

好転のストーリーは、「与えられた仕事を一生懸命やっておけば、かならずどこかで報いられることがくる」という人生訓に結晶されている。「捨てる神あれば拾う神あり」という母の言葉で締めくくられる。

4・2　書く実践の場を得る

藤島が黄櫨の会に関わるきっかけは、公務員の退職者の会合の折に末安と出会ったことにあった。そのとき、末安に声をかけてもらった。

藤島さん、こんど黄櫨の会ってするから、気軽に入ってこられたらどうですか。

全然、難しくないよ。

そう言われたから、気軽に参加することにした。

文章を書くのは好きだった。子どもが小学生のときにＰＴＡの役員をしたことがあり、学校のＰＴＡ新聞に何度か自分の思いを書いたことがあった。子どもたちに勉強しなさいと言うばかりよりも、自分も勉強しなくちゃいけないなと、黄櫨の会に参加することにした。

ところが、一九九七年四月、黄櫨の会の発会式に行くと、地元の名士たちが大勢来ていて、気が引けるような感じがした。

「ちょっと私、場違いなところにきたみたい」と、黄櫨の会代表となった末安に言うと、「いや、ここでは役職、離れているから、みな平等だから、なんも考えなくていいです」と言われる。その言葉に惹かれて、「そうしたらお勉強させていただきます」と入ったのが、黄櫨の会とのめぐりあいであった。

黄櫨の会の設立発起人で代表を務める末安は、かつて地元の町長であった。出席者たちには、元教師や地元では名望家とされる人たちが大勢いた。おおいに気が引けたのであったが、末安に「みな平等だから」と言われ、参加することにした。それ以来、現在にいたるまで黄櫨の会のなかで、人生の物語、そして自己の日常生活を書いている。

4・3　いかに書いたのか

藤島は、当初、なにをどう書いたらいいのかわからなかった。発足当初より、毎月地元の大学で国文学を教えていた安保が講師となって、原稿用紙の使い方、文法表記のしかたに始まり、文章の書き方や人生を書いた作品を題材に書くこと全般を指南する自分史講座が開かれた。その講座で人生の物語の書きあわし方を学んだ。

自己の人生を振り返って書けばいいとわかった。がむしゃらに生きてきたその生き方を考えてみようとおもいいたる。他のメンバーが書いたものに比べて拙いなとおもいながらも、自分の生きてきた人生を書いていけばいいんだ、記憶のあるうちに生きてきた道を子どもたちに知らせておいたほうがいいなと考えた。

もう全部、洗いざらい書いたんです。

『人生史』というタイトルでこれまでの人生を振り返って書いたものを小本にまとめた。ある会合で、末安に言われた。

全然、経験のない方が出されたから、こういう『人生史』を出されて、こういうことはいいことです。

その言葉によって、「私の生き方、間違ってなかった」とおもうことができた。

それから年三回刊行される会誌『黄櫨』にはかならず自分の生き方や思いやらを綴ってきた。自分の生き方は他の人には通用しないかもしれない。だが、子どもたちがわかってくれたらいいとおもった。

四二年間にわたって懸命に働いて、三人の子どもたちを育ててきた。文章を書くときにそのことばかり頭をよぎるから、書く内容もついつい自分でがんばったということばかりであった。最近、年をとったのだから、すこし柔らかくならないといけないなぁとおもいはじめた。孫たちも優しくしてくれるので、気持ちが和んできて、「あぁ、このごろ、文が、すこし柔らかくなったなぁ」とおもう。『黄櫨』があったおかげで、自分の気持ちのはけ口となったし、他の人の文章を読み、そして自分の考えを変えることができたので、黄櫨には非常に感謝していると述べている。

4・4　書いた後で

藤島は、これまでに書いたものをときどき読み返す。本棚に『黄櫨』創刊号から最新号まで並べておいてある。たまに出して、「まぁこんなこと書いて恥ずかしい」とか、「このときはこんなにがんばろうともうておったのか」とか、「このときはしぼんでおるな」とかおもいながら読み返している。

人生の物語を読み返す行為は、自己自身が書いた物語に対する納得を再確認する行為である。読み返すことによって物語をより堅固なものへ強化している。さらに枝葉を付加したエピソードを会誌に寄稿し、新たに書き重ねて人生の物語を分厚くする書く実践が連なっていく。

人生の物語の第一の読者になってほしいのは、子どもたちであった。

いま記憶がある程度たしかなうちに、子どもたちに生きてきた道を知らせたほうがいいなとおもって。

人生の物語を書き、そして小さな本にもまとめた。「おかあさんが一生懸命がんばってくれたから」とわかってもらえるように書いてきたのである。子ども世代への物語の伝達が人生を書く第一の目的であった。藤島が書くのは振り返って書く自分史だけではない。むしろ日常生活で見たことや思ったこと、現在のことを綴るエッセイも投稿してきた。

子どもたちにも書いたものを読めるように会誌を渡してある。それぞれ感想を言ってくる。「おかあさん、あそこまで書かんでも」とか、「おかあさん、あの文はよかったよ」とか、「おかあさん、文と文とのあいだがちょっとおかしかった、あれ、なんかひっぱりだしとるやろ」と言われたこともある。

おかあさん文はおかあさん文で成り立っているから、いい文、ここはいいな。

成人した子どもたちにとって母の書いたものは「おかあさん文」なのである。「おかあさんがちょっと出しているけど、そこが浮いて見える」と指摘されたこともあった。子どもたちは母の書いた文章を読んでそれぞれに批評している。

あぁ、一生懸命に読んでくれているんだなっておもっています。

これからも体の続く限り書いていこうとおもう。テーマは「老後の生き方」であろう。いまからこの世のなかで生きていくためには自分で勉強していかないとついていけないとおもう。取り残されないようにしていくことを考えている。そのためには情報をもっておかないといけないから、聞いたり話したり、うちに籠らないようにしておくことが一番大事ではないかとおもっている。

藤島の語りをとりあげたのは、人生の物語のテクストの分析をインタビューのコンテクストに連結させる試みにあった。リテラルなテクストとオーラルな語りの重ね合わせによって、リテラルなテクストだけではとらえられない意図や動機が言語化されることで、反省や満足等の情緒性が表出され、意義の複層性も顕在化する。そして人生の物語を書くことが自己自身にもたらした反省や評価による満足、自己の人生が概観できたことによる自己像の革新がわかる。自己の物語化が自己自身に還元されている状況の一端がみえる。ここに自己物語の再帰性が見られるが、さらにこの再帰性は「ともに書く」という共同性で達成されていることも指摘できるだろう。

5　人生の物語を書く

5・1　「点と点をつなぐ」

スティーブ・ジョブズは、二〇〇五年六月一四日、スタンフォード大学卒業式でおこなったスピーチで、自身のライフストーリーをもとに「人生で得た三つのストーリー」を語った(10)。その第一のストーリーが「点と点をつなぐ connecting the dots」である。大学を中退して学んだカリグラフィーが後のＭａｃの設計でフォントとして役立つことになった例をあげて、当時、未来を見据えて点と点をつなげることはできなかったが、一〇年後に振り返るとはっきりつながってみえたこと、歩む道のどこかで点と点がつながると信じれば思うままに生きることができると、卒業生を鼓舞している。

このライフストーリーを語る際の「点と点をつなぐ」行為は、ディルタイがその自伝論のなかで、自己の人生を描く際、人生のさまざまな部分を意義によって結びつけて理解し表現するという指摘と重なる。「点」とはディルタイのいう「人生の各部分」あるいは「人生の各時点」「人生のいろいろな時期」であり、それらを結びつけるのが意義である。あるいは意味や価値や目的による連関によっても結びつけられる（ディルタイ 1981: 169-175）。藤島もまた、たとえば母の思い出と形見の箪笥に教育の意味を見いだしたストーリー、30代を振り返り多難な道を進んだからこそ成長と喜びが味わえたというストーリーのように、意義でとらえられた「点と点をつなぐ」行為によって人生の物語を書いている。

ピーター・バーガーによれば、バイオグラフィをまとめるということは人生におこった出来事を時系列順あるいは重要性の順に記録していくことである（バーガー「補論　態度変更と生活史」2007: 81-97）。出来事の選択基準はその人自身の準拠枠による。準拠枠とは解釈システムともいわれる。私たちは人生の出来事に対してさまざまな解釈をくだす。解釈は一つでも一度きりでもなく、一度に複数の解釈がありうるし、何度でも解釈し直される。つねに再解釈がなされている、つまり「点と点をつなぐ」行為は何度でも更新される。

5・2　自己に語る、他者へ語る

では、なぜそもそも人生を物語るのか。井上俊は「物語としての人生」でつぎのように論じている。

物語の重要な働きの一つは、自分の人生を自分自身に納得させるということにある（井上 1996: 15）。井上によれば、自己の人生は物語として構成して理解し、自己自身で了解するために語られる。私たちは、物語化することによって自己の人生をそのようなものとして受け容れる。むしろ、了解できる人生の物語を自己自身がつくるといってもいいだろう。自己自身が納得できる人生の物語とは、自己自身を肯定することにもなる。同時に、その物語が他者によって認められるかどうかということもまた重要である。

私たちはいつも自己と人生に関する物語をつくり、語り、そのことを通して自分を納得させるとともに、他者からの確認や批准を求めている（井上 1996: 19-20）。

人生の物語は、自己による了解と同時に他者による批准が不可欠である。他者から承認を得ることによって自他ともに認められる人生の物語が成立する。自己の物語は他者に向かって語りかけざるをえない。自己の物語は他者によって批准されなければ「社会的な効力をもたないからである」（井上 1996: 24）。

自己を語ること、人生を物語ることは、自己へのベクトルと他者へのベクトルを同時にあわせもつ行為である。自己の人生の物語はまず自己自身が理解して受け容れるために自己に語りかける。と同時に、他者に対しても語りかけなければならない。人生の物語はいかに読まれ、いかに評価されるかという他者による批准の場面は、人生の物語の制作者にとってもっとも肝要な点となる。

バーガーも自己のバイオグラフィに対しておこなう解釈・再解釈も変わっていくのであるが、私たちは他者からも意味を受けとっており、この意味が持続していくためには他者からのたえざるサポートが必要であると指摘している（バーガー 2007: 95）。自己の人生の物語にとって他者はたえず欠かせないのである。

藤島が一冊にまとめて刊行した自分史作品を、末安が「いいことです」と肯定して評価する言葉を聞いたとき、藤島は「私の生き方、間違ってなかったって」おもったという。この言葉は、作品の評価というよりも人生の物語であらわした自己自身の「生き方」が承認されたと受けとめることができた。他者による批准によって、書いた物語は人生の物語として成立し、私の生き方が認められ、さらに「私の生き方」を書いていく促進要因となっている。

人生の物語は、自己による受容と他者による批准によってなりたつだけでなく、批准されることで自己自身に組み込まれ、さらにつぎの物語を生み出すという再帰的な自己物語の生産へ進んでいく。

5・3　ともに書く自分史の世界

自己語りとしての自分史を、サークルという集合的な状態でともに書くことは、どのような意味があるのか。戦後日本において生活記録や自分史が文章運動のなかで書かれてきたことをふまえると、ともに書くという共同的な書き方は、自分史という自伝的なテクストを書くスタイルとして半世紀以上の歴史をもつ。このスタイルで書くことは、書かれるテクスト、そして書く人自身にとってなにをもたらすのか。自己語りと共同性の関係を考えてみよう。

書く人にとって他者とは、人生の物語作成のリソースである。井上によれば、自己の物語を構成するとき、「他人の作った物語」がきわめて重要な役割を果たす。その際、「他人の作った物語」は二種類に大別することができるという。一つは、自分と直接関係のない他者がつくった物語であり、もう一つは、直接に相互作用やコミュニケーションをもつ身近な他者、とりわけデヴィッド・プラースのいうコンボイたち(11)がつくった物語である（井上 1996: 24）。

自分と直接関係のない他者の物語とは、「たとえば神話や伝説、童話や小説、あるいは映画・テレビなどのマスメディアを通じて流布されるさまざまな物語など、私たちをとりまくシンボル空間のなかに文化の一部として存在している物語」が「文化要素としての物語」としてあげられている。このような物語は、認知や解釈枠組みとして内面化され、その枠組みをとおして人生の出来事に秩序と意味を与えている。また、自己自身の物語のモデルやあるいは素材として物語作成に利用されたり、ときに物語作成の拘束要因にもなる（井上 1996: 24）。

ともに書く自分史の世界を考えるときに重視されるのは、もう一つの「直接に相互作用やコミュニケーションをもつ身近な他者」がつくった物語である。「私たちの両親、兄弟姉妹、親戚、恋人、配偶者、友人、同僚ら」が私たちに語った物語は、「相互作用とコミュニケーションの過程で私たち自身の物語と絡みあい、相互に影響しあう」（井上 1996: 24-25）という。「身近な他者」の語る物語は、まず自分史が誕生から始まるとしたら、物心つく以前の、自己の記憶のない誕生の語りは、いつでも他者によって語られたエピソードで始まる。子どものころから濃密な相互作用のなかで繰り返し聞かされたり、いつも伝聞の物語としてとりいれられたりする。あるいは、兄弟姉妹同士で子ども時代の物語をたがいに確認しながらつくりあげることもあるだろう。

しかし、身近な他者は、物語の提供者あるいはともに物語をつくりあげる共同構築者として、自己の人生の物語化に作用するだけではない。60代以降に人生の物語を書く者にとって、すでに確認しあえるかつての身近な他者がそれこそ身近にいるわけではない。黄櫨の会のように二〇年も続いていくと、ともに書いてきた人たち同士は人生の物語を批准し承認しあう、家族親族、配偶者などとは異なる新たなコンボイとなってきた。ともに書く自分史の世界は、自己の人生の物語を持続的に承認してもらえるかけがえのない場でもあり、日常的な社交の場でもある。

藤島は、黄櫨の会に参加したことによって、ともに書く人たち同士の人間関係をもつことができた。毎月の自分史講座に出席すると、「藤島さん、元気しといですか」と声をかけてもらう。同席したメンバーとは話がはずんだり、黄櫨の会初期のころに毎年のようにおこなわれた研修旅行に出かけたりしたこともあった。広域に及ぶ八女地域では、日常生活での接点はなかなかもてないものの、黄櫨の会ではともに書くメンバー同士という関係を築くことができた。

「気負うことない、みんな平等だから」と言われた言葉は、「なんかものすごく気を楽にしてくれまして続いたとおもいます」と語っている。

6　持続する自分史の世界

黄櫨の会のメンバーは、一九二〇～三〇年代に生まれた世代、つまり70代から90代前半にかけての人たちが中核である。同世代として歴史的出来事の体験を共有しているうえに、『黄櫨』に書いた個別の人生の物語をたがいに読んでいる読者同士でもある。それぞれの人生の物語がたがいの関わりを開く端緒となり、関係を確認する交話機能を果たしている。ともに書く自分史の世界が長く持続するうえでこの交話機能は不可欠の役割を果たしているだろう。

バーガーは、近代とは、個人が自己の出来事を解釈し、そして再解釈することが多くの人びとの人生のなかで頻繁かつ急激におこなわれるようになった時代、さらに再解釈のシステムが多様になり、選択可能になっていることが一般化しつつある時代であると指摘している（バーガー 2007: 86）。人生の物語は一度書かれたら終わりではない。何度でも書かれ、再解釈によって上書きされたり、書き換えられたりする可能性のあるものである。そのような持続的な再解釈のシステムが共同的に作動する場が、ともに書く自分史の世界なのである。

推薦文献

ピーター・L・バーガー 水野節夫・村山研一訳 2007『社会学への招待　普及版』新思索社（原著 *Invitation to Sociology*, 1963）

井上俊 1996「物語としての人生」井上俊ほか編『岩波講座現代社会学9　ライフコースの社会学』岩波書店

デヴィッド・W・プラース 井上俊・杉野目康子訳 1985『日本人の生き方――現代における成熟のドラマ』岩波書店

注

（1）人生史サークル黄櫨の会については、二〇〇九年四月より現在にいたるまで関係者へのインタビューや会合への参加、作品の閲覧等を中心とした調査を継続的におこなっている。代表の末安良行氏、安保博史氏、東邦治郎氏、椎窓猛氏はじめ関係の方々に深謝いたします。なお、本章で引用する氏名は機関誌等の作品に掲載されている筆名を用いている。また、本文中では敬称を略している。

（2）人類学者のブロニスワフ・マリノフスキーが提唱し、言語学者ロマーン・ヤコブソンが言語の六つのコミュニケーション機能として指摘したなかの一つの機能である。人と人との関わりを形成したり、確認したり、促進したりするコミュニケーションの機能であり、交感機能とも訳されている。

（3）読むことをめぐる「読書共同体」に対置して、書くことをめぐる「ともに書く集団」を「書く共同体」としてとらえている。

（4）自分史の産出を媒介する人を「第二の生産者」として「人生史サークル 黄櫨の会」の事例を論じている（小林 2017）。

（5）自己のライフ（生活あるいは人生）を書くことについて社会学的に検討するとき、一九五〇年代におこった動向はその出発点として注目される。とくに二つの動向をあげておきたい。

一つは、一九五〇年代前半におこった「伝記を書く運動」である。一九五四年に『思想の科学』4号で「生活綴方」、5号で「伝記を見直す」特集が組まれ、「庶民列伝」の名称で伝記を書くグループが京都や愛知県岡崎などにでき、鶴見俊輔、上山春平など哲学者が中心となって伝記の方法が検討された（思想の科学研究会編 1954）。一九五五年に出版された『民衆の座』は「伝記を書く運動」の書であり、伝記を書くことが思想の方法として力をもつという観点に立って、「民衆の思想的伝記」をつくることをめざした（思想の科学研究会編 1955）。庶民の「伝記を書く運動」の視点とともに、実作の成果である農民や炭焼き、漁師等の計一二の伝記を紹介している。ふつうの人びとの人生を書くことが初めて真剣に論じられた点は見逃せない。

二つめは、生活記録運動である。一九五一年の無着成恭による『山びこ学校』の出版、一九五二年岐阜県中津川で開催された第一回作文教育全国協議会をきっかけに急速に広がった大人の生活綴方である。中津川での鶴見和子と澤井余志郎の出会いは後に『母の歴史』（1954）を初めとする『紡績女工生活記録』を生み出す契機となった。鶴見和子は東京では主婦たちによる「生活をつづる会」と関わり、『エンピツをにぎる主婦』（鶴見 1954）が出版されている。自己の生活、そして自己の人生を自己自身で書くという、人びとが書く主体になったことに大きな意義があった。一九五〇年代は生活記録を書くサークルが爆発的に生まれ、集合的な書き方が広がった戦後最初の時代である。

（6）「ふだん記」運動については、色川大吉（1975）、小林（1997, 1998a）参照。

（7）二〇一一年三月二八日、八女市でインタビュー実施。

（8）初期の頃は複数の作品が掲載された号もあった。

（9）二〇一一年三月二七日、筑後市でインタビュー実施。インタビューに際して安保博史氏にご協力いただいた。

（10）https://www.youtube.com/watch?v=XQB3H6I8t_4（＝ウォルター・アイザックソン 井口耕二訳 2012『スティーブ・ジョブズ Ⅰ・Ⅱ』講談社）

（11）コンボイとは、自己にとって身近な他者をさす概念である。一九七〇年代の日本を生きる成人のライフストーリーをもとに「普通の人びと」の成熟の諸相を描きだしたアメリカの人類学者デヴィッド・プラースが提起した（『日本人の生き方――現代における成熟のドラマ（原題 *Long Engagements*, 1980）』1985）。コンボイは人生の各段階において自己と深い関わりをもち、「道づれ」と邦訳されているように、人生をともに旅していく親密な人びとをさす。コンボイは、インドの人類学者T・マダンのカシミール地方を旅するヒンズー教徒の研究に由来しているが、アルフレッド・シュッツによる他者の概念であるコンソシエーツ（邦訳では関与者）を、より人生の伴走者の意味に近づけた言葉である。コンソシエーツとは、自己をとりまく身近な他者の概念であり、具体的には、配偶者や親子きょうだいに加え、友人、恋人、親類、同僚、クラスメートなどを含む。プラースは、バイオグラフィ（あるいはライフストーリー）は第一にコンソシエーツに注目しなければならないと述べている。

第6章　たった一人のライフストーリー――自己語りの一貫性と複数性

桜井　厚

1　『口述の生活史』から四〇年

故中野卓が著した『口述の生活史――或る女の愛と呪いの日本近代』が出版されたのは一九七七年であった。一人の女性の口述史の書が、わが国の社会学におけるライフヒストリー研究リバイバルのきっかけとなり、オーラルをもとにしたライフヒストリー研究（のちにライフストーリー研究と呼ばれるようになった）のさきがけともなったのである。それから四〇年、ライフストーリー研究にはどのような変化があったのだろうか。

二〇一五年六月、関東社会学会の研究活動委員会の主催でフランスのライフストーリー研究の第一人者、ダニエル・ベルトーを招いたシンポジウムがあった。「経験社会学はなぜライフストーリーを必要とするのか」と題されたもので、「ダニエル・ベルトーと桜井厚の対話」という私にとっては気恥ずかしいサブタイトルがついたものだった。私の報告は添え物程度だったと思うが、それぞれが報告を終えて質疑応答の時間となり、せっかくだからとひとつの質問をした。「一人の語り手だけに深くライフストーリーを聞くことは、社会学的研究として認められるか」というものだ。ベルトーは、穏やかな口調で「探索的には可能だが、一般化は無理」ときっぱりとした返答があった。私が予想した通りの返答だったが、シンポジウムの企画者の一人でベルトーの著書の翻訳者でもある小林多寿子によれば、その質問は「一人なんてとんでもない」と、彼の怒りを買うほどの爆弾質問だったとあとで知った。

振り返ると、当初のライフヒストリー／ライフストーリー研究は、統計的調査法からはそれまでの事例研究と同様に一般化とはほど遠い「補助的」な調査法として位置づけられてきた。実際、中野も日本社会学会会長講演で個人研究の意義を説いたものの（中野 1981）、出版当初は、『口述の生活史』を「歴史的資料」の提供という程度に捉えていた節がある。その後、個人の人生や経験の意味、併せてオーラリティやナラティヴに着目する研究が盛んになって、研究方法そのものを否定したり過小に評価したりする声は相対的には少なくなったものの、今日に至るまでライフストーリー研究に向けられるもっとも頻度が高くかつシンプルな疑問は、調査協力者は何人で、彼らをどのように選択したのか、というサンプリングに関わるものである。

この疑問に明解に答えた研究者の一人がベルトーであったが、彼は一定数のライフストーリーの収集方法を提起したのであって、一人のライフストーリーでもよしとしたわけではなかった。彼の方法については次節でふれるが、同時期にライフストーリー研究にのめり込んだ、根っからの社会学者と呼んでもよい中野が、単独の個人のライフヒストリーを、ほとんど解説をつけるわけでもなく著すことにしたのはなぜか。この疑問には、すぐにいくつかの理由があがる。一つは、中野の既存研究に見られるように、もともと個人の行動や役割への関心が強かったとするもの（これは中野自身も認めている）。いや、そもそも単独の個人と見るべきではなく、その前提として水島工業地帯の公害被害地の住民意識調査があって、それとの関連で評価すべきとするもの（『口述の生活史』では公害などの環境問題が一部でふれられている）。近現代史における女性の生き方、実存の形態として、資料的価値を重視して著されたものだから、これ自体を完成品として評価すべきではないというもの（中野は『口述の生活史』内で資料的意義に言及している）。これらの理由はいずれも間違いではないが正鵠を射ているとも言いがたい。

注目すべきは、主人公である「奥のオバァサン」に中野が出会った経緯である。公害被害のために集落の集団移転が検討されていた時期、「移転賛成派」が多数を占めるなかで、「奥のオバァサン」が移転費用などの経済的理由からではなく、「弘法さんが移らないのにどうして移転できますか」と、独自の反対理由をあげたことに中野が関心をもったことから本書は生まれている。「彼女は、きわだって特異なパーソナル・ヒストリーをもち、しかも、そのすぐれた話者としての資質を持つ人である」（中野 1977: 292）と述べるように、彼女は賛成派と反対派で分裂していた地域社会で独自のロジックで移転反対を述べた異端の人物であった。話者は、サンプルの代表性とは真逆の理由で選択されている。

これに続いて刊行された中野の『離島トカラに生きた男・全二部』（中野 1981-82）でも、こうした一人の開拓リーダーのライフストーリーを取り上げた理由を「ムラの連帯による相互扶助から除外されているヨソモノの生活世界へ研究の視点を向けることは従来の構造機能的接近」（中野 1989→2003: 164）を脱する意義からだと述べる。ローカルな文化社会における異端で逸脱的な人物に関心を向けることはとくに不自然ではないが、その個人史の研究にはどのような社会学的な意義があるのだろうか。一人の個人を取り上げることで中野が示唆したライフヒストリー／ライフストーリーへの思いを受けとめて、本章では、一人の個人のライフストーリーは何を語り、どのような社会学的意義をもつかを検討することにしよう。

2　社会学的リアリティ

中野卓とベルトーという同時代の二人の社会学者によって、科学的で実証主義的な統計調査全盛への批判的視点からなされたライフヒストリー／ライフストーリー研究は、どのようなものだったのか。中野は、それまでの実証的な社会学研究が、個人という人間を見失い、社会的行為や役割に還元し、さらに相互行為や社会関係、集団へと研究の歩を進めてきたことを批判して、なによりもライフヒストリーの方法として「個性ある個人の研究」を対象に据えた（中野 1981）。しかし、個人から社会への接近方法としてライフヒストリー／ライフストーリー研究を位置づけることで、私のような後進の研究者には一つの指針とはなったものの、自身の研究では特定個人のモノグラフという事例研究にとどまり、当時、目指されるべきとされた一般化や普遍化への道が示されることはなかった。

これに対し、ベルトーは自らのパン屋業界のライフストーリー研究プロジェクトを通して、私がのちに「解釈的客観主義」と命名した典型的な方法論を打ち出した。この立場は、個別のなかから一般を見いだすために、ライフストーリーの収集過程に着目することで、どの程度の数のライフストーリーを集めればよいのかを明確に提言するものだった。ライフストーリーの収集と互いにそれらを比較検討することで、そこに現れる「繰り返し」のパターンを発見し、もはや仮説を修正する必要のない段階、すなわち「飽和」を達成する。調査者は一般的な質問も繰り出すことで、「個人的経験を越えて、主体が関わる社会関係をあきらかにすることに注意をむける」（ベルトー 2003: 80）ことが求められる。ベルトーが照準としているのは、ライフストーリーの社会的次元であり間主観的な社会関係の発見なのである。こうした考え方は、ベルトーがおそらく下敷きにしたグラウンデッド・セオリーの方法論とも軌を一にしており、また限られた集団、組織の質的調査でよく利用される一定数のデータの共通点をあぶり出す「重ね焼き法」にも通じる。

一つのそしておなじ生産セクター（ここでは製パン労働者）で人生を生きてきた三〇人の三〇のライフストーリーは三〇の孤立したライフストーリー以上のものをあらわしている。一緒にとらえるなら、それらは違うレベルで違うストーリー、つまり社会構造的関係のパターンのレベルでこの生産セクターの歴史を語っている。…（中略）…〈社会構造的関係のおなじセットからとられた〉いくつかのライフストーリーは互いにサポートしあい、ともに強力な証拠 evidence 本体を作り上げる（ベルトー 2003: 213）。

製パン労働者は社会構造的諸関係に位置づけられる社会的カテゴリー集団内の成員である。製パン労働者のライフストーリー調査では、一五人のライフストーリー収集で、繰り返しと言われるある要素が規則性をもって現れる「飽和プロセス」が知覚できたという。社会学的仮説の妥当性は、この「飽和プロセス」概念に集約されるものだ。すなわち、ベルトー流のライフストーリー研究は、サンプリングやインタビュー時においても一般化へ向けた調査過程の操作が行われている。調査対象者は社会構造的諸関係にある社会的カテゴリーの一員に位置づけられ、調査者は、回顧的な色調（感情や評価などの思い）を語りからできるだけそぎ落として対象者が何を行ってきたかという行為を抽出し、それぞれのライフストーリーに共通する「社会的次元」に対応した〈核〉を取り出すことに専念するのである。しかし、ある社会現象が語られる経験として共通でなければ、社会的存在としての語り手の人間性はおろか社会や文化の何も反映していないとまではいえないのではなかろうか。重要なことは、語られた経験が共通しているかどうかではなく、現象を表す自己の経験的語りが立ち上がるメカニズムを通して、その現象の根底にある永続性や全体性にせまれるかどうかではあるまいか。

翻って、中野から受け継いだライフストーリー研究は、あくまでも個性ある個人を出発点としていた。個人の全体性を視野に入れるなら、一方では個性や個別性を尊重しながら、他方では社会的文脈と関連づけるという、いわば逆向きのベクトルの操作を同時に行う研究法ということになろう。こうした個人のライフストーリー研究が受け入れられようになった理由はいくつかあるが、とくに従来の社会構造的諸関係に組み込まれた社会的カテゴリーの一員とは異質の、いわば一般やマジョリティから外れた逸脱者や被差別者、マイノリティにアクセスできる研究法として注目されたことがある。その基盤には次の二つの社会の動きがあった。ひとつは「新しい社会問題」の登場であり、もうひとつはオーラリティの意義が認められたことである。すなわち、これまでの社会構造的諸関係に組み込まれていなかった問題、たとえばＤＶ、ひきこもり、セクハラなどが社会問題として登場したこと、下層社会やマイノリティ、サバルタンなどの周縁部の人びとの声が聞かれるようになったこと、そして録音機器の技術的進歩もあってこうした社会問題の当事者のライフストーリーの記録や研究が進められるようになったことがある。新しい社会問題にアクセスするには、一人ひとりの問題当事者のライフストーリーがまず大きな手がかりになる。

では、単独の語り手のライフストーリーを理解／解釈することによって必要にして十分な知見を得ることは、はたして難しいことなのだろうか。

3　ライフストーリー・インタビューの自己

3・1　自己の特質

ライフストーリー研究に必然的に伴うインタビューにおいて、自己はどのように語られるだろうか。ライフストーリーは、自己や自己の経験についての口述の物語である。もちろん、このような規定には歴史的、文化的な限定が前提にされている。近代の自己概念に内包されている自律した個人像は、自己決定権にその象徴的な表現を見ることができるが、それは西欧の合理性に基づく啓蒙主義を前提にしていたことはよく知られている。わが国の文化なら、伝統的には自己を家やむら、あるいは会社などの所属集団の一員として語ることが一般的だったし、西欧以外の異文化では、こうした自己概念がなじまない事例が数多く指摘されてきたのは周知の通りである。

通常、ライフストーリーは語り手と聞き手との対話を通して語られるものであり、ライフストーリー研究は、調査協力者と調査者のインタビューという相互行為を介して生成するライフストーリーを主要な資料として、調査協力者の生活世界なり社会的世界なりの意味を探求する研究法である。通常のライフストーリー法であれば主に何が語られたか（what）に着目して分析、解釈が行われるが、私が「対話的構築主義」と命名したライフストーリー研究法は、それだけではなく語る・聞くという発話行為のあり方（how）にも注目するところが特徴である。言い換えれば、調査協力者と調査者のインタビューの相互行為（対話）のあり方を基盤として語られた内容を理解、解釈しようとする方法と言ってよい（桜井 2002）。このとき、語られる内容を〈物語世界〉、対話による語られ方を〈ストーリー領域〉と呼んで区別し、ライフストーリーを書き起こしたトランスクリプトは、こうした what と how が記録されたデータでもある。ライフストーリーは自己語りそのものであるから、語り手の自己は〈ストーリー領域〉の相互行為の主体として、また〈物語世界〉における主人公として立ち現れてくることになる。これらの自己は同一の自己を表しながらも、時空間が違うことからもわかるように、依って立つリアリティの基盤を異にしている。

社会言語学者のシャーロット・リンドによると、ライフストーリーによって語られる自己には三つの特質がある（Linde 1993）。一つめは、時間的連続性である。過去から現在に至る流れのなかに出来事や経験が継起順に並べられて語られることである。時間的な連続性は、一貫性を確認するためのもっとも基本的なものである。語りの継起順序は、時間的な連続性だけでなく因果性をも意味しているために、現在の自己は過去の経験の蓄積から創造されていると見なされる。二つめは、自己が他者と関係づけられていることである。自己のアイデンティティは家族や親族、友人と関係づけられて語られることで比較、対照してつくられる。自己語りは、インタビューという相互行為の参加者の関係とともに、語られる物語の登場人物が語り手とどのように関係しているかを示しているだけでなく、他の登場人物同士の関係をも示している。三つめは、自己のリフレクシビティである。語り手（I）が物語世界において自己（me）を語ることが、自己を観察し、反省し、修正する機会となる。リンドは「語りという行為が、自尊と編集の機会をつくる」（Linde 1993: 122）と述べて、語る自己と語られる自己が異なることを指摘する。それは単なる自己の対象化（客観化）ではなく、そこに道徳的価値判断が働いていることも意味する。語りには「評価」が含まれており、自己が他者との関係で存立しているなら、その関係は特定の（よい）関係であるべきなのだ。〈物語世界〉の主人公が過ちを犯せば同一の名前をもつ語り手が否定的判断を下すことがありうるが、それは語り手が聞き手と同じ規範や価値を共有していることを表している。

ここでは、リンドが時間的連続性で指摘している一貫性の概念について、さらに敷衍しておこう。なぜなら、この一貫性をどのように保証しようとするかがライフストーリーの考え方の違いを左右するだけでなく、一人のライフストーリーの成立根拠とも関連するからだ。語りが現実をどの程度反映しているのかを検証する術は、実証主義の方法論では統計資料や文書資料、さらに他の多くの語りと矛盾がないか、といった補助資料とつきあわせることで客観性を担保してきた。またベルトー流の「解釈的客観主義」（私の呼び方）の考え方なら、他者のライフストーリーと重ね合わせながら推論することで「飽和」による「確からしさ」を主張することになる（ベルトー 2003）。こうした他の資料や他の語りと比較や重ね合わせるなど、外部基準に照らす「外的一貫性」ではなく、一人の語り手の場合にはライフストーリーの〈妥当性〉こそがまず問われる。すなわち、過去や現在の自己経験や予想される未来の自己について語り手がどのように考えているか、という語りの内部で一貫した自己解釈がなされているかどうか、という「内的一貫性」を問うことである（桜井 2002）。

3・2　対話による一貫性の達成

『精霊と結婚した男』においてモロッコ人トゥハーミのライフヒストリーを分析した文化人類学者ヴィンセント・クラパンザーノは、トゥハーミのライフヒストリーの語りを「個人史的現実」と「自伝的真実」に区別し、前者を外部的基準に照らし合わせることができるもの、後者を「おそらく実際に起きたことではない」として、語り手の私（I）以外には外部からは評価できないものだが語り手にとっては真実であると認めている（クラパンザーノ 1991: 22）。「個人史的現実」は「外的一貫性」によって語りのバイアスや矛盾を取り除いたりすることができるが、「自伝的真実」の語りは〈物語世界〉内にとどまり、文字資料や他の人の語りを参照基準にできないために、「内的一貫性」が求められるのである。語りの内的一貫性としては、特定の語りが語り手の全体のプランや意図、動機などとの関連で発話されているのか（トップダウン的関連）、互いのストーリー同士がどのように関連しているか（語りのユニット間の関連）、特定の語りが仮説や信念、目的などを表しているのか（ボトムアップ的関連）などが一貫しているかどうかである（桜井 2002: 203）。注意すべきなのは、こうした内的一貫性が、単に調査者が語り手の語りの内部から発見するものではなく、インタビュー過程における対話という協働作業を通して達成されるものである点である。なぜなら、語りの最初の方と後の方でストーリーに矛盾やずれがあることに気づけば、語り手は聞き手とともに修正や補足などの編集を加えて、継起順序や内容の一貫性を確保することができるからである。共同で一貫性を成立させようとするのは、語り手と聞き手が同一文化内の適正なメンバーとして達成すべき義務であると了解しているからである。

ただし、私たちの常識に照らせば、インタビューを通して達成しようとする一貫性は科学的知識ほど厳密なものではなく、日々の生活に支障のない程度の限定された範囲内においてであることも付け加えておかなければならない。人生や生活には偶然や矛盾があるのがふつうであるけれども、ライフストーリーとしては一貫性をもつ。なぜなら、ライフストーリーは現在から遡る形で過去が語られるために過去の出来事のつながりを全体連関的に配列することができるからである。すなわち、現在の自己という「結末」から筋立てて過去の自己経験が選択・配列されて、現在の自己へとつながるように語られるわけである（桜井 2012: 59）。

4　語りにおける一貫性／非一貫性

ここで内的一貫性を強調したからといって、ライフストーリーの語りに矛盾やずれが生じることがまれであると言いたいわけではない。むしろ一人の語り手と長くつきあって何度も話す機会がある場合には、とくに語りの矛盾やずれは頻繁に起こりうるものである。そうした矛盾やずれがあるからといって「信頼性がない」とか、外的一貫性を求めて語りの外部にある文字資料や他者の語りを参照することで語り手の語りを「記憶違い」で片付けるのではなく、あくまでも語り手と共同でインタビューの相互行為を通して修復なり再編集がなされるべきものと考える。内的一貫性の重視とは、そうした「対話」に重きをおく立場を表しているが、それだけではない。前後の話に矛盾やずれが生じたり、沈黙して語らなかったり、聞き手の矛盾やずれについての問いかけを無視することが起きたりしたとき、こうしたいわば内的一貫性の綻びとでもいえるようなときこそが、ライフストーリーの理解と解釈に重要な手がかりを提供しているときだと考えられるからである。

もっとも、語り手にとっては一貫性があることでも、聞き手からは非一貫的と見られることがあり、逆に語りに矛盾やずれがあるにもかかわらず、聞き手である調査者がそれらに一貫した意味を認めようとすることもある。ライフストーリーは、いくつものストーリーの組み合わせで全体が構成されている。生まれ育った幼少期の自己とキャリアを積み重ね人生の黄昏を迎えた現在の自己との間には、多くの懸隔があるのはきわめて自然なことである。それらをどのように架橋して一貫性を維持するストーリーを構成することができるのか。

イタリアの歴史学者、ルイーザ・パッセリーニは、ファシズム期を生きた人びとへのインタビューで、ファシズム体制成立前と第二次大戦後については雄弁に語るのに、その間のファシズム体制期については何も語ろうとしないことに気がついた。この沈黙を彼女は「自己検閲」と呼んで、語りがたい一種のトラウマ体験によるものと解釈した（Passerini, 1998: 60）。こうした語りがたさや沈黙は自己語りの一貫性に「亀裂を入れるはなはだ危険な要素である」（浅野 2001: 110）が、同時に、沈黙は自己の一貫性を辛うじて守るための最低限の抵抗ともいえるかもしれない。たとえば、当時のファシズムを熱狂的に受け入れ同調した自己は、戦後、左翼運動の活動家になって労働者であることにアイデンティティをおいている現在の自己からは、とても許しがたいものに映る。民主的で平和を希求する現在の自己にとっては、恥ずべき存在である。

同様の例はいくらでもある。青年期は暴力と非行に明け暮れる生活をしていた人が、現在では他人を教え導くような聖職者や教師になっていたとしたら、同じような矛盾を抱えることになる。こうしたとき、語り手の「現在の自己」はそうした「過去の自己」と内的一貫性を構築できないために「過去の自己」を封印し、沈黙することで辛うじて自己の一貫性を守ろうとする。

もちろん、まったく語ることができないわけではなく、語ろうとするなら「敗戦によって」あるいは「新しい宗教に帰依して」「尊敬する人物に出会えて」といった、それまでの価値観が大きく変わる「特別な経験」を介在させることで、「現在の自己」と一貫しない「過去の自己」を間違ったもの、悪しきものと位置づけることで、互いの矛盾やずれを調整することができる。インタビューの過程で、その矛盾やずれが語り手の気づきで修復されることもあり、調査者の問いかけがきっかけで解消されることもあろう。互いに矛盾やずれのあるストーリーに一貫性を与えるための便利な概念装置がターニングあるいは「転機（回心、転向）」といわれるものである。大災害や事件の被害、大病などの生死に関わる経験、あるいは進学や就職、結婚、出産、離別や死別などのライフコース上の経験などは、人生に新しい意味を付与したり、社会関係の変化を招いたりすることで、前後の人生に一種の断絶をもたらす。こうした概念装置を駆使して、調査協力者も調査者もともに「現在の自己」と矛盾する「過去の自己」に一貫性を与えるワークに従事するのである（桜井 2012: 116-117）。

倉石一郎は、対話の徹底による内的一貫性の構築を目指すライフストーリー研究の果てに、むしろライフストーリーのなかに現れた矛盾やずれ、非一貫性を前にしても、それを一貫したものに置き換えるのではなく丸ごと受け止めたいと思えるときがある、という。あえて一貫性によって意味を求め続けるのではなく、そのままライフストーリー研究を存在の偶然性や不条理に取り組むワークとして受け入れてもよいのではないか、という考えからである（倉石 2015）。体験した生は断片の積み重ねであり、はじまりもおわりもないが、語られる生は意味をもったストーリーになって〈物語世界〉を構成する。まして「再帰的近代」（アンソニー・ギデンズ）とも呼ばれる現代にあっては、私たちは、あえて意味をもとめていくつもの自己物語を生み出す「意味の病い」に罹っているのかもしれない。たしかに、ときには「もっと淡々と、飄々と、不条理をやり過ごして」（倉石 2015: 215）自己を語ることがあってもよいのではないか。そういう倉石の思いを私も否定するつもりはない。しかし、それを認めるのは、実存的な人間像をもとにするのではなくライフストーリー・インタビューの経験をもとにしたい。

5　自己語りのコンテクスト

5・1　併存する自己

矢吹康夫は遺伝性疾患アルビノ当事者へのインタビューを通して、アルビノが直面する困難を肯定／否定するさまざまな揺れ幅の大きな語りを収集することで、アルビノ・アイデンティティを有する当事者の微妙な問題を浮き彫りにする研究を行っている。その一環で、彼は従来の語りとは一線を画す興味深い一人の語り手を取り上げている。簡単にその内容を紹介する（矢吹 2015）。

語り手は、戦前生まれで自分が「恵まれて育った」と語り、その後のライフストーリーもアルビノだからといってとくに「困ったことはない」と、終始一貫、他の多くのアルビノ当事者が語る偏見や差別、困難といった「らしいエピソード」を語ることはなかった。アルビノだから困ったあるいはよかったと過去の自己を肯定も否定もせずに、「ごく普通に」「順調に」生きてきたと、一貫して語った。語り手は、聞き手が「らしいエピソード」を期待していることも予想してか、一通り語った後で「面白い話ないでしょ」と確認もしている。ところが、語り手は一九七〇年前後に結婚したとき、妻と相談の上、子どもが生まれないように優生手術を受けている。それは調査者から見れば「困ったことはない」と語ってきたこれまでの一貫性を揺るがしかねない経験である。なぜなら、アルビノは遺伝性疾患として知られていて、子どもを産まない選択が、アルビノの子どもが生まれたら不幸になる、あるいはかわいそうだ、という思いから出たものとすれば、その後の障害者運動のなかで「内なる優性思想」「内なる健全者幻想」として批判されてきた、まさにその言説そのものだからである。しかし、語り手は決してそうは語らず、回りくどいときに理由にもならない理由を持ち出して説明を加えて、彼のライフストーリーの一貫性を保持したのである。著者は、このライフストーリーの語りは、調査協力者がアルビノでありながらアルビノを問題化する場から降りようとしていたと解釈する。そして、それを「個別化・主体化の実践」であり、アルビノを表す新たなストーリーの契機になるかもしれないと予想する。

矢吹が見いだしたのは、アルビノについての一般的ストーリーに回収されないような、語り手の経験に即した独自の個性的な語りであった。そこには、聞き手とのインタビューの相互行為を通して、語り手が十分にアルビノ・コミュニティで流通しているモデルストーリーを熟知していることが前提になっている。すなわち、一人の語り手であっても、聞き手との相互行為を通してまず露わになるのは、自己がどのような社会的コンテクストのなかにいるのかというコミュニティ次元での語りであり、それを参照項にして語り手は自己経験の語りを生み出すということである。語り手は自らをその社会的コンテクストの一員として位置づけたり、自己の経験を深く掘り下げることでその社会的コンテクストをより明確にするだけでなく、その社会的コンテクストから距離をとったり真逆の立場をとって、自己経験の特殊化、個性化をはかる語りを生み出すこともある。調査者である聞き手は、もちろん社会的コンテクストについては一定の知識をもってライフストーリー・インタビューを行うにしても、調査協力者である語り手との相互行為を通して、その社会的コンテクストをより多層化したり深化させたりもするだろうが、その社会的コンテクストから外れる語りへの注意も怠ってはならないのである。語りの様式として私が三つの次元を分析的に分け、社会次元のマスターナラティヴやコミュニティ次元でのモデルストーリーのほかに、個人的次元の語りをおいたのも、いわば社会的コンテクストから外れる語りを無視しないためであった（桜井 2012: 95-109）。さしあたり、一人の語り手のライフストーリーは、語り手がどのような社会的コンテクストを前提としてどのような個性的な語りを生み出すのかを、聞き手との「対話」を通して探ること、といってもよいだろう。

このように考えると、倉石が実存的な位相でとらえた非－一貫性の語りも、すこし違った読み解き方をすることができる。倉石がインタビューをした語り手は、当時の福祉教員の社会救済的活動の対象とされた貧困家庭の長欠児童の一人であり、そうした子どもにとって福祉教員がどのように評価されていたのかを探ることを意図したインタビューであった。ところが、語り手は一貫して、自分が福祉的救済の対象ではなかったことを強調し、「わたくし事で恐縮じゃけれど」と断って独学で短大まで進学して仕事についたエピソードを語った。「『わたくし事』とは、その個別性の謂いであり、『恐縮』とは、福祉教員の歴史を追い、そうした定説の再生産者として西さん［語り手のこと］の前に現れた私に対してこそ向けられた言葉であった」（［　］は引用者）と倉石は解釈する（倉石 2015: 212）。つまり、語り手は部落問題の一般的理解をもって目の前に現れたインタビュアーに対し、自己の経験は当てはまらないという個別化・主体化をはかったのである。そうした自己語りをする一方で、「あの先生［福祉教員］がいなかったら、いまの僕はいない」とも付け加えていることから、自己経験の語りと矛盾していると著者は理解するが、じつはそうではない。この説明は、自己を教育コミュニティ内に織り込まれている福祉教員との有意味な関係という定説に位置づけて語ったのである。一見矛盾しているようにみえる自己語りも「語りの様式」（桜井 2012: 105）における位相の違いからきている。語り手は、自己を二つの異なる語りの位相（個人的経験と教育コミュニティ）に位置づけることによって、自己の存在の異なるあり方を指し示したのであって、そこに矛盾は見られない。

語りの様式の位相を語りのリアリティ理解の基盤におくと、クラパンザーノが『精霊と結婚した男』で示したモロッコ人の語りを二つの位相に分けたことも理解できる。まずクラパンザーノが採り上げた語り手は「例外的な人物になりたいという欲望」（クラパンザーノ 1991: 30）をもつ人物である。彼は外的一貫性をもつ「個人史的現実」に対して、「自伝的真実」を、おそらく実際には決して起こりえないことだけれども、なお語りとしては真実であると見られるものと考えた。この二つのリアリティの違いは、後者をモロッコ社会の文化の位相（マスター・ナラティヴ）において自己を表現していると考えれば納得できる。同じ状況は、中野卓の『口述の生活史』における「奥のオバァサン」の〈物語世界〉に登場する「お稲荷さん」のリアリティにも通じるものである。中野が「お稲荷さん」の奇跡に対してもなんらの違和感も示さなかったのは、中野が語り手と同一の日本文化内で、その語りを受け止めたからであった。

5・2　矛盾する自己

田代志門はこうした語りの様式の位相の違いをヴァージョンの違いとしてとらえて、ある一人の語り手のライフストーリーから自己の複数性に着目している。末期のがん患者の語り手が語る「治療をあきらめる語り」には、二つのヴァージョンがあり、ひとつは信仰する宗教の教えであり、友人からのアドバイスであり、それらのストーリーと通底するホスピス・緩和ケアのモデルストーリー（残された人生を充実して過ごす意義）のヴァージョンである。もうひとつは、夫の協力を得られにくいことから抗がん剤治療をあきらめていたというヴァージョンである。前者は、死を迎えた過程における緩和ケアやホスピスなどのコミュニティで広く流通しているストーリーであり語り手はこうしたストーリーを通して自己の現在のありさまを語る一方で、家族という身近な人との関係のなかにおかれた自己も認めざるをえない。田代は、こうした二つの自己のあり方が示唆するのは、周囲の人びとが死だけを意識して自分に接しているように感じられたという語り手が「自分の存在が、『死にゆく人』という一つの自己のあり方に追い込まれていくことへの違和感」（田代 2016: 103）を覚えたことにあるのではないか、と解釈する。こうして一人の語り手のライフストーリーから語りの様式の位相の違いによる複数の自己語りを読み取ることによって、著者は死を告げられた患者への接し方として、患者の個人史への配慮と「複数の自己を生きる自由」を保証することを提言している。

一人の語りに複数のヴァージョンの語りがあることを早くに指摘したのは、小林多寿子であった。ライフストーリー・インタビューでは、同一人物へ複数回のインタビューを行うことが少なくない。この間に語り手と聞き手の関係が変わることで、これまでとは異なる新たな語りが生み出されることがある。小林はそれらを「ヴァージョンのある話」と呼んだ（小林 1992）。言うまでもなく、それは一人の人間が複数の自己語りを行う可能性があることを意味するが、その際にはコンテクストが語りの様式の位相での違いなのか、それとも同一の位相での違いなのかを見極めることが求められる。語りが生成するインタビューという相互行為の場、その対話のあり方をまず踏まえ、その上で複数のヴァージョンの語りの様式の位相とコンテクストを検討する必要がある。ヴァージョンのある話だからといって、それらは必ずしも互いに矛盾し合うわけではなく、語りの様式の位相が異なる自己語りであるため併存可能であり、ライフヒストリーそれ自体の書き換えにまでは至らない。ライフストーリー研究にあたっては、こうした研究例が大半ではないかと思われる。

ところが、まれとはいえ、複数の自己語りが矛盾し、新しいヴァージョンの語りの登場によって、これまでの自己のライフヒストリーを基盤にした自己像の書き換えが余儀なくされることがあり得る。よく知られた事例は、ハロルド・ガーフィンケルのトランスセクシュアルの語り手を扱った論文（ガーフィンケルほか 1987）である。語り手のアグネスが性転換手術の必要性を説くために専門家に自分が「自然な女性」であると自己呈示をするために行ったことは、自己のライフヒストリーを一貫して「私はいつでも女の子だった」として語ることだった。彼女は女性としての「理想化されたバイオグラフィ」を創り上げてそれをもとにライフストーリーを語った。ところが八年後に、薬の服用によって「自然な女性」がじつは人為的なものだったことがあきらかになって、事態が変わる。小林多寿子は、それによってアグネスの「別のヴァージョンのライフストーリーが可能になる」（桜井・小林 2005: 216）と指摘している。これまでのアグネスのライフヒストリーの書き換えが必要だということだ。薬の服用という告白を経たあとでは、アグネスのライフストーリーは専門家たちを説得するために語った「自然な女性」としての自己像のストーリーではなく、あえて想像するなら、男の子として生まれたことでいかに性に悩んだか、混乱したか、あるいはどのようにパッシングをしてきたのか、といった困惑に満ちた自己像のストーリーの呈示になり得る。八年前と後では自己像に矛盾が生じるがゆえに、首尾一貫した自己像を創り上げるためのアイデンティティ・ワークとして、ライフストーリーは自己のライフヒストリーの全面的な書き換えを求めるのである。

この事例は、自己がこれまで歩んできた過去の出来事や経験の意味が、ある時点で起きた新たな出来事によって書き換えを余儀なくされたものであり、ライフストーリー研究が比較的長期にわたって行われ、その間に語りの様式の位相は変わらないにもかかわらず、自己語りのコンテクストが変わった場合である。二つの自己語りのヴァージョンは語られる時間にインターバルがあり、その間に起きた「特別な経験」を介して互いに矛盾し、語り方として併存できなくなったものである。「過去の自己」と「現在の自己」が内的一貫性をもたないことで、前節で述べた沈黙によって「過去の自己」が封印されるのではなく、むしろ「現在の自己」に適切な新たなヴァージョンの「過去の自己」物語が生み出されるのである。

6　「一粒の砂の中の天国」

ライフストーリー研究において調査協力者である語り手との出会いは、通常、一回限りの短いインタビューで終了するものではない。インタビューのトランスクリプトの確認や追加のインタビューを行うこともあり、許諾などの調査倫理的配慮も絡んで何度か連絡を取り合うことがふつうである。一人の語り手に三回程度のインタビューを標準としている場合もあり、フィールドで何度も出会い、繰り返しインタビューを積み重ねて分厚いインタビュー・データを蓄積することや、一定の期間をおいて再インタビューを行うこともまれではない。また、テーマに即して複数の調査協力者にインタビューを行うことも多々あるが、その場合でも、複数の語り手のライフストーリーをミックスして語り手の個性を消去して解釈を進めるのは邪道のそしりを免れない。論文にまとめるにあたっても、一人ひとりの語りの丁寧な分析・解釈が求められる。その意味からも、一人の語り手のライフストーリーそのものが何を物語るのかは重要な関心事である。

社会学では、従来、ある個人のライフヒストリーを取り上げる際に、その個人が該当する社会的カテゴリーのサンプルとして代表性をもつかどうかが大きな問題であった。なぜなら、量的調査では代表性はサンプリングによって厳密に手法が定まっており、量的調査の方法論の枠組みからは質的調査の代表性はいつも疑問にさらされ、事例研究として認められても一般化は難しいとされてきたからである。そのため、個人のライフヒストリーを取り上げる際にも、その個人が「ごく普通」の人であり、「平均的」な人物、「標準的」な生活者、「同世代の人と同様な」ライフサイクルを送った、といったレトリックによって、ここで記述されるライフヒストリーは特別な個人ではなくある社会的カテゴリーの一員の代表と見なしてよい、という研究者の願望ともいえる主張がたびたびなされてきた。

しかし、『文化の解釈学』を著したクリフォード・ギアーツは「理論構成の基本的課題は、抽象的規則性を取り出すことでなく、厚い記述を可能にすることであり、いくつもの事例を通じて一般化することでなく、事例の中で一般化すること」（ギアーツ 1987: 44）として、「社会的対話の分析」こそが重要であると述べている。一人の個人をフィールドとして対話を進めるライフストーリー研究にとっては力強い言葉である。ライフストーリー研究が個人の全体性の把握を目的とするからには、その個人は、人間として他のすべての人びとのようでもあり、ある特定のコミュニティや集団の成員のようでもあり、他の誰のようでもない個性の持ち主でもある点で、単純に社会的カテゴリーの一員と見なす一面的な理解は避けなければならない。実際、中野の「奥のオバァサン」やクラパンザーノの作品の登場人物であるトゥハーミは、むしろ饒舌に自らの世界観を語る独特な個性の持ち主であった。

自己がどのようなコンテクストで語られるかは、ライフストーリーを通して内在的に理解、解釈する必要性がある。調査者である聞き手との対話を通して浮かび上がる語り手の「個別化、主体化」の契機は、自己をコミュニティや集団、あるいは全体社会の成員としてカテゴリー化するベクトルに抗うものである。このとき語り手は十分にコミュニティや社会における自己のあり方（語られ方）を熟知しているのである。自己がどのようなカテゴリーとして認知され、他者から見なされているのかが明らかになるのは、そのようなときである。したがって、その個性こそが社会的カテゴリー成員の特質を逆にあぶり出す機能を果たすともいえるのである。こうして、一人のライフストーリーからも個人（家族）における自己、コミュニティや集団における自己、そして社会文化における自己といったヴァージョンのある話が語られることによって、自己のあり方からローカル社会の構造や問題にまでアクセスすることが可能となる。

そして、こうしたヴァージョンのある語りは、語り手と聞き手との共同の産物によるものである。共同とはいっても独特で個性的な語りは語り手主導で語られやすく、社会構造や全体社会については聞き手の調査者が通じているのが一般的といえよう。調査研究のテーマになりやすいコミュニティや社会的カテゴリーについての語りは、語り手と聞き手の間の「対話」を通して、聞き手の「構え」の自覚や語り手の「個別化・主体化」の契機に注意することによって、語られること（what）のより明確な理解につながると考えられる。この「対話」が意味するのは、たとえば語り手が自己や身近な家族やコミュニティについて語るときに聞き手が社会的カテゴリー集団や社会構造を意識した応答で応じるように、複数のコンテクストの交差を成立させることなのである（石川 2015）。

本章は、この複数のコンテクストのうち、一貫性がないと見られる語りや複数のヴァージョンのある語りに焦点を合わせることで「対話」による共同の産物として生成される複数的自己のあり方から、その自己を成立させているコンテクストである個人や家族、コミュニティや集団、社会文化や時代状況をも読み解く可能性を考えてみたものである。再びギアーツの言葉を借りるなら「一粒の砂の中に天国を見ることは、詩人にのみに可能なたくらみではない」（ギアーツ 1987: 76）という詩的な表現に力を得て、調査者としては一人ひとりのライフストーリーが語られる場に臨みたい。

推薦文献

小林多寿子編 2010『ライフストーリー・ガイドブック――ひとがひとに会うために』嵯峨野書院

桜井厚・小林多寿子編 2005『ライフストーリー・インタビュー――質的研究入門』せりか書房

桜井厚 2012『ライフストーリー論』弘文堂

第Ⅱ部　問題経験の語り

第7章　薬物をやめ続けるための自己物語
——再使用の危機に直面したダルクスタッフの語り

伊藤　秀樹

1　薬物再使用の危機とは

1-1　ダルクスタッフの語り

伊藤：まずいつも聞いている質問なんですけど、アルコール欲求、アルコールを飲みたいという欲求は起きたりしますか？
E　：この間起きましたね。こないだなんかここに来て初めて。
伊藤：本格的なやつですか？
E　：飲みたいなみたいな。そういうのがありましたね。
伊藤：何かあったんですか？　前後に。
E　：ギャンブルやって（笑）。ちょっとやって。まあそういうことがあったりしてて。

伊藤：ギャンブルやろうと思ったのって、ってか何のギャンブルやったんですか？　パチンコですか？
Ｅ　：パチスロですね。パチスロやって二〇万ぐらい全部使って。
伊藤：あ、負けたんですか？
Ｅ　：負けて、うん。もういいやみたいな気持ちになってて。その時にちょっと一回だけ、飲みたいなっていうのがあって。

私はこれまで五年間、共同研究として、薬物依存のリハビリテーション施設である「ダルク」（ＤＡＲＣ）で利用者とスタッフへのインタビュー調査を行ってきた。その中で、調査の開始当初から、Ｅさん（四〇歳代・男性）に継続的にインタビューに協力いただいてきた。

薬物の中でもとくにアルコールへの依存に苦しみ、「回復」(1)に向けてさまざまなダルクでの入寮生活や病院での入院生活を経験してきたＥさんだが、私が五年前に初めてお話を聞いた時点ではすでに、お酒は二年間飲んでいない状態だった。また、その後のインタビューでも、最近お酒を飲みたくなったことはない、と一貫して語っていた。その間にＥさんは、入寮していたダルクでボランティア・スタッフを務めるようになり、アルコールへの依存もすっかり落ち着いているように感じられた(2)。そのため、ある回のインタビューの冒頭で上記の語りを聞き、私はビックリしてしまった。

ダルクでは、ダルクに入寮した経験がある薬物依存の当事者が、のちに回復を支援するスタッフになることが多い。こうした当事者スタッフの仕事については、スタッフ自身の薬物依存からの「回復」を支えるだけでなく、自らの「回復」に危機をもたらす可能性もあるという、その両義性が指摘されてきた（東京ダルク 2009; 市川 2010 など)。しかし私は、目の前で落ち着いているように見えたEさんが、薬物の再使用の危機に直面するとは、考えもしなかったのである。

Eさんはその後、パチスロ通いがやめられず生活に必要なお金まで使い尽くしてしまうという自らの問題や、そのことをきっかけとした飲酒欲求に、一年以上悩まされることとなった。しかしEさんは、その間もお酒を飲むことはなく、現在もダルクでスタッフを続けている。では、Eさんは具体的にどのような取り組みをしてきたのだろうか。

1・2 自己を語り、その物語を再構成する

Eさんのインタビューの語りから見えてきたのは、Eさんがお酒を飲まないでいるために、自分についての物語、つまり〈自己物語〉を人に話すという取り組みを大事にしている様子であった。たとえば、Eさんは同じ薬物依存の当事者である「仲間」たちに、お酒が飲みたくなった時に電話したり、ギャンブルが止まらないことを正直に話したりしていた。また、私とのインタビューの機会も、自分の考えを整理するいい機会だと語っていた。Eさんはそれらの機会の中で自己を語り、そして語りながら物語を再構成していくことで、お酒を飲まないでいられるような自己物語を創り上げようとしていた。

これまでの研究の中では、薬物をやめ続けるために語られた自己物語は、薬物をやめ続けるよう人々を動機づける可能性があることが指摘されてきた。のちに詳しく見ていくが、Eさんがお酒を飲まずにいるために語った自己物語も、やはりEさんに飲酒をふみとどまらせる機能をもっていたのではないかと考えられる。なぜEさんにとって、自己物語が大事なものであったのだろうか。

2　自己を語る取り組み

本章では、ダルクの当事者スタッフであるEさんが薬物の再使用の危機を克服するために語った〝自己物語〟と、Eさんがそうした自己物語を語ることを可能にした背景について、Eさんのインタビューの語りをもとに検討していく。

これらを検討していくことには、以下の二つのメリットがある。第一に、Eさんが語る自己の物語は、他の薬物依存者（とくにEさんと似た立場にある当事者スタッフ）が薬物の再使用をふみとどまるためのヒントになりうる。薬物を使いたいという欲求に襲われている人々が、Eさんの語りをヒントにしながら自己を語り、自分なりにその物語を再構成していくことで、薬物をやめ続けようと動機づけられていくかもしれない。Eさんの自己物語を分析し紹介することには、そうした効果が期待できる。

第二に、Eさんが本章で示すような自己物語を語ることを可能にした背景からは、他の薬物依存者（とくに当事者スタッフ）が自己物語を語ることを通して「回復」を目指すうえで、どのような環境が必要であるのかが見えてくる。結論を若干先取りしてしまうと、そうした背景からは、多くの当事者スタッフたちが「回復」への道のりを歩みやすくなるような社会のあり方が浮かび上がってくる。

ところで、Eさんにとって自己物語が大事であったのは、第一に、Eさんが長く関わり続けてきたダルクが、自己を語り、その物語を再構成することを「回復」のプログラムの中心に据えていたからであろう。そして第二に、そこで語った自己物語が薬物を再使用しないよう自らを動機づけてくれることを、Eさん自身も実感していたからであろう。

本節では、ダルクがどのような場であり、自己物語は語り手の人生にどのように影響を与えるのかについて、改めて説明していく。

2・1　ダルクとはいかなる場なのか

ダルク（Drug Addiction Rehabilitation Center: ＤＡＲＣ）は、覚せい剤やアルコール、市販薬などの多様な薬物への依存者を受け入れる、民間の薬物依存リハビリテーション施設である。二〇一六年九月時点では、全国に一二〇ヵ所の施設が存在している。

ダルクの利用者たちは、薬物依存者のセルフヘルプ・グループ(3)であるＮＡ(4)の12ステップ(5)を指針とし、自らと同じ薬物依存の当事者（ダルクでは「仲間」と呼ぶ）とともにダルクのプログラムに日々取り組みながら、薬物依存からの「回復」を目指している。利用者の多くはダルクが保有する居住施設に入寮し、他の利用者たちと長期間にわたる共同生活を送っているが、近隣に暮らしながらダルクのプログラムに通っている利用者もいる。なおダルクでは、スタッフの大多数が（元）薬物依存者であり、過去にダルクのプログラムを経験している。医療や福祉の専門家ではなく、薬物依存の当事者たちが中心となって運営している組織であることも、ダルクの重要な特徴の一つである。

ダルクではミーティング、スポーツ、レクリエーション（映画を見る、ボーリングに行くなど）、ボランティアなど、さまざまなプログラムが実施されているが、なかでもプログラムの中心となるのは、一日三回のミーティングである。利用者たちは、午前と午後にダルクの施設内でミーティングを行い、夜は地域のＮＡのミーティングに参加する。ミーティングでは、司会者が設定したテーマに沿って、参加者たちが一人ひとり、自らの抱える問題や体験などについて自由に語っていく。その形式は「言いっぱなし、聞きっぱなし」と言われていて、聞き手が参加者の話に対して批判やコメントをしたり、ミーティング以外の場で話題にしたりすることは原則として禁止されている。

こうした「言いっぱなし、聞きっぱなし」のミーティングの場は、参加者たちが自己を語り、それを再構成していく場になっていることがたびたび指摘されてきた。伊藤智樹は、アルコール依存のセルフヘルプ・グループであるＡＡ(6)の「言いっぱなし、聞きっぱなし」のミーティングを、ただ自分の体験を語ることに専心すべきだということが強く意識された、「純化された物語行為」の場であると称している（伊藤 2009: 12）。ＡＡのミーティングでは、自らの飲酒体験や失敗体験、入院体験、そして、現在の悩みや生活の様子などが繰り返し語られる。語られるのは、想像を絶するような凄惨な物語かもしれないし、平凡な日常の物語かもしれない。しかし、いずれにせよ語られているのは、どれも語り手自身の人生についての物語、つまり自己物語である（野口 2002: 40-41）。

当然ダルクやＮＡでも、ＡＡと同様、ミーティングの場は参加者たちが自己を語り、それを再構成していく場として機能している。ミーティングではいつでも、参加者たちが一人ずつテーマに沿って訥々と、自分についての話を語っていく。そしてダルクの利用者たちは、ミーティングの中で一日三回ずつ、自己を語るという取り組みを繰り返すことになる。そのため、ダルクはミーティングを通した自己物語の再構成を「回復」のプログラムの中心に据えている場だといえるだろう(7)。ダルクのスタッフであるＥさんも、そうしたこれまでのダルクプログラムの経験があったからこそ、お酒を飲みたくなった際に自己物語を話すという取り組みを重視したと考えられる。

2・2　自己物語は語り手の人生にどのような影響を与えうるのか

自己を語り、その物語を再構成することは、なぜお酒を飲まないでいることにつながるのだろうか。ここで自己物語の定義と性質について、これまでの研究を振り返りながら述べておきたい。

「自己物語」の定義について、浅野智彦は「人々が自分について語る物語」（浅野 2001: 4）と述べている。一方で「物語」の定義については、伊藤智樹のシンプルな定義をふまえて、「『事象（event）』の連鎖」（伊藤 2009: 10）としておきたい。このときの「事象」には、たとえば、行為（「（誰それが）～する」）や、状態（「（何々が）～である」）が含まれる（伊藤 2013: 12）。そしてこれらの事象が連鎖すると、「（誰それが）～する。そして、（誰それが）～する」というふうに、何らかの時間の推移や変化を表すものになる（伊藤 2013: 12）。これらの定義をもとに「自己物語」の定義を改めて述べるなら、「人々が語る自分についての事象の連鎖」ということになるだろう。

そうした自己物語は、人々の現実の理解や、その理解にもとづく行為を形づくるものである。野口裕二は物語がもつ作用として、現実の理解に一定のまとまりをもたせてくれる「現実組織化作用」と、現実の理解を方向づけ制約する「現実制約作用」の二つがあると述べている。そしてこのことは、「自己」という現実についても同様に当てはまるという（野口 2002: 44）。つまり、自己物語を語り、創り上げていくことには、自分が何者であるかについての理解に一定のまとまりをもたせてくれる作用と、自分が何者であるかについての理解を方向づけ制約する作用があるといえる。

後者についてもう少し補足しておきたい。人々が、自らが語った自己物語によって制約を受けるのは、自分についての理解だけではない。伊藤智樹は、物語の性質として、行為を選択する際の拠り所となって人々の経験を制御していくという側面があることを指摘している（伊藤 2009: 180）。つまり自己物語は、語り手の将来の行為にも制約を与えるのである。そして、それは飲酒という行為についても例外ではない。

伊藤智樹は、アルコール依存のセルフヘルプ・グループで繰り返し語られる「転落と再生の物語」は、「再生した」という結末の説得力をもって飲酒行動を制御していこうとする営みとして理解できると考察する（伊藤 2009: 180）。自分がいかにひどい飲酒行動をとって転落してきたのかを迫力満点に語れば語るほど、お酒をやめ続けて再生している現在の自分は、昔よりも幸せだと振り返ることができる。そうした自己物語は、人々の飲酒行動を制御し、お酒をやめ続けるという方向へと動機づけていくと予想できる。

このように自己物語は、人々の飲酒という行為を制約し、お酒を飲まない方向に人々を導きうるものである。Eさんがお酒を飲みたくなった際に自己物語を話すという取り組みを重視した背景には、自己を語ることでお酒を飲まないよう自らが動機づけられていくという実感もあったと考えられる。しかし、飲酒をふみとどまるよう人々を導くような自己物語は、「転落と再生の物語」の他にも、さまざまな形があるはずである。Eさんが語った自己物語については、以下で改めて検討していく。

ところで、当然のことだが、人は何事からも自由な状況で自己を語れるわけではない。ある人の自己物語は、その人がおかれた環境に大きな影響を受けることになる。伊藤智樹は、人々が自己物語を語りながら飲酒行動を制御してゆこうとする営みを支えるためには、セルフヘルプ・グループの中に、自己物語を促す聞き手や、12ステップなどのさまざまな言語的資源、集会に積極的に参加すべきだという規範的な意識が必要であったと考察している（伊藤 2009: 207-208）。Eさんがお酒を飲まずにいることを支えた自己物語も、Eさんを取り巻く環境が、（上記とは別の条件かもしれないが）ある一定の条件をもっていたからこそ、語られた物語だったのではないだろうか。

3　お酒をやめ続けるための二つの自己物語

以下では、Eさんがお酒を飲まないでいるために語った自己物語について見ていきたい。Eさんが苦闘のまっただなかであった二〇一四年一二月のインタビューの語りからは、お酒を飲まずにいるために語られた二つの自己物語を見つけることができる。

3・1　仲間の中にいる自己物語

Eさんは、二〇一四年一二月当時、お酒を飲まないでいるために、ダルクのスタッフに自らのギャンブルの問題について話を聞いてもらったり、利用者たちがいるミーティングでもギャンブルの問題を正直に打ち明けたりしていた。それはEさんが、ともに薬物依存からの「回復」を目指すダルクの仲間の前で正直でいられれば、自らの生活や考えを「回復」に向かうように軌道修正できると考えていたからである。

Eさんはインタビューの中で、ギャンブルをしている今の自分を変えていくための手立てとして、ダルクの仲間と一緒に夜のNAやAAのミーティングに行く、と語っていた。

Ｅ　：ギャンブルやるのも、もちろん刺激ですよ、それは。でも新しい刺激ではない。また（昔と）同じことやってるんだから。同じこと繰り返して。そこにでも自分の何か、あるんでしょうね。やっぱり。見たくない、変えたくない何かがあって。まあでもそこのところを変えていかないと、このままずっと不幸なままなんだろうな、って。そんな感じなんですよね。

伊藤：それを変えていくための手立てって、今は何か考えてらっしゃったりするんですか？

Ｅ　：まあとりあえず（夜のＮＡ・ＡＡの）ミーティングを仲間と、ここの仲間と、〇〇〇（ダルクで長く一緒に暮らしている仲間）とね、一緒に何回かやることだったりとか。最初の状態っていうかね。それさえも拒否してる、みんなとはもう行きたくないみたいなふうになっちゃってるから、そこの部分は変えられますよね。変えられるし、そこでまた、〇〇〇、最初の頃のメンバーと一緒に歩くことで、また何か、取り戻していけるのかなとは思うんですけどね。

インタビューの語りの裏にはやはり、上記の考えがあったことが推測された。ただし、Eさんの仲間に対する意味づけはそれだけではない。

以下のインタビューの語りでは、Eさんがダルクの仲間を、「生きてていいんだよ、E」と承認を与えてくれる存在だと考えていた様子がうかがえる。同時に、自分に承認を与えてくれる仲間の中にいることで、自分自身に「生きてていいんだ」と声をかけられるようになることや、それによって「不幸でいなきゃ」と思う自分から脱却することを目指していた様子も読み取れる。

E：仲間には確かに感謝っていうか、「ああ、クリーンでいられるんだ」って思えたとしても、自分に対して言ってあげられないですよ。現状のままだと。「E、お前は今生きてていいんだ」って。「素晴らしいんだ」って自分にやっぱ声をかけてあげられないんだよね、残念ながら。そこが何か嫌だなーって思うけども、でもそうなんだよね。そういう気持ちが本当に湧いてこないから、だからもっともっとその仲間の中にいることで、今度は自分にその、言ってあげること。仲間はだって皆「いいんだよ、生きてていいんだよ、E」ってさ。そりゃあもうわかってることだから。それをもっと自分にね、自分に言ってあげられないと。またそのね、病気の根っこにある、そういう声っていうか、不幸でいなきゃみたいな、そこにまた戻るんだろうなって思いますよね。だからようやくやっと何か、ここまで来れたんだなって思います。

実は、仲間の中にいることを通して「不幸でいなきゃ」と思う自分から脱却しようとするEさんの取り組みは、ギャンブルをやめるために行われていると捉えることができる。というのも、Eさんはインタビューの他の箇所で、不幸でいようとすることが、自分のギャンブルが止まらない理由の一つになっていると語っているためである。Eさんが仲間の中にいようとしていたのは、ギャンブルや再飲酒のきっかけになりうる自らの問題（不幸でいようとすること）を解消するためでもあった。

Eさんのインタビューの語りからは、「回復」に向けて自らの生活や考えを軌道修正したり、ギャンブルや再飲酒のきっかけになりうるような考え方を消し去ったりするために、仲間と一緒にいようとしていた様子が読み取れる。このようにEさんが語った、仲間と一緒にいることによって再飲酒の危機を解消していこうとする自己物語を、本章では「仲間の中にいる自己物語」と呼びたい。

「行為を選択する際の拠り所になる」という自己物語の性質をふまえれば、Eさんはこうした自己物語を語ることで、今後はできる限り仲間と一緒にいようと動機づけられただろう。そのため、「仲間の中にいる自己物語」は、お酒を飲まないために仲間と一緒にいるという取り組みを促しうる自己物語だといえる。

3・2 「回復」につなげる自己物語

ただし、上記の「仲間の中にいる自己物語」は、それのみ単独で語られていたわけではない。Eさんは上記の語りの直前に、「仲間の中にいる」という断酒のための取り組みを促しうるような、別の自己物語を語っている。それは、再飲酒の危機にあるはずの現状を、「回復」していくチャンスとして語る自己物語である。

Eさんには、ギャンブルでできた借金が返せなくなり、それをきっかけとして再びお酒に手を出してしまったという過去がある。しかしこの回のインタビューでは、同じギャンブルの問題に直面していたとしても、今はそれをきっかけとしてアルコールや咳止め薬に逃げ出していた過去とは違う、ギャンブルの問題とも「共にいる」ことができるし、ダルクで仕事を続けたいとも、ギャンブルをやめたいとも他者に伝えることができる。そうした違いから、「生きてる価値がない」と思っている自分を壊していくチャンスは今だと思う、と述べていた。

E：まあ今なんだろうなって。もっともっと自分がね、成長することだったり回復していくチャンスが、やっと来たんだろうなって。ギャンブル通してね、また同じ失敗を繰り返してるんだけれども。なんかようやくその、いつも逃げてたんだと思いますよ。こういうことがいつも、ダルクにつながる前も、こういう場面でいつも逃げてたんだと思う。お酒かクスリとか。仕事してる時でも何でも、何かこうやってこういう場面になるともう、逃げ出しちゃう。それがまあ、クスリ使う、お酒飲むことだったけれども。今は、今はようやくそれとともにいるんだ、いれるようになったんだろうな、っていう感じ。…（中略）…

で、ちゃんと将来の話をして、じゃあどうしたいんだって。やっぱね、ダルクで仕事を続けていきたいと思ってるし、もちろんギャンブルもやめたいと思ってる、って伝えることは今はできるし。前は、そこでだから前はひっくり返しちゃうわけよ、すぐ。辞めたくもないのに「辞めてやるよ！」みたいな。「出てってやるよ！」みたいになって。で、そういうふうにずーっとやってきたから、で、最終的に一人になって。「やっぱり俺は一人なんだ」みたいな。って思えれば思えるほどまた酒の量が飲めるから。すると「どうせやっぱ俺は生きてる価値がないんだ」みたいな。でもその根っこは残ってるわけよ、今でも、僕の中に。「生きてる価値がない」って、お前はって。それをやっぱ今、壊していくチャンスだと思うんですよね。

Eさんは別のインタビューの中で、自分の場合は「回復」＝成長だと捉えていると語っている（Eさん・伊藤 2014: 183-184）。そのことをふまえると、再飲酒の危機にあるはずの現状を「回復」や成長へのチャンスとして読み替え、自らの「回復」や成長につなげようとする上記の自己物語は、「『回復』につなげる自己物語」と呼ぶことができるだろう。

危機をチャンスに読み替える、こうした自己物語によって、Eさんのギャンブルの問題は、自らの取り組みによって状況を打開できるもの、さらには状況を打開すべきものとして明確に意味づけられることになる。なぜなら、「チャンス」という言葉を使ってしまった以上、その機会は自らが努力すれば生かすことができるし、生かさなければもったいないと、意識せざるをえなくなるためである。そのため、Eさんは「『回復』につなげる自己物語」を語ることで、「仲間の中にいる」ことをはじめとしたお酒をやめ続けるための取り組みをするよう、強く動機づけられただろう。

以上より、Eさんが薬物の再使用の危機を克服するために語った自己物語として、「仲間の中にいる自己物語」「『回復』につなげる自己物語」を見いだすことができた。これらの二つの自己物語は、同様に薬物の再使用の危機に直面している他の当事者にとっても、薬物をやめ続けるための自己物語を創り上げるヒントになるだろう。

4　二つの自己物語の背景

最後に、Eさんがこれらの二つの自己物語を語ることができた背景について考察したい。それらの背景は、Eさんに限らず、ダルクの他の当事者スタッフが薬物をやめ続けるための取り組みにとっても重要だと考えられる。以下で詳しく見ていこう。

4・1　無条件の存在承認と、試行錯誤を認める「ゆるさ」

まず、「仲間の中にいる自己物語」は、ダルク（やNA・AA）の仲間たちが、スタッフ（支援者）の立場にある者に対しても、「生きてていいんだよ」と無条件に承認を与えてくれると想定されていたからこそ、語ることができたものである。相良翔と伊藤秀樹は、ダルクの利用者たちがダルクやそこでの仲間について、薬物の再使用や犯罪経験などにかかわらず人々を無条件に受容する存在だとイメージしていることを明らかにしている（相良・伊藤 2016）。Eさんの自己物語からは、仲間は無条件に自らの存在を承認してくれるというイメージが、ダルクの利用者だけではなくスタッフにも共有されていることが示唆される。

一方で、「『回復』につなげる自己物語」は、ダルクやNA・AAをはじめとしたEさんを取り巻く環境に、スタッフがその立場を維持しながら「回復」に向けて試行錯誤することを許容する「ゆるさ」が存在していたからこそ、語ることができたものである。

Eさんの場合、ギャンブルをやめたいと思ってもやめられなかった。そのため、「ギャンブルに依存している」「だから12ステップに基づいて『回復』を目指すべき」とEさんが考えるようになっても、おかしくはないだろう。しかしEさんはインタビュー当時、アルコールへの依存とは違い、ギャンブルの問題を「依存」だとは捉えていなかった。

「『回復』につなげる自己物語」も、Eさんがギャンブルの問題を「12ステップに基づいて解決すべき依存の問題」だと捉えていなかったからこそ、語ることができた。なぜなら、その前提にある「ギャンブルの問題は自らの取り組みによって状況を打開できる（打開すべき）」という考えは、12ステップのステップ1の「私たちは、アディクションに対して無力であり、生きていくことがどうにもならなくなったことを認めた」（NA 2006）(8)の理念と矛盾するためである。「『回復』につなげる自己物語」は、少し見方を変えれば、ダルクが大事にしている指針と矛盾するようにも見えてしまう。

Eさんがインタビューの中でこうした自己物語を語ることができた背景としては、まず、聞き手である私がそのことについて評価や否定をしない存在であったという点も大きいだろう。もし仮に、私がEさんに「そのギャンブルの問題は依存ですよね」「12ステップから逸脱していませんか」と問い詰めるような口調で尋ねたとしたら、Eさんの「『回復』につなげる自己物語」は語られないままになったかもしれない。しかし私は、Eさんの自己物語に見られる解釈を尊重する立場をとり、そういった発言は避けていた。また、のちのインタビューでEさんが「伊藤さんインタビュアーだから、怒ったりなんだり、何も言ってこないわけだから」と語るように、Eさんも私を、自らのギャンブルについての自己物語を否定しない存在として捉えていた。インタビューの場であったことが、まず、Eさんが「『回復』につなげる自己物語」を語ることを可能にしたと考えられる。

それ以上に重要なのは、「『回復』につなげる自己物語」が他の仲間たちからも否定されなかったことである。もしEさんのギャンブルの問題が、周囲から厳格に「スタッフを辞めて、12ステップに一から取り組むべき依存の問題」として捉えられていたらどうだろうか。Eさんは、スタッフとしての立場を維持しようとする限り、ギャンブルの問題を仲間に打ち明けたり、ましてや12ステップに反するような自己物語を語ったりすることは困難であっただろう。その場合、ダルクの外部者である私とのインタビューでも、ギャンブルの問題や12ステップに反するような自己物語は語りづらいはずである。もし語られたとしても、「仲間には言えないんだけど」のような補足がついたり、言い淀みなどが含まれたりするだろう。

しかしEさんによると、ダルクの利用者やスタッフなどにギャンブルの問題を開示しても、それに対して否定的な言葉を投げかけられることはなかったという。インタビューの中でも、「『回復』につなげる自己物語」を仲間には言えないという補足はなかったし、語りの中で言葉に詰まる様子も見られなかった。むしろ、その滑らかな語り口からは、近い内容の自己物語を仲間たちにすでに話していて、インタビューではそれが再構成されて話されていたことが推測できた。Eさんが「『回復』につなげる自己物語」を語ることができた背景には、仲間たちの前で同じ自己物語を語っても否定されたり修正を迫られたりしなかった経験があったと考えられる。

利用者、スタッフ（支援者）とも無条件に、存在への承認が与えられるとイメージされる場であること。そして、スタッフにも「『回復』の途上にある者」として「回復」に向けた試行錯誤を認める「ゆるさ」をもつ場であること。ダルクやNA・AAをはじめとしたEさんを取り巻く環境がこうした特徴をもつことによって、Eさんは上記の自己物語を語ることができたのである。

4・2 「『回復』の途上にある者」としてのスタッフ

これらの背景は、Eさんだけではなく、他の薬物依存の当事者スタッフが自らの「回復」と支援者としてのキャリアを両立させていくうえでも、必要と考えられる。もし当事者スタッフは「『回復』の途上にある者」ではなく「『回復』した者」であり、薬物の再使用の危機に直面することは「あってはならない」

とみなされるとどうだろうか。

薬物再使用の危機に直面した当事者スタッフは、支援者の立場を捨てて一から「回復」に取り組み直すか、そうした危機を隠し通し、一人で解決策を模索するしかないだろう。しかし後者の場合、誰にも相談できず、ミーティングで自己物語を再構成する機会も失われるなかで、一人でうまく解決策を見つけることは可能だろうか。「『回復』の途上にある者」として許容や承認の対象となり、仲間たちに再使用の危機についても正直に話ができるからこそ、当事者スタッフは支援者でありながら再使用の危機を乗り越えられるのではないだろうか。

Eさんの自己物語からふまえるべき教訓は、当事者スタッフは「『回復』した者」として「『回復』の途上にある者」である利用者と切り離されるのではなく、同じ「『回復』の途上にある者」とみなされ、そうあり続けるからこそ、スタッフとして支援を続けられる、という逆説なのかもしれない。

推薦文献

伊藤智樹 2009『セルフヘルプ・グループの自己物語論——アルコホリズムと死別体験を例に』ハーベスト社
ダルク研究会編 2014『ダルクの日々——薬物依存者たちの生活と人生（ライフ）』知玄舎
南保輔・中村英代・相良翔編 2018『当事者が支援する——薬物依存からの回復 ダルクの日々パート2』春風社

注

（1）「 」をつけたのは、ダルクの利用者が想定する「回復」が、その他の人々が想定する回復（薬物使用をやめ続けること）のみに限定されないためである。ダルク歴の長い利用者は、「薬物への欲求の消失」以上に、「ありのままの自分の受容」や「仲間の中で生きていくことの大切さの理解」など、自らの生き方を変えていくことを含めて「回復」だと考える傾向にある（平井・伊藤 2013）。ただし、実際には利用者たちの「回復」観は非常に多様であり、利用者の数だけ「回復」観がある状況にある。

（2）Eさんの詳しいライフストーリーは、Eさん・伊藤（2014）や伊藤（2018）を併せて読んでいただきたい。

（3）セルフヘルプ・グループとは、何らかの問題経験やニーズを共有する当事者が集まり、それぞれが対等な立場で手助けしあいながら、各々の問題の解決に取り組んでいくグループのことである。ダルクも広義にはセルフヘルプ・グループとみなされることが多い（ダルク研究会編 2014）。

（4）NAは ナルコティクス・アノニマス Narcotics Anonymous の略であり、薬物依存からの「回復」を目指す人々のためのセルフヘルプ・グループである。全国各地で基本的には夜19時ごろからミーティングを行っている。ダルクの利用者は、退所後もNAに通い続けることを推奨されている。

（5）12ステップとは、個人の「回復」の指針となる生き方を示したものである。NAだけでなく、さまざまな種類のセルフヘルプ・グループで指針として採用されている。本書の第8章（中村論文）参照。

（6）AAは アルコホリック・アノニマス Alcoholic Anonymous の略であり、アルコール依存からの「回復」を目指す人々のためのセルフヘルプ・グループである。NAと同様、全国各地で基本的には夜にミーティングを行っている。ダルクの利用者・スタッフにおいても、アルコールが主な依存対象である場合には、NAではなくAAのミーティングを選んで通う人もいる。

（7）ただしダルクの利用者たちは、ミーティング場面で自己物語を語り再構成するだけではなく、日々の生活の中でも「回復」に向けてさまざまな取り組みを行っている。その様子は、ダルク研究会編（2014）や相良・伊藤（2016）などに記されている。

（8）ステップ1の文言はNAワールドサービス社の許可のもとに引用した。

第8章　私利私欲を手放し、匿名の自己を生きる
――12ステップ・グループと依存症からの回復

中村　英代

1　薬物使用者を取り巻く二つの世界

二〇一四年八月下旬。夏の盛りも過ぎた頃、三日間に渡って東京ビッグサイトで第一〇回NA日本リージョナル・コンベンションが開催された(1)。一〇回目の記念ということで盛大だ。

NA（ナルコティクス・アノニマス Narcotics Anonymous）とは、薬物依存からの回復を目指す薬物依存者による非営利組織である。一九五三年に南カリフォルニアで誕生し、その後、世界中に普及した。

このNAのリージョナル・コンベンションとは、年に一度開催されるお祭りのようなもので、海外を含め全国から仲間が集まり経験と希望を分かち合う。前夜祭のバンド演奏から始まり、薬物依存者たちが登壇して自己の経験を語るスピーカーなど、さまざまなプログラムが用意されているが、なんといっても目

玉のひとつはカウントダウンだ。

カウントダウンといっても薬物依存者で埋め尽くされた会場で，いったい何を数えるというのか。

NAメンバーは，薬物を使わないで生きることを〝クリーン〟という。カウントダウンで数えるのはこのクリーンの期間だ。

カウントダウン会場の大ホールでスクリーンに数字が映し出される。すると，その数字の年数だけ薬物を使っていない人々が会場で立ち上がる。三〇年以上クリーンが続いたオールドタイマーへの敬意を込めた拍手で，カウントダウンはおごそかに始まった。

会場の緊張感がじわじわと高まり，いよいよ熱気を帯びてきたのはカウントが一年を切った頃あたりだ。いつの間にか“keep coming back”のコールも始まっている。立ち上がった仲間へ拍手は次第に大きくなる。31を切り，スクリーンの数字はどんどんゼロに近づいていく。いったいいつまでカウントするのだろう。1なのか0なのか。会場に響き渡るコールと拍手の熱気のなか息を詰めて展開を追っていると，最後にスクリーンにあらわれたのは“Just for Today”という言葉だった。これは，今日一日は薬を使わずに精一杯生きようという意味のNAの合言葉だ。

七名ほどの男女が会場で立ち上がると，わき起こる拍手のなか，彼らはステージに招かれた。こうして今日，まさにNAにつながったばかりの新しい仲間が舞台に横一列に並んだ。新しい仲間には，最もクリーンの長い仲間からハグや握手とともに，薬物依存からの回復のためのテキストブック――通称ブルーブック――が手渡された。会場のたくさんの仲間たちからは盛大な拍手と歓声が送られた。

カウントダウンの最後に“Just for Today”の言葉が映し出されるのは，今日初めてNAに来た人を歓迎する意味が込められているという。薬物使用が長年止まっている人もいるが、スリップ（再使用）したり、まだ本気でやめる気になれない人だっている。それでも、どのような人であれ、薬を使わない今日一日を共に積み重ねていこうよと、ＮＡでは仲間として歓迎される。

カウントダウンが終わり、会場の全員が席を立って両隣の人と手をつなぐと、人々の輪が大ホールをぐるりと二周した。そして全員で、平安の祈り⑵を唱えた。

神さま、私にお与え下さい
自分に変えられないものを受け入れる落ち着きを
変えられるものは変えていく勇気を
そして、二つのものを見分ける賢さを

このイベントは、薬物依存者の共同体の活動のほんの一例である。

ところで私たちは、薬物使用者にどのようなイメージを持っているだろう。覚せい剤やその他の違法薬物の使用、所持の報道は後を絶たない。使用者が有名人であれば報道はいっそう激化する。メディアでは薬物使用者は犯罪者として、時にはカメラの前で世間に向かって頭を下げる。ワイドショーで取り上げられ、時に攻撃的な言葉が投げつけられる。現代の日本で違法薬物を使用すれば、犯罪行為として処罰の対象になる。薬物使用中に事故を起こせば、そこには被害者も生まれる。

ここまでみてきたように、現在の日本では少なくとも同じ薬物使用者に対して、犯罪者として処罰するか、仲間として受け入れるかという、まったく異なる二つの世界が存在する。

多くの人にとって薬物依存は遠い世界での出来事としか感じられないかもしれない。しかし、アルコールやギャンブル、スマートフォンやゲーム、ダイエット、人間関係、仕事、買い物、恋愛などを含めた広義の「やめたくてもやめられない事象」（＝アディクション）を含めれば、依存問題は私たちのすぐ身近で生じている私たち自身の問題なのだ。

2　弱い自己が語られる場

NA日本リージョナル・コンベンションでは、薬物依存者たちが登壇し、それぞれ自分の経験を語るスピーカーというプログラムがある。まさに自己について語る〝自己語り〟の場だ。筆者も二〇一四年の東京会場と二〇一七年の大阪会場で、たくさんのスピーカーの話を聞いた。そこで語られたのは、まぎれもなく、ひとりの人間によって生きられた経験だった。話を聞いている間、聞き手の側の心にも痛みが走る瞬間があり、体の底から意欲がわいてくる瞬間もあった。そしてなぜ、この初めて会う見知らぬ人と薬物使用の経験すらない私が似たような経験をし、同じ思いを抱えているのかと驚いた。彼らの経験は、語られることによって聞き手に共感を生み、分かち合われていくのだ。

現代社会では人が大勢の人の前で何かを話す時には、成功談や語り手の良い部分、有能な部分がアピールされることが多い。しかし、コンベンションでのスピーカーの語りは全く逆だ。自分の弱さや欠点、失敗談など、通常、人前では語られないであろうことばかりが語られていた。たとえば、人からの評価に対する「恐れ」が語られていた。仲間のなかにいても絶えず押し寄せてくる「孤独感」も語られていた。薬物使用者からイメージされがちな〝恐れを知らない強者〟も〝人を顧みない快楽主義者〟も壇上にはいなかった。壇上では、私たちと同じ弱さを抱えたスピーカーたちが、人によっては緊張とプレッシャーと闘いながら、弱さや失敗を隠すことなくただただ正直に語っていた。

エドワード・カンツィアンらは、特定の薬物や行動は心理的苦痛を一時的にやわらげてくれるため、人は無意識のうちにその物質や行動を繰り返し選択し、その結果その人は依存症に陥るという自己治療仮説を提唱した。虐待の被害者や精神疾患を抱えた人、貧困や秩序のない環境で育った人々が苦しみから逃れるために何らかの物質や行動に依存していき、その結果依存症になるという説だ（Khantzian & Albanese, 2008=2013）。こうした理論から考えれば、依存症者たちが苦しみを語ることにも納得がいく。生きづらさは依存問題につながり、依存症はさらにさまざまな苦しみを引き寄せる。

本章では、NAを主な対象とし、依存症からの回復のための世界規模の共同体である12ステップ・グループを考察する。〝12ステップ〟とは、12ステップ・グループの依存症からの回復プログラムのことだが、これは単に薬物やアルコールをやめるためのプログラムなのではない。生き方そのものを変えるプログラムだとされる。

では、その新しい生き方とはどのようなものか。本章では、NAで目指されるのはいわば、〝私利私欲を手放し、匿名の自己を生きる〟生き方であることを示す。そしてここからは、現代を生きる私たちみなが共有する価値観とそこから生まれる生きづらさが浮き彫りになる。

以下では、まず、これまで筆者がフィールドワークを行ってきた薬物依存からの回復支援施設ダルク

(Drug Addict Rehabilitation Center: DARC) の事例を紹介する（3節）。次に、NAの12の伝統をみていくことで、12ステップ・グループが、現代社会の他の組織とは根本的に異なる原理に基づく共同体であることを明らかにする（4節）。そして、ベイトソンの分裂生成理論から、現代社会の傾向性とこの社会を生きる私たちの生きづらさを明らかにする（5節）。

なお、本書を貫く「自己語り」というテーマとの関連でいうと、本章の目的は、自己の弱さを語ることを可能にしている共同体とその原理を明らかにすることにある。弱さの表現は時として危険や損失を伴うため、人はむやみに自己の弱さを語らない。NAでは、コンベンションでもミーティングでも弱さや欠点や失敗が隠されることはない。特定の語りはそれが語られる場が整えられることで、はじめて生み出されるのだ。

3　ダルクでは何が行われているのか

ダルクは、一九八五年に薬物依存者本人の近藤恒夫が設立した入寮型の施設である（通所利用もできる）。その後、ダルクの元入寮者を中心とする薬物依存者たちが全国各地に次々とダルクを創設し、二〇一六年一〇月の時点で、北海道から沖縄まで日本全国に約90ヵ所ものダルクがある（日本ダルクHP）。各ダルクは独立して運営されながらも連携し、日本国内で、薬物依存からの回復に大きく貢献している。

ダルクとはどのような施設であり、そこでは何が目指され、何が行われているのかを明らかにするため、筆者は二〇一一年四月から現在までフィールドワークを行ってきた。そして、フィールドワークを続けていくうちに、次のような疑問を持った。

①なぜ、入寮者は一日に三回ものミーティング(3)に毎日出なければならないのか。

②なぜ、就労よりもミーティングが優先されるのか。

③なぜ、毎日の生活費は使い切ることが推奨され貯蓄が忌避されるのか。

④なぜ、全員が本名ではなくアノニマス・ネームを使っているのか。

社会復帰の方法を単純に考えれば、一日に三回もミーティングに出て自己を語り、ただただ仲間の話を聞くより、仕事やアルバイトを探す方が合理的と思える。しかし、慌てて仕事に復帰したところで、それまでの生き方が変わっていなければ、またすぐに薬物使用の生活に戻ってしまうと考えられている。そのため、ダルクでは就労よりもミーティングが優先され、ミーティングに出ることで薬を使わない新しい生き方へと、生き方そのものを変えることが目指される。

入寮中に貯金をして退寮後の生活に備えることも、推奨されそうである。しかしダルクでは、一日の生活費(施設によるが1500円から2千円程度)を使い切ることがプログラムとされる。お金が貯まると薬物やギャンブルへの誘惑にかられやすいためもあるが、金銭を追い求めるような行動パターンそのものを変えることが目指される。

本名を名乗らず、アノニマス・ネーム(ニックネームのようなもの)を使用する理由も、犯罪歴を含めたさまざまな経歴を持つ個人の情報が外部に漏れないための配慮だけではなかった。全員が匿名であることで、特定の誰かが有名になったり力を持つことが慎重に避けられ、メンバー間で対等な関係が保たれていることがわかった。

ここから筆者は、人類学者のグレゴリー・ベイトソンの分裂生成理論に依拠しつつ、ダルクとはひとつの変数（金、人望、権力など）の最大化を抑制する共同体であるという結論を提示した（中村 2016）。分裂生成理論は本章5節でみていくが、ダルクは、階層化された現代社会で広く共有されている価値観、すなわち金銭の追求、就労の重視、上下関係のある人間関係などと明確に距離を置き、当事者同士の自由で平等な支え合いのなかで依存症からの回復を目指す施設なのだ。そして、こうしたダルクの回復プログラムは、NAの回復プログラムに依拠している。

NAは先に述べた通り、薬物の問題を抱えた仲間同士の非営利的な集まりであるが、NAの原点であるAA（Alcoholics Anonymous）は、アルコール依存者によってアルコール問題のセルフヘルプ・グループとして、一九三五年にアメリカで誕生した。

AAには〝12のステップ〟と呼ばれる回復のためのプログラムがあり、回復への道筋が段階的に記されている。一方で、〝12の伝統〟はAAの運営のあり方をまとめたもので、AAという共同体が存続するための原則が記されている。AAで誕生したこの12ステップ・プログラムは、他の依存問題にも用いられるようになり、薬物依存（NA）、ギャンブル依存（GA）、薬物依存者の家族（Nar-Anon）などのグループが次々と作られた。現在、12ステップ・グループは世界中に普及し、依存症者の回復に圧倒的な影響力を持っている。たとえば、AAは現在およそ180以上の国に（アルコホーリクス・アノニマス日本公式サイト）、NAは116以上の国にある（ナルコティクス アノニマス日本公式サイト）。

4　12ステップ・グループの12の伝統

筆者のダルクでの調査からは、ＡＡやＮＡといった組織は、現代の資本主義社会における諸組織とは明確に異なる種類の組織であることがわかってきた。12ステップ・グループは、単に世界中に広がった依存症のセルフヘルプ・グループとしてだけでなく、現代社会の組織とは根本的に異なる原理に根ざした共同体として捉える必要がある。しかし、12ステップ・プログラムが注目され、その臨床的な効果の是非を問われ続けてきた一方で、これまで依存症を対象とした精神医学や社会学の研究は、ＡＡやＮＡを支えている12の伝統にはほとんど着目してこなかった。

ＡＡが創設された当初、メンバーの条件や金銭、人間関係や広報などの面でさまざまなトラブルが発生した。そこで、ＡＡが一体性を保ち、社会と関わり合いを持ちながら、存続、成長し続けるため、個々人の失敗やグループの失敗という経験に基づいて12の伝統がまとめられた。これらは一九四六年に発表され、一九五〇年のＡＡ第一回国際会議で承認された（Alcoholics Anonymous [AA], [1952] 1981=[1982] 2001）。こうしてＡＡで12の伝統が作られ、その後、ＮＡをはじめとする他の12ステップ・グループにも12ステップとともに受け継がれていった。各12ステップ・グループの12の伝統はほぼ同じだが、文言や解釈が微妙に異なる。本章は薬物依存を対象としているため、ＮＡの二冊の書籍（Narcotics Anonymous [NA], 2006, 2011）に依拠し(4)、ＮＡの12の伝統をみていく(5)。なお、12の伝統には「神」という言葉が含まれており、そこに抵抗を感じる人は多い。ここでの神は特定の宗派の神ではなく、自分を超えたところにある大きな力というような意味であることを、あらかじめ述べておきたい。

12の伝統で繰り返し述べられるNAの第一の目的は「まだ苦しんでいるアディクト（依存症者：引用者注）にメッセージを運ぶ」（NA, 2011: 2）ことである。12の伝統があることで、NAグループはこの第一の目的から逸れずに、さまざまな活動を行っていけるのだ。

伝統1　第一にすべきは全体の福利である。個人の回復はNAの一体性にかかっている。

伝統1では、まず、個人よりも全体が優先されることが示される。メンバーが自分の欲望を優先したり利己的に振る舞えば、グループの存続が危ぶまれるからだ。お互いにうまくいっていないメンバー同士が新しい仲間のために力を合わせるなど、個人が全体の福利を尊重することで、いま苦しんでいるアディクトにメッセージを届けるという共通の目的が果たされる。このただひとつの目的のもと、多様な個性を持つ世界中の依存症者たちの間に一体性が保たれ、それが個人の回復を支えていることが示される。

他方で、12の伝統は、個人に対して何かを禁止することはない。むしろ、NAでは「条件つきではなく、ありのままの自分なのに受け入れられ、愛されている。メンバーとして除名されることもなければ、やらないと自分が決めたことを強いられることもない」（NA, 2006: 98）。グループ全体にとって良いことが、個人にとっても良いという循環がここにはある。

伝統2　私たちのグループの目的のための最終的権威はただ一つ、グループの良心の中にあらわれる、愛なる神である。私たちのリーダーは奉仕を任されたしもべにすぎず、彼らは決して支配しない。

伝統2では、「NAのなかでは会長や教師や監督者を持たないことを決めた」（NA, 2006: 101）と述べられている。しかしNAは組織である以上、コミティ（委員会）もあり、献金を銀行に預け経費の支払いをする会計係も、国際会議に出席する係もある。役割はたくさんあるが輪番制になっており、地域や係にもよるが、決まった年数で委員や係は変わる。役割は特権ではなく、グループのために自分の任務を務めることはサービスと呼ばれ、これは自分の回復にも役立つ。「セクレタリー、会計係、代表者という役割をする仲間がいる。こういう肩書は人を支配するためのものではなく、その仲間たちが行うサービスを示すものだ。グループがリーダーや特定のメンバーの縄張りになったなら、グループの効力は失われる」（NA, 2006: 101）。

そして、メンバーが「自分の果たした役割をいつまでも手放せずにいると問題が生じることがある。エゴ、何の根拠もないプライド、強情さに固まっているところに、権威まで手にしたときグループは粉々になる」（NA, 2006: 101）。伝統2から、NAでは特定の誰かが権威を持つことが慎重に避けられていることがわかる。

伝統3　メンバーであるために要求される唯一のことは、使うことをやめたいという願望だけである。

NAはさまざまな経験のなかで、諭されようが、殴られようが、監禁されようが、「アディクトは自分のなかにやめたいという気持ちがないかぎり、やめることはない」（NA, 2006: 102-103）という現実に直面し続けてきた。ここから、やめたいという願望があるかどうかだけがメンバーの条件になった。NAメンバーになるかどうかは周囲が決めることではなく、本人が決めることだとされる。

メンバーになるための規則はなく、薬物をやめたいという願望さえあれば誰でも受け入れるのは、依存症で人は死ぬからだという。「回復を知らないアディクトが行き着く先は、刑務所か施設、あるいは死しかない。たとえ単なる好奇心でやってきたアディクトであっても、そのアディクトにミーティングへの参加を断ったりしたら、死刑宣告をしたのも同然」（NA, 2011: 186-187）ということになる。そのために、どのような人も、薬物以外にどのような問題を抱えていても排除されず、仲間として対等に迎え入れられる。

伝統4　各グループは自律的でなければならない。ただし、他のグループまたはNA全体に影響をおよぼす事柄においてはこの限りではない。

ここで言われるNAのグループとは、NAの12ステップと12の伝統に沿ってミーティングを開く個々のグループのことである。各グループの役割は回復を深めていく場所を提供することにある。なお、伝統4の「自律」とは、「グループ自らの手で回復の雰囲気を作り出し、メンバーに役立つことを行い、グループの第一の目的が果たすことができる自由のこと」（NA, 2006: 106）とされる。

伝統5　各グループの第一の目的はただ一つ、まだ苦しんでいるアディクトにメッセージを運ぶことである。

メッセージとは、「どんなアディクトであっても、薬物を使うのをやめることができ、使いたいという欲求も消え、新しい生き方を見出すことができるというメッセージ」（NA, 2006: 109）のことである。お金を儲けたり、グループを拡大したり、教育・医療援助などの社会的啓蒙もせず、グループの目的を「メッセージを運ぶことだけに焦点を絞るという一貫した姿勢を取り続けることで、アディクトは私たちを信頼することができる」（NA, 2006: 107）。12ステップ・グループには、目的はただ一つしかないことが伝統5で示される。

伝統6　NAグループはいかなる関係ある施設にも、外部の組織に対しても、支持や融資をしたり、NAの名前を貸したりしてはならない。金銭や所有権や名声の問題が、私たちを第一の目的からそらさせるおそれがあるからである。

伝統6が、NAと外部機関との間の境界を定めているため、NAは「いろいろな団体の間で年中起こっているやっかいな問題から逃れることができている」（NA, 2011: 211）。

NAが支持した団体が問題を起こせばNAの評判は下がるし、NAが評判の悪い事業を後押しすればアディクトはミーティングに出るのをためらうようになり、他の団体に支援を求めればその団体の目的がNAの目的だと勘違いされるだろう。なお、NAは、AAをはじめとするほかの12ステップ・グループとは協力関係にはあるが、支持はしていない。NAは「それらとは一線を引いた別個の集まりで、自立している」（NA, 2006: 111）。

伝統6の後半部については、「私たちにとって金銭や所有権や名声というのは執着すると手放せなくなり、スピリチュアルな目的が見えなくなるものだ。各メンバーにとってこの種の乱用は悲惨な結果になることが多く、グループにとって大惨事になる」（NA, 2006: 111）と述べられている。伝統6によって、第一の目的から外れたことにグループが立ち入る可能性は最小限になる。

伝統7　すべてのNAグループは、外部からの寄付を辞退して、完全に自立しなければならない。

第一の目的を達成するために必要なことは、グループが各自で備えなければならないとされ、ここには活動費も含まれる。NAではミーティングの際に献金箱を回してメンバーから献金を募り、その献金ですべての活動の経費をまかなっている。伝統7については、「意図がどういうものであれ、もらうものには必ず代償が伴う。その代償は金銭であったり、保証であったり、あるいは、営業権、特例としての容認、推薦、支持などであったりするが、代償はあまりにも大きすぎる」（NA, 2006: 113-114）と述べられている。こうした伝統7は金銭の問題を超えて、NAでの生き方を示していることが次の文章からわかる。

「使っていたときには、だれからでも、何回でも、どんなものでも手に入れていた仲間がほとんどだ。NAのグループが外部からの献金を辞退し、完全に自立することにしたのは、その同じアディクトが、NAメンバーとして回復し、新たな生き方をしていることを示すものだ。欲しいものや必要なものをだれかから手に入れてきた私たちは、今は、自分たちで支払いをして手に入れていることを示しているのだ」（NA, 2011: 225）。

伝統8　ナルコティクス アノニマスはどこまでも非職業的でなければならない。しかし、サービスセンターのようなところでは専従の職員をおくことができる。

伝統8が意味しているのは、NAのなかに医師や弁護士、カウンセラーの職員をおかないということだ。NAは「アディクションという病気に対して、専門家とは全く違った取り組み方をしている。……NAでは、病気の診断をしないし、患者の経過を診ることもない、要するに、NAに患者はいない」(NA, 2011: 233)。一人ひとりの回復の経験によって、お互いが癒されるのであり「私たちは回復を商売にしていない」(NA, 2011: 234)。

また、たとえ専門的な職業に就いている人であっても、グループのなかでは他のメンバーと同様のただの依存症者である。他方で、専従の職員のように、定期的に仕事を行ってくれる人には給与を支払う。この職員がメンバーであることもあるが、通常の活動は無償でなければならないとされる。

伝統9　NAそのものは決して組織化されてはならない。しかし、サービスの機関またはコミティをつくることができる。これらの機関は、グループやメンバーからの付託に直接応えるものである。

NAのメンバーを導くのは、特定の個人でも規則でもなく、「メンバーの良心の中に現れるハイヤーパワー」(NA, 2011: 240)、つまり個々人を超えたところにある大きな力である。他方で、NAは世界中にあり、さまざまな機関が機能していなければ運営できない。しかしNAは、現代社会の組織のようには組織化されていない。

現代の多くの組織にはメンバーを管理するための何らかの権力が備えられている。これに対して、NAでは「グループもサービスボードもコミティも、輪番制でリーダーシップを取る方法を生み出し、特定のだれかが支配権を持ち続けるような事態に陥らない工夫」(NA, 2011: 245)がされている。伝統9を守っていれば、「一人のアディクトからもう一人のアディクトに分かち合われる、自然発生的でシンプルな回復の雰囲気が確実に守られ、組織化や法制化や規則化によってその雰囲気が失われることは決してない」（NA, 2011: 247）とされる。

伝統10　ナルコティクス アノニマスは外部の問題には意見を持たない。したがって、NAの名は公の論争で引き合いに出されるべきではない。

伝統10では、NAは、いかなる外部の問題にも意見を持たず、政治や社会問題には立ち入らない立場が示される。理念とはそれが立派なものであれ、その支持者と反対者の間に闘争を生みがちだ。そこでNAは「反対意見を持つ人は必ずいる。代償がそれほど大きいことを考えるなら、社会問題のことでどこも支持しない立場を守っているのは当然ではないだろうか。私たちは、存続するために外部の問題に意見をもたないのだ」（NA, 2006: 119）。そしてここには依存症関係の問題も含まれる。NAは、NA以外の12ステップ・グループや薬物の合法化、依存症治療に関しても「NAプログラム以外のことについてはいかなる問題に対しても賛成も反対もせず、どのような見解も示さない」（NA, 2011: 249）。さらに、NAは「アディクションに対する解決策はNAにしかないのだと主張することもない」（NA, 2011: 256）のである。

伝統11　私たちの広報活動は宣伝により促進することよりも、ひきつける魅力に基づく。活字、電波、映像の分野で、私たちはいつも個人名を伏せる必要がある。

人に知られない限りNAのメンバーや支持者は増えない。したがって、グループがどのような方針に基づいて広報活動をするかは、グループにとって重要なことである。そしてＮＡの方針は「ひきつける魅力」であり、これは「私たち独自の方法がうまくいっているということだ」（NA, 2006: 120）。

多くの団体が、有名人やリーダーを看板にしてその団体を宣伝している。しかし、ＮＡでは全く逆に、有名人のメンバーであれどのメンバーであれ、匿名で活動し、表に名前を出すことはない。ＮＡを代表する人はいないし、誰かが有名になって力を持つこともないし、ＮＡを使って有名になる人もいない。「だれかに認めてもらいたい、見返りがほしい、というエゴを捨て、無私になって与えていく」（NA, 2011: 268）のがＮＡの原理であり、このためには無名でいることが必要である。これは伝統12でも強調される。

他方で、ＮＡメンバーはある程度はＮＡを代表する立場にあるため、メンバーとして責任のある言動を求められる。たとえば、「ＮＡのロゴの目立つＴシャツを着てお粗末なことをやっているようでは、ＮＡについての極めて魅力に欠けたメッセージを一般の人たちに運んでいることになる」（NA, 2011: 261）。

伝統12　無名であることとは、私たちの伝統全体のスピリチュアルな基礎である。それは、各個人よりもＮＡの原理が優先すべきことを、いつも、私たちに思い起こさせるものである。

12の伝統が繰り返し求めているのは、全体の福利のために、私利私欲を手放すということである。「ナルコティクス アノニマスに参加したとき、私たちは個人的な利益の追求のことを、ミーティング場のドアの外に置いてきた。そして、自分の回復だけでなく、ほかの人たちの手助けもしようと努めている」（NA, 2011: 267）。この伝統は、「認めてもらいたい、報酬が欲しいという自分の欲望よりも、エゴを捨てて与えること、つまり無名であることの原理を優先する」（NA, 2011: 268）ことを述べている。

無名にとどまるというスピリチュアルな原理によって、グループのメンバーは全員が対等になる。どのメンバーもほかのメンバーより上だとか、下だとかいうことはない。セックスや所有欲、社会的な地位となると、私利私欲が頭をもたげ、そのために昔はずいぶん苦しい立場に追い込まれたが、無名にとどまるという伝統を守っているかぎり、そのような欲望が顔を出す余地はない。無名であることは私たちの回復の基本要素であり、それは私たちの伝統とＮＡという集まりのなかに深く浸透している（NA, 2006: 119）。

ここまで12の伝統をみてきた。伝統によってグループは守られ、メンバーは回復のプログラムに取り組み、自分の弱さを正直に語り、仲間と助け合いながら匿名の自己を生きることができる。

5　ベイトソンの分裂生成理論から考える

各種セルフヘルプ・グループ、治療共同体（Rawings & Yate, 2001）、べてるの家（浦河べてるの家 2002）など、当事者同士が互いに助け合っているグループや共同体はたくさんあり、同じ苦しみや困難を抱えている人々の支え合いという点で共通している。しかし、外からは一見同じようにみえる活動でも、それぞれの支え合いの共同体はそれぞれの特徴や原則を持っている。

そして、12ステップ・グループにも独自の特徴があった。４節では12の伝統をみてきたが、繰り返し述べられているのが、権力、金銭、名誉の追求が個人やグループにとっていかに脅威か、という点だ。

本章で考察の枠組みとしたいのが、ＡＡについての先駆的研究も行っている人類学者のベイトソンの分裂生成理論である。分裂生成とは、「Ａの行動がＢの行動を刺激し、そのＢの行動がまたＡを刺激して、はじめの行動を強めるという、社会的相互作用の連鎖」（Bateson, 1972=2000: 174-175）を指し、次の二つのパターンがある。

ひとつは対称型分裂生成であり、ＡとＢの行動が本質的に同じパターンである。競争や張り合いがその例だ。もうひとつは相補型分裂生成であり、ＡとＢの行動が異なっていても、互いにかみ合っているパターンである。支配―服従、養護―依存などがその例だ。そして、どちらも行動が次第に激しくなっていく傾向があり、エスカレートした先には破滅がある場合もある。

私たちの社会やそこを生きる私たちは、ある変数（金銭、自尊心、名誉、権力、人望、愛すらも）を最大化しようとする傾向を持っている。ベイトソンは、何かをもっともっとと追い求める傾向性を持つ西欧社会やそこを生きる人々の傾向性を「分裂生成」と呼んだ。

しかし、ＮＡは利潤を追求する営利組織ではなく、そこには特定の権力者もいない。メンバーは個人の利益よりも全体の福利を優先する。つまり「単一の単純変数の最大化が阻止される可能性の最大化」（Bateson, 1972=2000: 191）が図られる共同体といえる。ベイトソンは分裂生成的な行動の最後には時に破滅が待っていると述べ、分裂生成に歯止めをかけるファクターを探究したが、12ステップ・グループが実践しているのは個人の行動から組織単位の動きまで、分裂生成的なパターンを回避することだといえる。

ベイトソンはＡＡについての考察のなかで、ＡＡは「『アルコール依存症の苦しみにあって、それを必要としている人たちに、ＡＡのメッセージを届ける』という目的が、最高度に達せられる状況」（Bateson,

1972=2000: 451-452）を目指す組織であると述べた。そして、ひとつの変数の最大化を求める点では、AAもまた西欧社会の至るところにみられる目的追求型組織であるとするが、AAが営利的な組織と違う点は、世界との非競合的な関係を目指す点であるとし、「AAが最大化しようとする変数は、相補的なものであり、それは支配ではなく、『奉仕』の性格をもっているのである」（Bateson, 1972=2000: 451-452）と述べる。すなわち、いま困っている依存症者にメッセージを運ぶ、という世界にも個人にも害をもたらすことのないたった一つの目的を、メンバー全員の共通目的としてあえて設定し、組織としての安定と維持を保っているのだ。

しかしNAの伝統を丹念に読んでいくと、伝統6の箇所で、地域内の外部の機関と良好な関係を維持しつつも境界線を定めることで、「メッセージを運ぼうという私たちの過剰な熱意を調節している」（NA, 2006: 210）と記されている。つまり、外部組織や宣伝を使ったやみくもな目的追求――メッセージ活動――もまた抑制の対象とされている。ここから、12ステップ・グループには、第一の目的の達成のための行動も分裂生成的にエスカレートしていかないように、歯止めをかける要素が組み込まれていることがわかる。

セラピストのマイケル・ホワイトは、「人々が、今ほど、適切な人物になり損ねたという感覚を持ちやすかったことはないし、今ほど、それが日常的にいとわず分配されたこともない」（White, 2004=2007: 154）と述べ、その背後にあるのは、近代的な権力だと指摘した。本章ではホワイトの議論を厳密に紹介する紙幅はないが、近代的権力は「規格化する判断」を通じた社会統制を行っているという。これは、人々が自分の人生や互いの人生を評価することによって遂行されるが、評価の基準は、正常や異常、さまざまなランキングなど現代社会の諸価値観と連動している。こうした社会では、多くの人が富や地位へと必然的に駆り立てられていく。

「言いっぱなし、聞きっぱなし」を原則とし、人々が何を語っても良い評価も悪い評価もされないNAやAAのミーティングを、社会学者の野口裕二は「評価と査定のない空間」（野口 2002: 167）と言い当てた。ここからは逆に、私たちの生きている社会が評価と査定に満ち満ちていることがわかる。あらゆる局面で、私たちは人に評価され、値踏みされる。そして、自分と他人を比較して落ち込んだり、束の間の優越感に浸ったりせざるを得ない。

こうした社会のなかで、ある人は弱い自己をさらけだせずに薬物を使用し、人が苦手な自己を克服するためにアルコールの力を借りる。他方で、利己的な人々は権力、金銭、名誉をどこまでも追い求め、人を人とも思わない振る舞いをする。私たちはみな簡単に欲望に支配され、恐れや不安に駆られ、何度でも失敗を繰り返す。程度の差こそあれ、これが私たちの実態なのである。

結局のところ、私たちに共通するこのような振る舞いは現代社会への一種の適応のパターンなのだ。そして社会学の課題は、何かを良い／悪いと判断するのではなく、ある種の行動や現象が起きている構造や仕組みを把握することにある。ベイトソンの分裂生成理論はきわめてシンプルでありながら、満ち足りることなくもっともっとと何かを求めていく人々の行動を考える際の枠組みとして、今なお有益であるとともに、その枠組みからは、組織や集団、社会のあり方まで考察できる。

なお、ベイトソンは、AAで提唱される生き方を人間の唯一の正しい生き方とは主張しないと慎重に述べつつも、AAの方法から私たちは多くを学びうると考えていた。

デカルト流の心身二元論（自己が身体や他者や環境をコントロールできるという考え方：引用者注）にもとづいて思考と行動を続けていくなら、我々の生きる世界が、神 対 人間、エリート 対 大衆、選民 対 劣等民族、国家 対 国家、人間 対 環境というような対立の構図において捉えられてしまうことは、今後とも避けがたいだろう。この奇妙な世界観と高度なテクノロジーの両方を併せもった種が、果たして生存を続けていくことができるかどうか疑わしいところである（Bateson, 1972=2000: 454）。

ベイトソンはその論考の随所で、分裂生成に満ちた西欧型の社会に対して鋭い警告を発し続けていた。

6　語りと共同体

本書を貫くテーマは「自己語り」であり、本章では薬物依存者の語りを可能にしている共同体の原理を考察した。共同体のあり方は私たちの自己語りに大きな影響を与えている。共同体のあり方が変われば、私たちの自己語りも変わり、それは私たちの人生（ライフ）そのものを変えていく。薬物依存者の語りは本章では詳細に取り上げられなかったが、ダルク入寮者の語りはダルク研究会の編著（2014）に、ダルクスタッフの語りは南・中村・相良の編著（2018）に丹念にまとめられている。

地位や財産をめぐる競争、不平等、暴力に根ざした社会を改革し、平等と助け合いに根ざした社会を目指そうとする歴史上の試みはことごとく失敗に終わってきた。しかし、金儲けとは無縁で、政治的・宗教的な意図も全くない12ステップ・グループは世界規模で存続し続けている。分裂生成に満ちた社会にあって、12ステップ・グループはきわめて特異な例だといえる。そして、そこでしか生まれない自己語りは人と人との間に共感を生み出し、人々をつないでいる。

推薦文献

モリス・バーマン 柴田元幸訳 1989『デカルトからベイトソンへ——世界の再魔術化』国文社

グレゴリー・ベイトソン 佐藤良明訳 2000『精神の生態学　改訂第二版』新思索社

野口裕二 2002『物語としてのケア——ナラティヴ・アプローチの世界へ』医学書院

注

(1) 本章のNAのイベントについての記載内容は、NAジャパンの承諾を得ている。

(2) Serenity Prayer という祈りで、ラインホルド・ニーバー (アメリカの神学者 1982-1971) が作者とされる。AAをはじめ、NAその他の12ステップ・グループに広がり、ミーティングの後などにこの祈りが行われることが多い。NAにおける神の含意は、4節を参照。

(3) メンバーが集まり、各自が自分のことやその日のテーマに関連する事柄を自由に話す集まりであり、12ステップ・グループの中心的な活動である。「言いっぱなし、聞きっぱなし」が原則で、批判を受けることもコメントされることもない。

(4) 以下、本章のNAの書籍からの引用は、NAワールドサービス社の許可のもとに引用した。それぞれの書籍を（NA, 2006）（NA, 2011）と簡略化して表記する。

（5）このことによって、本章では、ＡＡで12の伝統が作られた経緯を取り上げることはできない。12の伝統の一つひとつが作られた経緯についてはＡＡの書籍（AA, [1952] 1981=[1982] 2011）を参照のこと。その他、ＡＡの12の伝統については葛西（2007）で言及されている。

第9章　人生が変わるとき——薬物依存からの「回復」の語りとライフストーリーの理解可能性

森　一平

1　「個人の語り」の社会学的研究に向けて

個人研究といっても、中野さんのライフヒストリーは個人の口述をデータとするわけですから、それ自体が主観的なものと見なされます。したがって、通常は、他の文献や文字資料と照らし合わせたり、他の多くの人の語りを集積するなどしてその客観性を担保するわけですね。しかし、そういう方法ではなく、個人の口述の語りをそれ自体として信頼できるデータとして提示できないか、そのためには中野さんのいう「人間の存在形態」から説くのではなく、目の前にあるインタビューの相互行為という社会関係から考えられないかと思ったのです（桜井・西倉 2017: 64. 強調引用者）。

右に掲げたのは、日本におけるライフストーリー研究、あるいはそのアプローチとしての「対話的構築主義」を切り拓いた桜井厚が、そのもととなった発想を、日本のライフヒストリー研究の開拓者であり自身の師でもある中野卓の個人の語りに対するアプローチと対比させながら語ったものである。本章の主眼は、ここで述べられている「個人の口述の語りをそれ自体として信頼できるデータとして提示」する一つのやりかたを、今度は桜井自身の切り拓いた対話的構築主義の「現在」と対比させながら示すことにある。

桜井厚による『インタビューの社会学』（桜井 2002）出版以降、対話的構築主義はそれが普及していくなかで内外から種々の批判を浴び[1]、方法論的反省を迫られることになった。この反省は、対話的構築主義というアイデアのもとでの研究を実質的に担ってきた中堅・若手研究者によっておこなわれはじめ、「対話的構築主義の批判的継承」と副題を付された『ライフストーリー研究に何ができるか』（桜井・石川編 2015）の出版によって一つの（あるいは一旦の）到達点を見ることになる。そしてこうした一連の経過のなかで特に中心的な役割を演じてきたのが、石川良子と西倉実季である（ように私には思える）[2]。少なくともこの二人の研究者による議論が、桜井の『インタビューの社会学』を源泉とする二つの強力な支流をなしていることは間違いないだろう。

そこで本章ではまず、石川良子と西倉実季による対話的構築主義の方法論的反省をめぐる主張の検討を通して、その現在までの到達点（の少なくとも主要な一部）を確認し、対話的構築主義のデータへの向きあいかたの特徴と、それを導くことになった諸前提を浮き彫りにする。その際、かつて筆者と同じくエスノメソドロジーの立場から対話的構築主義に対する批判をおこなった鶴田幸恵・小宮友根（2007）の議論に照らした検証も同時におこなう。その上で、私（たち）自身のインタビュー調査によって得られた薬物依存からの「回復」をめぐる語りの分析を通して、対話的構築主義とは異なるデータへの向きあいかたを例証する。本章全体を通して議論の焦点となるのは、語りの「理解可能性」である。

2　対話的構築主義と語りの理解（不）可能性

2・1　調査過程の反省的記述と語りの理解可能性

『ライフストーリー研究に何ができるか』の序章において「ライフストーリー研究者のあいだでも対話的構築主義の捉え方はけっして一枚岩ではない」（石川・西倉 2015: 12）と述べられている通り、石川・西倉は対話的構築主義の方法論について異なる主張を展開している。その意味で両者の主張は二つの支流であるわけだが、それが合流する地点も存在する。それは、調査過程の反省的記述――石川（2012）の言葉を借りれば「調査者の経験の自己言及的記述」――に重きをおいた主張を展開している点である。そしてそれを重視するのは、調査協力者の語りを（読者が）よりよく理解するためであるという。

西倉（2015ab）にとって調査過程の反省とはとくに、それを通して自身がもつ社会的マジョリティとしての特定の「構え」=「認識の『覆い』」（水津 1996: 346）が剥ぎ取られ、社会的マイノリティとしての「語り手の語りをより的確に理解するための新たな視点」（西倉 2015b: 69）を獲得した経験を意味する。そしてその経験を記述することは、語りの直接の聴き手である西倉と同じく社会的マジョリティに位置する読者にも、その過程を追体験してもらうことを通して「語り手たちの語りを理解可能なものとした視点も同時に共有」（西倉 2015a: 57）してもらい、語りの「より的確な理解」を促す意義があるという。

石川もまた同様に次のように述べる――「構えをめぐる気づき」を通した視点の「変化がどのように生

じて、具体的に何がどう変わったのかを書き込むことは、調査協力者の経験の理解可能性を高める」（石川 2012: 7）。ここでの理解の主体には西倉と同じくやはり読者の存在も組み入れられているが(3)、そのうえで石川はさらにこの「構えをめぐる気づき」の反省的記述を「文脈化」という作業へと変奏・拡張させていく。「インタビューでの会話の脈絡、調査者の『構え』とそれを形成してきた個人誌的・学問的背景、インタビューを取り巻く社会的・時代的状況等々」（石川 2015: 224）の重層的な文脈に語りを位置づけることで、語りをより深く理解できるというのがその主旨である。

以上のように石川・西倉は、調査協力者の語りのよりよい理解をもたらすとされる調査過程の反省的記述によって対話的構築主義の立場を特徴づけ、また意義づけるわけだが、そうして与えられた特徴には二つの側面がある。

第一に、その特徴が「よりよい理解」の主語に読者を据えることによって支えられているという点である。つまり、対話的構築主義の大きな特徴の一つは調査過程の反省的記述にあるが、なぜそうするかといえば読者による語りの理解可能性を高めるためだ、というわけである。ここにおいて対話的構築主義は、「ライフストーリー呈示の戦略」（小林 2000b: 110）のもとでその特徴を与えられている。

しかし、作品の呈示戦略というかたちで特徴づけがなされている限りにおいて対話的構築主義は、かつて鶴田・小宮（2007）が提起した疑問――対話的構築主義は事実性や解釈のパターンから離れたところで、いかなる社会学的記述をデータに与えようとするのか――に依然として応えるものにはならない。なぜなら読者の理解可能性に志向した作品の呈示戦略は身分上、データに対する分析が終了したあとに遂行されるものだからであり、その手前で採用されているはずの分析の方法論に直接かかわる議論ではないからである。

他方で第二に、調査過程の反省的記述を重視する石川・西倉の議論からは、このデータに対する記述の特徴も読み取ることができる。それは、インタビューで「語られたこと」があらかじめは「(よくは)分からない」という前提であり、その「分からなさ」を何らかの「解釈」によって埋め合わせるという操作である。まずは後者について検討しておこう。

2・2 「あらかじめの理解可能性」からの離脱

西倉は、「(社会的)障害」や「美醜の問題」といった自身の調査当初の「構え」が剥ぎ取られたあとの、その外部にある新たな視点――あるいは「構え」と外部を区別しうるような視点――から、調査者の質問に込められたその当初の「構え」を応答において拒絶しようとするものとして調査協力者の語りを解釈する(西倉 2015a: 54-63)。石川も同様に調査協力者の語りを自身(および調査協力者)の当時の「構え」から漏れ出るものとして解釈するが、石川の場合はその際さらに何らかの文脈情報――たとえば「フィールドで共有されている『ひきこもり』のイメージ」(石川 2015: 234)――を付加しながらこの解釈をおこなおうとし、またそうすることで調査協力者の人生のありようやインタビューが展開された「場」そのもののよりよい理解にまで至ろうとする(石川 2015: 236-241)(4)。

さて、データに対して与えられる記述が(それが修正済みのものであれ)特定の視点を当てはめたり、何らかの文脈情報を付加したりというしかたでの「解釈」であるなら、それは社会学に限らずともごくありふれたものである。したがって問題はその先、つまりその解釈をどう社会学的記述にまで昇華させるのか――個人の語りに対する解釈がいかにして「社会」の記述たりうるのか――という点にある。自身が与えた解釈についてその事実性を検証したり（実証主義）、パターン化の可能性を探ったり（解釈的客観主義）することは、この問題に対する解でありうる。

しかし石川・西倉の議論には、「そうではなく何なのか」という点について独自の解が示されているようには見えないのである。石川・西倉は一方で問題経験という「個人の主観的現実」（西倉 2009: 64）を対象化し、またそれが位置づく――野口裕二（2002）がいうところの――人生の「物語的理解」（石川 2012: 7, 2015: 246）をめざすことによって実証主義的スタンスからは距離をとっているように見える（しそう明言されてもいる）が、そうした個人の語りからの解釈の成果は依然として――実際石川・西倉が各々の単著で試みているように――パターン化の余地を残しているし、それを拒絶したところで「では何なのか」という問いへの回答が示されることにはならないからである（5）。

そのうえで、どちらかといえば本章で焦点を当てたいのは前者――インタビューで「語られたこと」があらかじめは「（よくは）分からない」という前提のほうである。ここでこの前提についてもう一歩踏み込むなら、そこにはさらに調査者は調査協力者の語りの理解（聴き取り）を阻害するような一定の「『構え（志向性）』……から逃れることはできない」（石川 2015: 218）という前提があるように思われる。だからこそ、その構えをよりよいものへと差し替えたり、文脈情報で補ったりすることで語りを「分かる」ものへと至らしめる上述のような解釈の（準備）作業が要請されるのである。その意味で対話的構築主義の方法論的特徴づけは、語りの「分からなさ」によって支えられている。

しかし当たり前のことを述べるようだが、たとえ調査開始当初であれインタビューの場で調査協力者によって語られたことのすべてが分からないはずはないだろう（あえてそうするのでもない限り、語り手は聴き手が分かるように語ろうと努めているのだから）。むしろ語りの大部分が問題なく理解できるからこそ、そうではない分からない部分を特定しそこに焦点を当てることもできるはずだし、そもそも語りがほとんど分からないものであれば、インタビューのやりとりを継続すること自体が難しくなってしまうはずだ。

すなわち石川・西倉の議論はその対話的構築主義の特徴づけにおいて、語られたことが「分からない」という経験を過剰適用し、そうすることで語りがそれ自体で十分に「分かる」ものであるという事実を過小評価してしまっているように見えるのである。理解をめざして調査者自身の「構え」へと沈潜し、文脈へと上昇することで対話的構築主義は逆に、インタビューの場ですでに展開されている理解から離れる道を選んでしまっているのではないか。

インタビューでの語りはそれ自体ですでに、聴き手が「分かる」ように語られている――このことを踏まえたうえで、対話的構築主義がそうしてきたように語りの「理解」に焦点を当てた何らかの社会学的記述をめざそうとするなら、まさにその「分かる」という事実のほうにこそ着目する行きかたがあってよいはずである。本章でこれから例証していくのはそうした記述の一つのありかたであり、そこでは語りをあるしかたで「分かる」ものにするために調査協力者が採用している、語りを組み立てるための方法が記述されていくことになる。

3　語りそのものの理解可能性――ダルクスタッフBさんによる語りの分析

本節で検討する語りは、薬物依存からのリハビリ施設であるダルク（DARC）のスタッフBさんが、私たち調査者とのインタビューの場で二〇一四年八月に語ったものである。ダルクはスタッフ自身が薬物依存者であることを一つの特色とする自助組織で、Bさんもまた薬物依存者であることを自認している。以下の語りではそのBさんが、過去に経験した自身の「回復」への転機、すなわちターニングポイントについて語っている。それでは早速、Bさんの連続する語りをいくつかのパートに分けながら時系列順に検討していこう(6)。

3・1　嫌々参加したギャザリング

B：あのー、二〇〇五年の五月に一年のバースデー迎えてー、七月に、◯◯エリア、NA◯◯エリアのギャザリングっていうのがあってー、今回のはダルク、で、行くんですけど、海水浴二泊三日で、そのときは、NA主催、の、泊まり込みの海水浴っていうか、やっぱり場所が△△のー、なん、□□（観光地名：引用者注）、に、◯◯エリアの、メンバーが、百ー何十名、集まって、二泊三日。ミーティングしたりーなんか花火したりーおしゃべりしたり、まぁフェローシップですよね。でXダルクは、強制参加。（笑）当然、当然っていうか。俺ほんと嫌だったんですよ。ただでさえ人が怖いのにー、百何十人集まるところにーしかも、二泊三日で。地獄だなーと思ったの。逃げらんなくてー、逃げらん（笑）ないの当たり前だけど。

本章で取り上げる語りの冒頭でBさんは、薬物依存者の自助グループであるNA（Narcotics Anonymous）主催の〝ギャザリング〟と呼ばれる泊り込みのイベントが開催されたこと、そしてそれが「いつ（二〇〇五年七月に）」「どこで（とある観光地で）」開催され、そこにおいて「誰が（○○エリアのメンバーが）」「何をしたのか（フェローシップ）」というそのイベントの背景的な説明を述べたあとで、そこに参加するのが「嫌だった」という「評価」を強調しながら語っている。

つまりこの引用部では、まずこのイベントにXダルクが「強制」参加であるという語彙の選択によりその「嫌さ」がほのめかされたあとで、「俺ほんと嫌だったんですよ」とそれが直接に表明されている。そのうえで「百何十人集まるところにーしかも、二泊三日で」というギャザリングの背景的説明のなかですでになされていた記述が、「ただでさえ人が怖い」というBさんの人格的「条件」を付されながら、かつ「しかも」という接続詞により人数と時間を乗法的に接合するかたちで再度語られることにより、それが今度はBさんの「嫌さ」を強調するものになっている。そしてこうした語りの展開を経ることでBさんの「嫌」という評価は、最終的に「地獄」というものへと格上げされるに至っている。

さて、語りの冒頭で——昔話でしばしばそうされるように——ある出来事が生じた「時間」や「場所」、あるいはその「登場人物」などの背景情報を述べたり、その語りそれ自体やそれが記述する出来事を「評価」によって特徴づけたりすることは、それ以降語られる内容が「物語」であることを予告する（Goodwin, 1984; 西阪 2008; Sacks, 1974）。それぞれ、前者はBさんの語りの舞台を設定し、後者はBさんの語りの「物語性（あるいはクライマックス）」を予示することによってそうするわけだが、後者についていえばそれによって持たされた期待はのちに裏切られることになる。すなわち私たちはここで、Bさんが「嫌でしかたがなかった」経験の物語を語るだろうことを期待するが、しかし最終的にこの強調された「嫌さ」は、その後語られる内容をそれと対比的に語り聴き、そのことを通してBさんの物語の物語性をより一層高めるためのコンテクストとして機能することになる。

3・2　しかしそこで、予想外の嬉しい出来事に遭遇する

そのバンに乗っけられ乗っかって、みんなと一緒に△△まで行って。その夜、わりと大きな旅館？というかホテルですよねー全員が泊まれるぐらいの。で一階のロビーがすごい広くてー、いろんなとこにソファーだとか、置いてあったり、あのーめいめい、メンバーが、全員、その座ってしゃべったり、なんか、なん、なんかお、お菓子食べてたりー、トランプやったりーウノやってたりー、めいめい、テレビ観てね、くつろいでるんですよ。で俺はそういう場には入っていけないからー、あのー、夜、大浴場に、い、行ってー、風呂、入ってー、上がってー、そこのロビーを、通らないと部屋に帰れないんですよ。で、こう誰にも見（笑）られないようにというか気づかれないようにスーッて通り過ぎようとしたら、何人かがね、Bーって声かけてきたんだよね。

「人が怖い」というBさんの人格的な前提条件のもと、ギャザリングというイベントの「嫌さ」が強調されながら語られたあとで、ここではまずBさんの経験した出来事の時間的経過を記述するというかたちでギャザリングの説明が再開されている。ただしそれは非常に高速度で展開し、あっという間に「夜」宿

に到着したあとの、しかもそこだけやけに詳細な（粒度の高い）出来事の記述へと移っている。このことは、この夜の出来事こそがBさんの物語の主眼であることを示しているだろう（Schegloff, 2000）。そこではまず参加メンバーたち――ダルクやNAでいうところの「仲間」たち――のロビーで「くつろいでいる」様子が記述されているが、これは宿泊をともなうイベントにおいてはごくありふれた情景の記述にすぎない。

しかし事前に「人が怖い」というBさんの人格的条件が与えられていること、そのうえで仲間たちのくつろいでいる様子の記述が「座ってしゃべったり」「トランプやったりウノやってたり」といったコミュニケーションを含む具体的な活動項目によって構成されていること、これらのことによりこのありふれた情景の記述は、その直後に語られている「そういう場には入っていけないから」「誰にも……気づかれないようにスーッて通り過ぎようとした」という人が怖いBさんのカテゴリーに結びついた活動（ないし述語）（Sacks, 1972b; Watson, 1983）が生じたことを自然に理解可能にするコンテクストとして機能している。

そしてこの引用部の最後には、こうして「誰にも……気づかれないようにスーッと通り過ぎようとした」Bさんに仲間たちの何人かが声をかけてきたことが語られているが、その声がけは次の引用部において「すんごい嬉し」かったものとして「評価」されることになる。先取りして述べればその評価は3・1で事前にほのめかしておいたように、当初は「ほんと嫌」で「地獄」とまで語られていたギャザリングへのネガティブな評価を対比的に上書きすることにより、Bさんの物語の「物語性」がこの声がけから始まる一連の出来事に所在していることを示すとともに、その物語性をより一層高めるものになっている。

他方、この仲間たちの単なる声がけに「すんごい嬉しい」という強い評価が与えられていること自体にもある方法的背景があるのだが、それについてはのちに述べることにする。

3・3　仲間たちからの声がけにより、その輪のなかに入る

それでこうー振り向いたらなんか、前からかわいいなーって思ってた若いお、女のメンバーが呼んでくれて、チョコ食べるー？って。すんごい嬉しくてさ。あとー、Gさんの子ども、アサヒ、（笑）当時ねーまだー、保育園、いま中学校三年生になりましたけど。あ、あの子は、だけはなんかね、だけはっていうかさ、あの子は、その前から俺に懐いててー、俺のことが大好きだったんです。でBーBーBー、来てー来てー来てーつって、座っててーっつって、でユウナさんとかGさんとか、何人か他に仲間もいて、アサヒがBーBーって言うから、まあ（笑）アサヒとさ（笑）アサヒ、はー仲良く（笑）、アサヒとだけは仲良くできてたから（笑）、アサヒの隣に座ってさ。で神経衰弱をやろうとか言って、トランプをやろうって。でー、テーブルが透明ーなテーブルでね、こうトラ（笑）ンプを、こうなら適当に並べて、アサヒがズルしてこう下からー（笑）。ずるいよアサヒって。いいのいいのーとか言って。

Bさんは、自分は避けて通ろうとしたにもかかわらず仲間たちから声をかけられるという嬉しい出来事に遭遇した。ここではその声がけが単に「挨拶」で終わったのではなく、仲間たちの輪に入ることへの「（可能な）誘い」に展開していったことが語られている。若い女性メンバーによる「チョコ食べる？」との声がけは、Bさんにそれをシェアしている仲間たちの輪に入ることを暗に促しているだろうし(7)、

その後Gさんの息子であるアサヒも、「Bー、来てー、……座ってー」とより明示的にBさんに対して誘いをかけているからだ。

その後Bさんは、最終的に唯一仲の良かったアサヒの誘いに応じるかたちでその隣に座ったと述べることで仲間たちの輪に入れたことをほのめかしたあとで(8)、引用を交え臨場感をともなわせながらアサヒとともにトランプをした情景をより細かく描写している。このことはBさんの物語がここでついにクライマックスを迎えたことを示している(Schegloff, 2000; Stivers, 2008)。テーブルにトランプを並べ、神経衰弱をし、相手のズルを指摘するといったことは(ここでもまた)ごくありふれた情景であり、ふつうなら物語のクライマックスとしてわざわざ事細かに語るようなものではないかもしれない。しかしそれが他ならぬBさんだからこその描写は、自身の人格的背景ゆえにふだんは入っていけないような日常的な場に入れたことを証立て、その感慨を表明するという重要な意味を持っている。Bさんにとってはこうしたごくありふれた情景を語ることができること、このこと自体が決定的に重要であり、だからこそこの描写はBさんの物語のクライマックスとして、細かく語られるに値するものだったのである。

3・4　その経験が、仲間たちの前での自分のありかたを大きく変えた

そのときにねーなんかねー、すごーく嬉しくてー。なーんか、あったかいなー、って。たくさん仲間、何人も、仲間、声かけてくれて。なんか自分のこう弱いところだとか?今まで、やっぱ人に、知られたら、かっこ悪いなって思ってたような、よわ、弱みを出しても、全然こう、受け入れてくれるっていう

かさ。オッケーなんだーって。なんかそのとき、心から思えたっていうか。

アサヒとトランプをした情景を細かく描写したあと、Bさんはここで「嬉しくて」「あったかい」という仲間たちからの声がけから続く一連の出来事に対する評価を改めて語っている。そしてこの引用部ではその直後、Bさんがこうしたポジティブな評価をするに至った理由もまた述べられている。すなわちその出来事は、Bさんと仲間たちとの関係性のありかた、そしてそこにおけるBさん自身のありかたをめぐる理解を刷新させるものであったがゆえに、「嬉しくて」「あったかい」という評価を与えられることになったのである。

ここで事前に予告しておいた通り、Bさんがこのような評価をなした背景について述べていこう。Bさんがロビーでくつろぐ仲間たちを前に「誰にも……気づかれないようにスーッと通り過ぎようとした」ことは3・2で見てきた通りである。ところで私たちは、他者に対する身の振りかたを決定する際、相手と自分の関係性理解に基づきそこに付随する規範に従いながらそうしている。そしてその関係性と規範は親密さの度合いを軸に階層化されており、たとえば自殺を考えるほどの悩みを抱えたとき「親子」関係においては相談がなされるべきだが、「他人同士」の関係においては相談がなされるべきではない（Sacks, 1972a）。

ここにおいてBさんと他の参加者たちは「仲間同士」の関係にある。この関係性が親密さの階層上どのような位置を占めるかについてこの場で詳細に論じることはできないが、少なくとも「知り合い」以上の関係ではあるだろう。そうであるなら彼らには、互いを認知しあったときに少なくとも「挨拶」をするくらいの義務は生じるはずだ。Ｂさんが「気づかれないようにスーッと通り過ぎようとした」ことは、彼が相手からの認知を避けることでこの義務を回避しようとした振る舞いにほかならないが、その際に仲間たちからの声がけがあったことはこの試みが失敗に終わったことを意味している。他方、目の前のロビーでくつろぐ何人もの仲間たちをＢさんの側が認知できなかったはずはない（つまり仲間たちはＢさんが彼らを認知したうえで無視しようとしたことを認知したはずである）。

したがってＢさんはこの場面で、人が怖くそれゆえ他者と適切に接することができないという自身の言わばスティグマを、仲間たちの前にさらけだしてしまったことになる。そうであるならそれを目の当たりにした相手のほうも、ふつうならＢさんに接するのを避けるか、いいところ腫れ物に触るかのように扱うことが予想される。しかし仲間たちはそうした一般的な期待に反して、Ｂさんに対しふつうに声をかけてくれた。しかも、仲間たちを避けようとした自分に彼らが声をかけてくれたというこの個別の経験はそれにとどまることなくさらに、「人に知られたらかっこ悪いなって思ってたような弱みを出しても、全然受け入れてくれる」というしかたで、Ｂさんと仲間たちとの関係性、あるいは仲間たちの前でのＢさんのありかたをめぐる新たな理解へと向けて一般化されうるようなものだった。だからこそこの出来事はＢさんにとり、「（すごく）嬉しくて」「あったかい」ものだったのである。

３・５　その変化こそ、自分にとっての「回復」だった

もちろんそのとき一回の経験でー、変わったわけじゃないんでしょうけど、さっき言ったように。最初

の頃から似たような経験を？たーくさん経験さして、味あわせてもらってて。でもねー、感覚としては、そのー、日のー、そのときの経験で劇的に変わったんですよね。なんかね、肩の荷が降りる感じ？ああ自分らしくていいんだって心から思えて、そうなれた、かわ、変わった瞬間っていうのが、あったんですね自分で実感できたの。そんときなんかねー今まで、きついこと多かったからなんか、投げ出さなくて良かったなーと。自分にも回復っていうのが訪れたなーとお、思いましたね。回復ってこれだなーっていうね。ちゃんとクスリは止まってたけど。回復ってこれなんだなと思いましたね。ほんとに劇的に変わったんですよなんか楽になって。それまでのこう、過緊張だとか、人が怖いとかがすーっと取れた。その日を境に。まあ、多少ぶり返したりもしたけど、ほんと劇的変わったんですねその日を境に。こう仲間内でもし、自分らしくいられるようになったっていうかな、別に弱い自分でいいんだって思えるようになって、無理してこう、話一人でさー冗談を、言ったりさー、明るく話しかけたりさ。そういう、だ、何かを演じる、必要みたいなの感じなくなって、別に話したいときは話して、話したくないときは話さないし、無理に冗談思いつかないときは、冗談も言わないし、みたいな。なんか自然体でいられるようんなったっていうか自分らしくいられるようんなってーでーそれでいいんだって思えるようになったっていう。

仲間たちの声がけから続く一連の出来事においてBさんは、自己（と仲間たちとの関係性）のありかたをめぐる理解を大きく塗り替えられるような経験をした。Bさんはこの最後の長い引用部の冒頭で、「そのとき一回の経験で変わったわけじゃない」と述べ、（なぜなら）「似たような経験」をこれまでもダルクやNAにおいて数多く味あわせてもらってきたと語ることにより、今回の経験とそれがもたらした自己の変化を今度は過去に向けて一般化している。しかし他方でBさんは、この過去の似たような経験の蓄積という一般的（かつ因果的）な背景に今回もたらされた経験を位置づけながらも同時に、あるいはそのような背景を与えることで逆に、「感覚としては」という区別を設けることを通して「劇的に変わった」ことを実感した「そのときの経験」の個別性を浮き彫りにし、強調している。

そのうえでこの語りの中盤以降では、自己のありかたが「劇的に変わった」ことの内実がより詳しく説明されている。ここまで確認してきたようにBさんは、自身について「人が怖い」がゆえに他者とうまく接することができないと語っていた。逆にいえばBさんは、「冗談を言ったり」「明るく話しかけたり」といった他者との関係をうまく築くための術を行使するのが――それを「無理して」「演じる」ものと語るほど――苦手であるがゆえに、人と関わることを避け、そうした自身のありようを「人が怖い」と表現していたのだろう。

だからこそこのギャザリングでの経験がBさんに、「別に話したいときは話して、話したくないときは話さないし、無理に冗談思いつかないときは、冗談も言わない」(9) というしかたで、人との関係を築くにあたってそうした術を行使する必要などないことに気づかせ、人と関わることのハードルを大きく切り下げたとき、「人が怖いとかがすーっと取れた」と語られているのである。Bさんのそれまでの振る舞いを規定し（またそれに規定され）ていた人格的な述語が彼から取り払われ、その後は仲間たちの前で「自分らしく」「自然体でいられるようになった」のだから、それは紛れもなくBさんにとって劇的な変化だった。

そしてBさんの経験したこの劇的な変化は、引用部の中盤で「回復」としての位置を与えられている。その「回復」の概念は、「クスリが止まる」という――薬物依存からの回復として多くのひとが期待するだろう――一般的（かつ現象的）意味とは区別され、「これ」という指示語により他ならぬBさん自身の変化を直示するものとして用いられている。つまりギャザリングでの経験を語ることを通して紡がれたのは、ただ一つの経験によって、過去の人格的背景と結びついた振る舞いの「傾向性」（Ryle, 1949=1987）が別の、そして未来のそれへと差し替えられた、Bさんの人生における転機の物語であり、Bさんという一人の「薬物依存者」によって語られた、「回復」経験の物語だったのである。

4　方法の記述の社会学的可能性

最初は嫌でしかたがなかったギャザリングにおいて、Bさん自身は避けようとしたにもかかわらず仲間たちから声をかけられその輪の中に入るという予想外の嬉しい出来事に遭遇し、その経験が自身のありかたを大きく変え、Bさんに「回復」をもたらした――ここまで検討してきた語りの内容は、おおまかにはこのような転機の物語として理解できるだろう。そしてこれは、調査者である私（たち）がインタビューで当の語りを聴き取っている、まさにそのさなかでも理解できたことである。同時に、引用された語りの読者も難なくそれを理解できることだろう。

本章ではこうしたあらかじめの理解を手引きとしながら、その理解を支える「方法」に向けBさんの語りを辿りなおしてきた。この作業を通してさらに「分かった」ことをやや強引にまとめるなら次のようになるだろう。すなわち、自身の経験の個別性を強調しながらもその個別の経験によって新たな自己（と仲間たちとの関係性）理解という一般的なものが得られたとする個別性と一般性の往復操作と、「人が怖い」という自己の人格的背景を軸に物語を組み立てながらも最終的にそれが取り払われたことを同じ物語のクライマックスに位置づける自己記述の操作が、Bさんの転機の物語の理解可能性を支えていたということである。しかしそれ以上にここで最後に強調しておきたいのは、こうした「方法」の記述が持つ社会学的な可能性についてである。

語りそのものの理解可能性は、インタビューのやりとりを形づくり進行させることを通して語り手と聴き手（および読者）を結び合わせる間主観的な現象である。ゆえにその理解を可能にする条件を、それを支える方法に向けて辿りなおしていくという記述のありかたは、社会の可能性条件を探る一つの社会学的記述でありうる。そして重要なのはこの方法の記述が、語りそのものが持つ資源のみによって与えられているということだ。

そこでは事実性の検証やパターン化の操作も必要としなければ、研究者の視点の差し替えや文脈化の作業も必要としない。だから本章が示してきた記述のありかたは桜井の言う――しかし現在の対話的構築主義が結果としてそこから離れてしまったように見える――「個人の口述の語りをそれ自体として信頼できるデータとして提示」するための一つの記述方針たりえているのである。

それだけではない。私たちは人生をめぐる自己語りを聴き取ることを通して、それを語る人の「いま」を形づくってきた経験の来歴について知ることができる。そしてその語りを紡ぐ方法に記述が与えられるなら、その語りにはより明確な輪郭が与えられ、それを語った人の経験の編成を見通すことができるようになる（前田 2012）。

私たちはBさんの人生における転機の物語の分析を通して、その生きづらさがどうやって取り払われたのかを当初よりも明確に知ることができたはずだ。そうであるならそのことは、Bさんと同様の生きづらさを抱えた人びと――そうした人は少なくだろう――にも、あるいはその人を支援する人びとにも、重要な示唆を与える可能性を有している。語りの理解可能性を方法に向けて辿りなおす記述のいとなみはその意味でも、他者へとつながっている。

推薦文献

西阪仰 2008「物語を語ること」『分散する身体――エスノメソドロジー的相互行為分析の展開』勁草書房：348-381.

Sacks, H., 1974, "An Analysis of the Course of a Joke's Telling in Conversation," J. Sherzer & R. Bauman eds., *Explorations in the Ethnography of Speaking*, London: Cambridge University Press, 337-353.

Watson, D.R. & T.S.Weinberg, 1982, "Interviews and the Interactional Construction of Accounts of Homosexual Identity," *Social Analysis*, 11: 56-77.

付記　本章は科学研究費補助金「薬物依存者の『社会復帰』に関するミクロ社会学的研究」（研究課題番号：25380698 研究代表者：南保輔）の助成を受けた成果の一部である。

注

（1）たとえば足立（2003）、鶴田・小宮（2007）、蘭（2009）、朴（2011）、岸（2015）など。

（2）石川・西倉は前掲書（桜井・石川 2015）においてだけでなく、各所で「対話的構築主義の批判的継承」に関わる仕事をしてきている（石川 2010, 2012; 西倉 2010, 2015a など）。

（3）「石川良子も同様に、この（読者を含んだ：引用者注）三者関係に着目して調査者の経験を自己言及的に記述することを意義づけている（石川 2012）」（石川・西倉 2015: 12）。

（4）ただし石川については、自身の記述について「解釈」という語の使用を控えているように見える。しかしここで問題にしたいのは「解釈」という名前のほうではなく、データに特定の視点を当てはめたり文脈情報を付加したりといった操作それ自体のほうである。

（5）石川は一方で、語りの文脈化作業によっては「当時の時代的・社会的状況を描き出す」ことにもつながるとも述べているが（石川 2015: 243）、この主張にしても、それがいわゆる「解釈」の作業以上のことを含意しているようには受け取ることができない。

（6）これ以上の「文脈」情報を書き込むことは、ここでは差し控えておきたい。本章では語りそのものから分かることに焦点を当てたいからである（そうした文脈情報については南・中村・相良編（2018）を参照）。ただ一点注意書きめいたことをつけ加えておくなら、本章で検討するインタビュー・データには調査者の「質問」が一切登場しない。しかしそれはBさんが「問わず語り」のごとく語りを紡いでくれた結果であり、意図的にデータから消去したものでは決してない。他方でインタビューの場で調査協力者が語ったことを理解し、また分析することにおいて調査者の質問がきわめて重要な資源であることに疑いはない。

（7）ある相互行為の場で共有されているものごとを第三者にも共有可能なものとして提示することは、その人物に対するその場への「誘い」でありうる（Sacks, 1992: 300-305）。

（8）ここで詳細に論じている余裕はないが、アサヒだけがBさんと「仲良かった」ことは（それが「懐いてて」とも表現されているように）彼に「保育園（児）」という「人生段階」集合のカテゴリーが割り当てられていることと深く関わっているように思われる。

（9）これらは、先に「仲間たちを避けて通ろうとした」という個別の振る舞いが「弱み」という包括的なカテゴリーへと一般化されていたことにより、それを旋回軸として取り上げることが可能となったその「弱み」の下位カテゴリーに属しうる行為群である。

研究コラム　エスノメソドロジー

小宮　友根

エスノメソドロジーの誕生

エスノメソドロジーという奇妙な名前の社会学研究を創始したのは、ハロルド・ガーフィンケルというアメリカの社会学者である。ハーバード大博士課程在学時、かのタルコット・パーソンズのもとで学んだガーフィンケルは、「社会秩序はいかにして可能か」というパーソンズの問いを引き受けるなかで、独自の答えに辿り着いていった。

ガーフィンケルが注目したのは、人々がおこなう活動が文脈に応じた理解可能性を持つことだった。たとえば「すみません」という表現は「謝罪」にも「呼びかけ」にも用いられるけれど、私たちは通常それがどちらなのか迷うことはない。それは、ある表現をいつどのように用いるかについての「人々の方法論」があるからだ。この「人々の方法論」に注目することで、ガーフィンケルは文脈に依存しない「厳密な」合理性を人々に帰属して社会秩序を説明する試みから決別し、人々が日々の生活の中で自分や他人がおこなう活動を理解するためにその都度用いている「方法論」の探究――エスノメソドロジー（Ethnomethodology; 以下ＥＭ）――へと辿り着いたのである（ガーフィンケルほか 1987）。

会話分析の展開

ガーフィンケルのアイデアは、それに影響を受けた研究者たちによって多くの研究を産み出すことになるが、とりわけガーフィンケルとハーヴィ・サックスの出会いは特筆すべきものである。というのも、サックスは現在「会話分析」と呼ばれている、ＥＭ研究にとって非常に重要な研究領域を切り拓いた人物だからである（Sacks, 1992）。

サックスは、ガーフィンケルとともにロサンゼルス自殺防止センターで研究していた際、センターにかかってくる相談の電話を録音し、その分析に取り組んでいた。その中でサックスは、言葉のやりとりが実に精巧な方法論によって成立していることに気づく。口頭で言葉を交わすとき、一度に話せるのは基本的に一人だから、会話参加者たちは希少資源としての時間の配分を気にかけながら順々に話す（順番交替の規則）。

特定のタイプの行為（たとえば質問）の後には、特定のタイプの行為（たとえば答え）をすることが適切になる（行為連鎖の規則）。発言をとおして特定のタイプの行為をするための、発言のデザインの仕方がある（行為の編成）。会話参加者たちはこうした方法論を、自分が何者で、なぜ自殺防止センターに電話をかけたのかを理解可能にするために用いていた。サックスは、その方法論の探究へと向かうことで、いわば「会話」という活動のEM研究を開始したのである。

サックス自身は不幸にも交通事故で夭逝してしまうが、「会話」の秩序だった特性に対する彼の眼差しは、彼の同僚や教え子たち、とりわけエマニュエル・シェグロフとゲイル・ジェファーソンによって「会話分析」という研究領域として確立され、いまやEM研究を超えた広がりを持つようになっている。

自己語りとEM

さて、会話の中で私たちは「自己語り」をおこなうことがある。それは思い出話かもしれないし、自慢話かもしれないし、研究者に語るよう促された話かもしれない。いずれにせよ、それらの語りは、口頭で言葉を交わすという文脈上の制約のもとでおこなわれるほかない。すなわち、順番交替や行為連鎖の規則、行為編成のための発言のデザインなどを気にかけながらおこなわれるほかない。だから逆に言えば、そうしたことがらをどのような方法で遂行するかということは、その語りがどんな語りであるのかについての語り手と聞き手の理解を示しているはずだ。

ここから、EM研究にとって「自己語り」がどのような点で興味深い研究対象であるのかが見えてくる。それは必ずしも、貴重な情報が語られていたり、語り手が社会的に重要なアイデンティティを持っていたりするからではない。そうではなくむしろ、語られたことが「貴重な情報」であることや、語り手が特定のアイデンティティを持つということそれ自体が、その語りという固有の文脈のもとで特定の活動を遂行するために用いられる方法論のうちに、その活動への参加者たち自身に理解可能なかたちで具現しているということ、このことがそれ自体として興味深い現象なのである。EM研究にとって「自己語り」の研究が社会の探究となるのは、とりもなおさず、その語りという文脈もまた社会の一部だという端的な理由からにほかならない。

第10章　「ペドファイルである」という問題経験の語り

――英語圏での言説のせめぎあいをめぐって

湯川　やよい

1　あるペドファイル（小児性愛者）男性の語りとそれに対する批判

二〇一五年九月、アメリカの左派系ウェブ誌Salonに、ペドファイル（小児性愛者）を自認するトッド・ニッカーソンの手記（Nickerson, 2015）が掲載された(1)。厳密な定義はさておき、ここでは、子ども（特に思春期を迎える以前の子ども）に対して性的な関心を向ける人々のことを、ペドファイル（pedophile）と呼ぶことにする。彼の語る生きづらさは、主にインターネット上で参照、拡散され、一定の反響を呼んだ。その数日後、フェミニストライターのアリセン・グレイは、カナダのウェブサイトFeminist Current上で、この記事に対する厳しい批判を展開した（Grey, 2015）。以下は、その二つの記事からの抜粋である(2)。

【引用①：ニッカーソンの手記】

a：私はペドファイル（小児性愛者）です。……でも、私はあなたが思っているようなモンスターではありません。私はこれまでに一度も子どもへの性的な接触を行ったことはないし、今後の人生においても絶対行うつもりはありません。……（Nickerson, 2015, para.2）／

b：多くのゲイ男性は思春期前後かそれ以前に自分の性的好み（preference）を自覚し始めますが、私も同じように［子どもを好むことに］気づきました。……（para.4）／

c：私は傍目にはきわめて正常に見えたかもしれませんが、「きちんとした大人」になり「正常」になるという未来の見通し――つまり、きちんとした仕事につき、彼女を見つけ、結婚して家族をもたねばという見通し――に怯え、心の中で泣き叫んでいました。……（para.14）／

d：人生の暗黒期に、不健全なペドファイルたちの集まりに出会いました。……その集まりで発言力のある人の大半は接触賛成派、つまり子どもとの性行為が理論上は許されると考え、性交同意年齢を定める法律の撤廃に賛同していました。……そんな馬鹿げた考えを支持する人たちであっても、その時の私は、自分と同じ性的指向（orientation）をもつ友人を心の底から欲していたのです。でも、彼らの主張を受け入れることはどうしてもできませんでした。（para.16）／

e：［当事者支援団体］「善良なペドファイル（Virtuous Pedophiles）」は、私の人生の救世主となりました。……（para.20）

【引用②：グレイによる批判】

a：ペドファイルの大多数は男性です……欲望を実行することを選んだペドファイルの犠牲になる多くは、女の子です。……（Grey, 2015, para.2）／

b：私たちの文化の総体とセクシュアリティへの理解は、ペドファイル的な欲望と思われるものをめぐり構築されていると言いたいです……（para.3）／

c：「従順さ、若さ、華奢な身体、処理された体毛、処女膜の残存など、ペドファイル以外の一般的男性が成人女性の魅力として期待・賞賛する」こうした特徴とは……「結局のところ赤ん坊や幼児を描写したものだと思わずにいられるものでしょうか」。（para. 10）／

d：あなたはモンスターなんかではない。あなたは男です。どこにでもいる普通の男（common man）なのです。家父長制においてもっともありふれた性的倒錯のわかりやすい表出にすぎないのです。あなたは特別ではなく、異常でもない。孤独な存在などであるはずがない。……（para.12）

さて、あなたは、何を感じただろうか。二人のうちいずれかの言葉に驚いたり、共感したり、逆に反発や疑問を抱いたりしただろうか。あるいは、「耳を傾ける価値のある話」と「まともに聴く気にはなれない話」を直感的に選り分けたりしただろうか。それとも、どちらの言葉にも関心をそそられずこのページを閉じようとしているだろうか。おそらく読み手によって反応はさまざまだろう。だが、いずれの場合でも、そこには、ペドファイルをめぐり〈わたしたち〉が行ういくつもの見えない線引きが、浮かび上がってくる。

2　社会問題に至らない「問題経験」の語り

このように、ある人が何らかの困難を「問題」として語るとき、その語りの正当性をめぐって人々からさまざまな感情や意見が出され、異なる言説が互いにせめぎあう事態が生じる。こうしたせめぎあいを考察する際、「問題経験の社会学」（草柳 2004）という視点が役にたつ。

たとえば、夫に殴られる妻、学校でからかいを受ける同性愛の子どもなど、かつて「当たり前」と思われていた名前のないさまざまな生きづらさは、その経験を言語化し状況の改善を求める人々のクレイム申し立て活動を通じて、社会全体が耳を傾けよりそう必要のある語りと認められるようになり、社会問題化されていく。つまり、社会問題の構成とは、ある人が「何かがおかしい」と感じた経験がその社会に適合する形態、方法、論理を用いた語りとして紡ぎ出され、それが日常会話、メディア報道、法、医療、学術研究など、社会のさまざまな領域で広く受容されていくプロセスといえる。

一方、草柳千早は、社会問題化のプロセスに十分に接続されない漠然とした違和感や曖昧な生きづらさに注目し、それを「問題経験」と呼ぶ（草柳 2004）。社会問題化に至らない（あるいは社会問題化の達成程度が低い）問題経験は、言語化以前の状況に留まったり、仮に語られたとしてもその社会で広く受容・共有される作法や論理を伴わず、個人的問題として不可視化され続けることになる。この問題経験と社会問題との線引きは、決して固定化されたものではなく、特定の地域、文脈、時代状況によってつねに揺れ動くものと考えられる。そして、こうした文脈の多様性や線引きの流動性そのものが、社会学的考察の対象となる。

現代の先進諸国でペドファイルが経験する生きづらさは、流動的で曖昧な問題経験群のなかでも、特にその扱い方が難しいテーマのひとつといえる（3）。読者の多くは、ペドファイルとしての生きづらさを語るニッカーソンの言葉が、かつての「殴られる妻」や「からかいを受ける同性愛の子ども」の言葉と同じように社会的に受容されるプロセスを想定したとき、そこに何らかのとまどいを感じるのではないだろうか。しかし同時に、彼の問題経験が正当な社会問題として扱われるのに値しないものだと断言し耳を塞ぐことにもまた、何らかのためらいを感じるかもしれない。筆者自身も、そうした感覚の両方を抱きつつ、このテーマを論じている。

筆者は、日本国内で生活するペドファイル当事者やその関係者（成人パートナー、友人など）に対する聞き取りを行い、語られた言葉からその人生・生活を記述したり解釈したりすることを試みてきた（湯川 2016）。調査対象としてきたのは、ニッカーソンのような人々——子どもを主たる性的欲望の対象とするが実際に子どもへの直接的な性加害を行った経験のない「非触法ペドファイル non-offending pedophile」（4）——である。管見の限り、現在日本国内で公開されたペドファイル当事者団体はない。また、事例数は少ないもののこれまでの聞き取りからは、インターネット等を通じた当事者同士のインフォーマルな自助ネットワーキングも、必ずしも発達しているわけではない現状がうかがえる。

一方、ペドファイルにかんするメディア報道が多い英語圏の言説空間では、新旧さまざまな当事者団体が存在し、近年では冒頭で取り上げたようなウェブ上でのカミングアウトや一部の当事者団体によるロビー活動、それに対する批判など、新しい展開も見られる。今後、日本国内の状況にかんする調査を進める上でも、ここで一度、英語圏での言説状況について考察しておく必要があるだろう。

そこで、この論文では、「ペドファイルである」という問題経験をめぐり、英語圏においてどのような社会的、学術的言説状況が展開されているのかを検討したい。具体的には、先にあげたニッカーソンの手記とそれに対するグレイの反論を事例に、(1)これまで英語圏においてペドファイルがどのように語られてきて、それに対して当事者からどのようなクレイム申し立てがなされているのか（3節）、(2)ペドファイルの問題経験が社会問題として構成されようとするとき、それに対してどのような反論と擁護がなされ、その中にはどのような課題や論点が埋め込まれているのか（4節）を検討する。なお、4節の考察では、筆者自身が行った日本国内の調査から得られた知見も補足的に参照している。その後、3、4節での考察内容を「自己語り」という観点から振り返り、まとめにかえる（5節）。

3　ペドファイル問題の語られ方——ドミナント・ストーリーへのクレイム申し立て

ニッカーソンの問題経験は、明確にその社会問題化を企図するクレイム申し立てとして語られている点で、特徴的である。というのは、この記事がペドファイル当事者同士の交流や支援を目的とする媒体ではなく、一般向けのウェブ誌に掲載されているからだ。彼は一般読者に向けて、「私はあなたが思っているようなモンスターではない」（引用①－a）と訴える。この発言は、「ペドファイル＝モンスター（子どもに性的加害を加える異常で危険な悪人）」の言説が疑われることのない常識として広く流通している、という前提を示している。つまり、一般に信じられてきたドミナント・ストーリー（White & Epston,

1990=2017）に対して、ニッカーソンは異議を唱えているのだ。

3・1　ドミナント・ストーリー──ペドファイルは子どもに性的加害を行う犯罪者である

そこで、まず、「ペドファイルである」ことがどのように語られたり、定義づけられたりしているのか確認しておこう。ペドファイルは精神疾患の診断・統計マニュアル（Diagnostic and Statistical Manual of Mental Disorders: DSM）などで医学的に定義され、医学、法学、心理学など多様な領域で研究されてきた(5)。だが、ペドファイル研究をリードするマイケル・シートー（Seto, 2008）によれば、その大多数は、子どもへの性犯罪加害を行った者（child sex offender: CSO）のみを対象に行われている点で、大きな偏りがある。こうした偏りは、ペドファイルをCSOと同一視し「モンスター」とみなす世間一般の誤ったイメージと重なっている。しかし、実際には、報告された子どもへの性犯罪加害のうち小児性愛傾向をもつ者による犯行は30〜50％程度であり、残りの半数以上はペドファイルではない人々による犯行である（Seto, 2008）。そのため、Seto（2008）をはじめとする近年の研究は、CSO（性犯罪加害経験を示す概念）とペドファイル（性的関心・欲望の対象を示す概念）を明確に区別して取り扱っている。

ただ、報告された被害の半数近くは小児性愛傾向のある人々による犯行であることもまた事実であり、その一方で、全ペドファイル人口の中で触法ペドファイルが占める割合は明らかにされていない（Seto 2008）。言いかえれば、ペドファイルは日ごろは「見えない」状態にあり、彼らが触法行為を犯しCSOになった場合にはじめて、その存在が社会的に可視化されるといえる。

3・2　オルタナティヴな語り——ペドファイルはマジョリティと異なる性的指向をもつ人々である

ニッカーソンの語りは、このような高度に不可視化された非触法ペドファイル当事者として、世間の常識とは違うオルタナティヴ・ストーリー（White & Epston, 1990=2017）を提示しようとする。

幼少期から中年に至るまでの半生を語るニッカーソンのライフストーリーの中で登場するエピソードの多くは、性的マイノリティ、特に男性同性愛者が語る経験と類似している。たとえば、思春期かそれ以前に周囲とは異なる性的傾向に自然と気づいたという語り（引用①－b）、「普通」とみなされないセクシュアリティが露見するのを恐れ、一見「正常」であるかのように装うパッシングを続けつつも精神的には孤立し、標準的なライフコースのなかに自分の未来を見出すことができず長く悩み苦しんだという青年期のエピソード（引用①－c）、肯定的なロールモデルを欠いた状態で孤軍奮闘した末に、自分と同じセクシュアリティの当事者が集まるコミュニティと出会い、それが人生の好転する契機となったというストーリー展開（引用①－d、e）は、いずれも同性愛者解放運動・研究のなかで頻繁に記述されてきたものである（Curtis ed., 1988; Herdt ed., 1989 など）。

エピソードを語る際にニッカーソンが用いる語彙やレトリックにも、同性愛者解放運動のなかで生まれた言説との関連が見られる。たとえば、「性的指向 orientation」という概念は、同性愛者解放の歴史において重要な役割を果たしてきた(6)。ニッカーソンは、一般的に性的な好みを表現する際に使われる「嗜好 preference」に加えて「性的指向」という表現もとりまぜながら、自身のセクシュアリティを説明する（引用①－b、d）。また、「多くのゲイ男性が気づくのと同じ」年頃に女児を好む傾向を自覚した（引用①－b）という説明の仕方には、より明確に同性愛者の経験との重なりが示唆されている。

これらの類似性は、実際にペドファイルがその成長過程で経験する困難の多くが同性愛者のそれと共通している側面と、同性愛者差別の社会問題化を通じて広く流通するようになった語りのレトリックが参照されている可能性の両面から解釈することができるだろう。いずれにせよ、同性愛という性的マイノリティとの類似性に言及することによって、ニッカーソンの語りは、子どもに性的関心をもつ傾向そのものが「問題」なのではなく、マジョリティと異なる性的指向がスティグマ化される社会に生きることで「問題」（生きづらさ）が生じる、というクレイムの構図を浮かび上がらせる。

3・3 クレイム申し立て活動の歴史と展開

実は、同性愛者解放運動との関わりの中でペドファイルが語られる言説そのものは、さほど新しいものではない。北米圏では一九五〇年代以降、たびたび「子どもの保護」が「性に対するヒステリー」（大衆のパニック）をもたらす主要な言説レトリックとして動員されており、その際に、「ペドファイル」と「同性愛」は共にCSOと同一視され攻撃の対象とされてきた（Rubin, 1984=1997: 96-98）(7)。こうした歴史の過程で、黎明期の同性愛者解放運動の一部が、各地で短期間ペドファイル当事者による運動と協調した時期があったことも報告されている。だが、両者の活動はその後、明確に切り離されることになる（Gamson, 1997; Sandfort, 1987; de Castella & Heyden, 2014など）。もちろん、同性愛に対する差別は現在も根強く残る。だが、かつては「名前のない問題」であった同性愛者の問題経験は、社会問題として広く共有され、DSMからの「同性愛」項目削除、米国連邦最高裁判所の同性婚合憲判断など、この数十年での大規模な社会変革を達成した。性的マイノリティをありのままに認めエンパワーする語りは、英語圏社会において主流化し（清水 2013: 318）、社会的に受容された力のある言説のひとつとなっている。それに対して、ペドファイルをCSOと同一視し嫌悪する言説は今なお圧倒的に支配的（dominant）であり、ペドファイルは医学的にも「性的倒錯」の病理（American Psychiatric Association, 2013）とされている。

ペドファイルの社会問題化が失敗した背景には、当然のことながら、対等な成人同性間の関わりである同性愛と、非対称な力関係にある成人―子ども間の関わりを同列には扱えないという問題がある。

NAMBLA（North American Men/Boy Love Association: 一九七八年設立）などに代表される当事者団体は、既存社会での年齢差別 ageism を批判し、未成年者との「合意」に基づく自由な性愛・恋愛を行う権利を保障する法改正を求めてきた(8)。だが、こうした「権利のレトリック」を用いたクレイム申し立ては、一般に、不当な差別により毀損された少数者の尊厳を回復させることが社会全体の利益を拡大するという発想や、進歩主義を前提としている（Ibarra & Kitsuse, 1993=2000: 70-71）。それに対して、子どもとの性交渉を求めるNAMBLA型のクレイムは、子どもの健全な育成・保護を社会益と考える一般的理解と完全に対立する。また、その主張は、近代国家の人権思想のもと進められてきた子どもの権利保障とも逆行する。NAMBLA型のクレイムが人々の理解を得られるはずもなかったことは、想像に難くないだろう。

3・4　新しいバリエーション――「善良なペドファイル」というレトリック

一方、ニッカーソンの語りは、こうしたNAMBLA型のクレイムとは異なる新しいクレイム申し立てのバリエーションを示している。彼は、非触法ペドファイルを、「接触賛成派 pro- contacters」（子どもへの性的接触を肯定・容認したり、欲望を合法的に実行するために法改正を望む人々）と「接触反対派anti-contacters」（子どもを傷つけず、禁欲的に生きる人々）に区分する新しいレトリックを導入した上で、自身を後者に分類する（Nickerson, 2015, para. 16, 19）。彼は、子どもとの性交渉の実現を望むことを「不健全」「馬鹿げた考え」と一蹴し、全く理解できず共感しがたいものだと明確に拒否する（引用①－d）。そして、接触反対派は、子どもを傷つけずに「まっとうupright」に生きたいと考えるからこそ、「倫理的なやり方では決して完全には現実化できない」思慕や欲望を抱える自らの「不運」に苦悩するのだと語り（Nickerson, 2015, para. 23）、自分たちが正しく良い考えをもつことを強調している。

良い考えをもつ接触反対派のペドファイルとは、ニッカーソンが「人生の救世主」と呼ぶ当事者団体Virtuous Pedophiles（善良なペドファイル VirPed）に代表される立場である（引用①－e）。VirPedは二〇一二年、別の当事者団体B4U－ACT（二〇〇三年設立）から分派して作られた。B4U－ACTが、ペドファイルの脱病理化を目標にDSMの改訂要求など活発な政治活動を行ってきたのとは異なり、VirPedは主にインターネットベースでの自助活動を支援している。その最大の特徴は、成人－子ども間の性的接触はいかなる場合も子どもへの害悪になると明言する点にある。そのため、この団体において「子どもの安全確保」は「最優先の課題」とされる(9)。彼らは、当事者に対して子どもとの一切の性的接触を禁止し、誘惑を避け、犯罪を犯さぬよう自らの行動をコントロールする必要性を呼びかけている。

ニッカーソンはその半生を語り終わった後、次のように読者に呼びかける。

……どうか私たちを理解しよりそって（supportive）ほしいのです。私がみなさんに望むのは、ただそれだけです……私たちが加害行為をすることなくうまくやっていくには、みなさんの助けが必要なのです（Nickerson, 2015, para.25）。

VirPed 型の新しいクレイムは、NAMBLA型のクレイムとは異なり、子どもの権利とトレードオフとなるような権利要求を行わない。子どもは性的自己決定において大人同様の判断能力を有していないという常識や、だからこそ子どもを性的利用・搾取から守らなければならないとする社会一般の常識に対しても反論しない。むしろ、ペドファイルもその社会的常識を共有していると強調することにより、自らを「マジョリティとは違う危険なモンスター」から「マジョリティと同じ道徳性を備えた善良な人々」のカテゴリーに振り分け直すことを求めている。

4　非触法ペドファイルの語り――どのように聴かれ、受け止められるのか

このように、一定の論理と道徳性を備えたクレイム申し立てが発信されたとき、それを耳にする人々は、それに同意するか、そうでないならばそれに同調しないための「それ相当の理由」をもつ必要がある（Ibarra & Kitsuse, 1993=2000: 77）。

4・1　カウンタークレイムとしての「男性／女性」問題

しばしば、ペドファイルの社会問題化に反対するカウンタークレイムは、保守派層から発信される。そ

の多くは、人工中絶の自由化や同性婚などすでに社会問題化されているジェンダー問題へのバックラッシュ言説と一体化し、展開される。保守派の言説は、伝統的な異性愛家族規範から外れるあらゆる人々は今後も認められるべきではないと主張するが、ペドファイルが既存の社会規範のなかで周辺的存在でありスティグマ化されているという当事者の現状認識そのものは、否定しない(10)。

これに対して、フェミニズムの媒体に掲載されたグレイのカウンタークレイム(引用②)は、ペドファイルは周辺化も排除もされておらず、むしろマジョリティとして社会の中心にいると主張する点で、特徴的である。グレイは、ペドファイルの多くが男性でありその対象の多くが女児であると述べた上(引用②-a)、「このことは、あなたが読者に対して隠しておくには重篤すぎる事柄なのではないでしょうか?」(Grey, 2015, para. 1)と、ニッカーソンの誠実さを疑問視する。

彼女は、「モンスターか、尊重すべき少数派の性的指向の一つか」というリアリティ定義をめぐるせめぎあいそのものがミスリードであり、その背後により本質的な社会問題――「男性/女性」の権力構造が隠されていると述べる。グレイによれば、「男性」の権力による「女性」支配(「家父長制」)が行われる社会は、「ペドファイル的な欲望」を含めた「男性」の性的倒錯にきわめて寛容であり、「女性」を子どもと同様に客体化し無力化させているという(引用②-b、c)。こうした「男性/女性」カテゴリーを採用するグレイのカウンタークレイムは、ペドファイルを既存社会での支配的マジョリティ(「普通の男」)というカテゴリーへと振り分け直すことを提案している(引用②-d)。

4・2　非触法ペドファイルの語りに見られる多様性

問題経験の社会学を論じた草柳（2004: 127-158）が示すように、ある社会問題の構築過程（あるいは構築されなかった過程）に注目する研究は、それぞれのクレイム申し立ての内容や実態にかんする解釈・評価からは距離をとり、そのレトリックの分析に焦点化することが多い。それは、構築主義の社会学として誠実な学問姿勢である。ただ、筆者は今後、日本国内の非触法ペドファイル当事者たちの多様な語りにどのように向き合えるかを考えるためには、厳密な方法論的探究に限定されない考察も必要と考え、諸言説の検討を行ってきた。ここでは特に、グレイの議論に埋め込まれた意義と問題点について、これまでの国内調査から得られた知見も参照しながら、筆者の解釈を述べておきたい。

ニッカーソンの事例に見られるように、英語圏のペドファイル当事者団体に関わる人々の語りには、しばしば若年同性愛者のそれと類似する部分がある。日本の両性愛指向ペドファイル男性の語りにも、その特徴が見られた（湯川 2016: 419-421）。だが、筆者が話を聞いてきた異性愛ペドファイル男性の中には、これとは全く異なる語り方をする人たちもいた。紙幅の関係から分析の詳細は別途稿を改めて論じるが、たとえばある異性愛指向ペドファイル男性(11)は、学齢期にペドファイルではない異性愛男性たちとの間で、女性を客体化し同性愛を否定するホモソーシャルな友情を築いた経験を語る。友人集団内部で彼は小児性愛を隠さずに開示しているが、それを理由に仲間たちから排除されてはいない。むしろ彼は、友人集団内部では自分の周辺性をほとんど意識することのないままマジョリティの一員として学齢期・青年期を楽しく過ごしたことを語る。こうした語りを読み解く際、男性中心社会では幼女への欲望も許容されやすいと主張するグレイの議論は、重要な分析視点となるはずだ。

しかし、若年期は問題を感じない異性愛ペドファイルたちも、ライフステージがあがる過程では異性愛家族規範においてより周辺化されるかもしれない。また、異性愛指向であっても別のケース（12）では、犯罪報道の中で描かれるCSOの暴力性と自分自身を重ね合わせて強い自己否定と混乱に陥り、学齢期に自殺企図を繰り返した経緯を語るペドファイル男性もいる。

こうした経験の多様性をとらえようとするとき、「男性」を一枚岩に見て、その権力性を論拠としてペドファイルの生きづらさを否定するグレイの結論は、同性愛者の経験とペドファイルのそれとの共通性を絶対視しないという点で有用な示唆を含むとしても、あまりに雑駁といわざるを得ない。この問題は、すでにRubin（1984=1997）が一部のフェミニズムについて三〇年前に指摘した古典的陥穽にもつながる。さらに、「女性」に潜在的被害者性を割りあて、「男性」とCSOの加害性を単線的に結びつけるグレイの議論は、男児の性暴力被害経験を矮小化したり、女性CSOの加害を不可視化させる既存のジェンダー構造（Gartner, [1999] 2003=2005; Berendzen & Palmer, 1993）を下支えしてしまう。

4・3　「善良なペドファイル」の語りが示す可能性と課題

このように、異なる立場からの複数の言説がせめぎあうなか、ペドファイルの問題経験は、今後、社会問題としてより広く共有されうるのだろうか。この問いは現在進行形の観察課題である。ただ、仮に社会問題化が進むとすれば、それはどのように展開しうるのか、ヒントを探ることはできる。

VirPedは、「あなたの息子もペドファイルでありうる」（13）可能性に言及し、若年ペドファイルの脱スティグマ化が、子どもをもつすべての非当事者にとって注目に値する問題であることを示そうとする。そこでは、「子どもの保護」というペドファイル排除のために強力に機能してきたレトリックが、若年ペドファイルへの理解を促す目的で用いられている。『ニューヨーク・タイムズ』等大手メディアがVirPedの活動を紹介したことからもうかがえるように（Kaplan, 2014）、善良なペドファイルの発達・社会化支援という切り口は、社会問題化を促す現実的な可能性の一つとなるのかもしれない。

また、最近では、子どもの性被害防止を目的に活動する福祉・臨床関係者の立ち位置から、非触法ペドファイルへのよりそいを求める当事者言説に同調する議論が生まれ始めている（Shields, et al., 2015）。「善良なペドファイル」が悩みを相談し支援を受けられる福祉、医療体制を整えることが、彼らのCSO化を防ぎ、結果として被害の未然防止につながるという論理もまた、「子どもの保護」というレトリックのもと、その社会問題化を後押しする可能性があるだろう。

だが、こうした問題化の方向性には、ある種のジレンマも含まれている。「善良さ」のレトリックはペドファイルの可視化を促す一方で、その脱スティグマ化を阻む可能性もあるからだ。「善良なペドファイルは道徳観をもち自己をコントロールするのでCSOとは全く異なる」というVirPed型のクレイムは、過去の加害経験がない事実を示すだけでは十分でなく、「善良なペドファイルはこの先もCSOにはならない」という未来に向けたパフォーマティヴな宣言を伴うことによって、成立する。一方で、「善良なペドファイル」が自己の欲望をコントロールする必要性を強調し、触法行為に陥らないための理解、支援が不可欠だと主張することは、「善良なペドファイル」が実は脆弱で曖昧なカテゴリーであると示すことになる。「善良なペドファイル」が「CSO」へとたやすく越境しうる蓋然性の高さが露呈するからこそ、当事者以外の人々は不可視化された非触法ペドファイルに関心を向けるようになるかもしれない。だが、そのことは、必ずしもペドファイルを「潜在的CSO」と見るスティグマからの解放を意味せず、彼らの存在は依然として〈わたしたち〉から他者化され続けることになる。このジレンマが、社会問題化のプロセスのなかでどのように調整されうるかは、注目すべき課題の一つといえるだろう。

5 「ペドファイルである」という自己を語る難しさ

最後に、本章で論じたペドファイルの事例が「自己語りの社会学」という本書のテーマに照らしどのように位置づけられるのかを、浅野（2001）の議論に拠りつつ確認し、若干の考察を補足したい。

浅野智彦は、人が過去のたくさんの経験の中から何らかの基準にそって一定のエピソードのみを選び出し、過去から現在という時間軸の中で一貫した物語として語ることについて次のようにまとめている。物語ることでつくられる自己は、単に語り手から一方的に発信されるだけでは完成せず、聞き手（他者）が納得してその物語を受け入れることではじめて、共有された現実となる（浅野 2001:11）。言いかえれば、現在の自分の視点で過去の自分を振り返りながら自分自身の物語を紡ぐこと（自己の構成）は、必ずいまつくられている物語とは別の物語がありうる可能性や語りの内部に埋め込まれた論理的矛盾を密かに前提としていて、それにもかかわらず、それらの矛盾を見えなくする正当化（隠蔽のプロセス）を伴う（浅野 2001: 63-65）。2節で論じた「問題経験の語り」とは、「生きづらさ」という観点から構成される自己物語の一つといえる。そして、「社会問題に至らない問題経験」の語りとは、聞き手を十分に納得させる正当化が不十分な状況、つまり、語りを通じた自己の構成＝隠蔽が不十分な状態ともいえるだろう。

この自己の構成＝隠蔽過程を、ペドファイルをめぐる言説のせめぎあいの中に確認することができる。

3節では、非触法ペドファイル当事者が、従来のドミナント・ストーリーとは別様の観点から新たな自己の物語（「生きづらさ」の物語）を生み出し、「善良なマイノリティ」としての自己の再構成を試みるプロセスを記述した。4節前半では、一部フェミニズムからの反論により物語の正当化が阻まれる過程、つまりペドファイル自身による自己の再構成＝隠蔽が失敗する過程を検討した。一方、4節後半では、「生きづらさを抱えた善良なペドファイル」という当事者による自己の構成＝隠蔽が、すべての聞き手に対して完全に失敗しているわけではないことを記述した。「子どもの保護」というレトリックを用いた「善良なペドファイル」のクレイム申し立てが一部の臨床専門家等と共有され始めた現状は、正当化（隠蔽のプロセス）が語り手を聞き手と同じ「道徳的共同体」へ所属させる過程であること（浅野 2001: 11）を示している。

ところで、こうした自己の構成＝隠蔽過程は、原理的には現代社会のあらゆる自己語りに共通する。その中で、非触法ペドファイルの事例に特徴的と思われるのは、過去、現在に加え未来の時間軸も含むより複雑な自己の構成＝隠蔽過程が観察される点である。4節の最後で検討したとおり、「善良なペドファイルである私」が成り立つには、過去から現在までの一貫した語りを紡ぎながらその構造的矛盾を隠蔽するだけでなく、まだ生じていない未来の自己をパフォーマティヴに構成＝隠蔽することが求められる。だが、未来は常に不確定であるため、実は自己が別様の語り方に開かれている可能性を隠蔽することは語り手にとってより難しい作業となる。さらに、その語りの核となる「善良さ」のレトリックを用いた生きづらさは、聞き手がその正当性（善良であること）を疑い続ける、つまり語り手による自己の構成＝隠蔽を聞き手が阻み続けることでしか、共有されえないというより複雑な矛盾を孕む。

語りの研究では、過去―現在の時間軸を中心とした時間的構造化に注目した分析を行うことが多い。ただ、未来もまた現在の再帰的活動の中でつくられるのだとすれば（Giddens, 1991=2005）、現代の自己語りの多くには、程度の差はあれ何らかの形で未来の時間軸を織り込んだ構造化とそのことを隠蔽するプロセスが含まれているのだろう（たとえば、牧野 2010 の分析など）。自己をつくりあげる語りの中でも「ペドファイルである」という問題経験の語りは、その正当性（もっともらしさ）を問う聞き手側のとりわけ厳しいまなざしの中で紡がれる。だからこそ、そこでの隠蔽のプロセスはより露呈しやすく、同時に自己を構成するための隠蔽の構造化がより複雑化、複層化しやすいのかもしれない。

この論文では、英語圏での言説状況を読み解いてきたが、筆者自身の日本国内での調査はいまだ緒についたばかりである。英語圏のような当事者団体がなく、参照できる日本語の言説資源も乏しい日本の現状において、当事者はより個別化された語り方をしたり、時に英語圏の議論とは異なるラディカルな視角を生み出すこともある（湯川 2016: 424-428）。日本の非触法ペドファイルについて論じるためには、今後さらなる事例収集と検討を重ねる必要がある。この論文で行った作業を踏まえ、今後も探究を深めたい。

推薦文献

浅野智彦 2001『自己への物語論的接近――家族療法から社会学へ』勁草書房
草柳千早 2004『「曖昧な生きづらさ」と社会――クレイム申し立ての社会学』世界思想社
中河伸俊訳・平英美・中河伸俊編 2000『構築主義の社会学――論争と議論のエスノグラフィー』世界思想社

注

（1）二〇一七年、Salon はこの記事を削除し、アーカイブへと移動させた。

（2）a～eの引用番号は引用者による。以下、引用内での引用者による中略は……、補足は［　］で表記した。ブロック引用箇所の出典表記は初出箇所以外パラグラフ番号のみを記載してある。また、本文中で冒頭のブロック引用を参照する場合は引用番号（①－a～e、②－a～d）を記載した。

（3）ペドファイルの社会的排除を批判するポスト構造主義の議論も一部に存在する（Califia, 1994=1998; Kincaid, 1992 など）。だが、そうした議論は理論的に重要な探究課題とされながらも、経験的レベルでは扱いが難しく、セクシュアリティ研究の専門領域においても、繊細で難しい論点として長く取り残されてきた（クィア学会 2008 など）。

（4）性犯罪を取り締まる法律の種類や性的合意にかんする法定年齢は、地域により異なる。ここでいう「非触法（法に触れない）」とは、その地域で法的に禁止される子どもに対する直接的な性的虐待を行っていないことを大まかに示す一般的用語として用いている。

（5）現在の診断名の詳細、診断基準については、ＤＳＭ－５を参照（American Psychiatric Association, 2013: 697）。なお、ペドファイルを病理化する医学言説を批判し修正を求める当事者活動もあるが（Reisman & Strickland, 2012 など）、紙幅の制限によりこの論点については別途稿を改めて論じたい。

（6）たとえば、The Harvard Law Review Association（1985, 1993）などを参照。

（7）なお、この歴史的経緯には児童ポルノをめぐる諸議論も密接に関わっているが、紙幅の関係上、本章では割愛する。詳細は Rubin（1984=1997）を参照。

（8）NAMBLA, "Who We Are," Retrieved 28/Mar./2017, https://www.nambla.org/welcome.html

（9）VirPed, "Being Helpful and Getting Help," Retrieved16/Jan./2017, http://www.virped.org/index.php/getting-giving-help

（10）たとえば、同性婚反対を唱えるキリスト教信者団体 Focus On the Family は、二〇一三年のＤＳＭ－５への改訂をめぐり活発化したペドファイル当事者団体（前掲Ｂ４Ｕ－ＡＣＴ）の活動に言及し、社会が「逸脱」を軽視する風潮を批判している。また、保守系ウェブ誌の World Net Daily やその関連書籍も、同性愛に続きペドファイルを「普通のもの」としようとする「政治的左派の商業戦略」に注意せよと警告する（Kupelian, 2005; Corsi, 2014)。

（11）二〇一六年九月インタビュー（二〇代男性）。

（12）二〇一四年八月インタビュー（四〇代男性）。

（13）VirPed, "Why should Anyone but a Pedophile Care about Pedophiles?" Retrieved 16/Jan./2017, http://www.virped.org/index.php/f-a-q

研究コラム

セクシュアル・マイノリティ研究

三部 倫子

セクシュアル・マイノリティ、もしくは、最近耳に馴染んできた言葉では「ＬＧＢＴ」がさまざまな場所で自らを語っている。かれらがこのような形で公に自らを語り始めたのは、そう遠い昔のことではない。

「自らを語る」ことになった背景

人々が性について語ること、を主題に取り上げたのはミシェル・フーコーである。彼は、宗教家、医学者などが残した資料から同性同士の性行為が人の本質的な特徴として論じられていく西洋近代化の過程のなかで、同性と性行為をする人たちが、性的倒錯や「同性愛者」と呼ばれるようになったとする。彼の表現を借りるならば、近代以降、他とは区別された「同性愛という種族」の誕生と同時に、性をめぐる大量の言説が生み出されるようになったのである（Foucault, 1976=1986）。

この「同性愛」は、「逸脱」の枠内にながらく留め置かれてきた。「同性愛」を定義する主流のパラダイムは、宗教上の「罰」から法律上の「犯罪」、そして医学上の「病い」として、それを定義づけてきた（Conrad & Schneider, 1992=2003）。性のありようを人の本質とした上で逸脱とする見方は、そうかもしれないと感じる人々を抑圧し、限られた枠組のなかで人々を語らせてきた（前川 2017）。

しかし、今日の日本社会で暮らす私たちは、同性愛を病いとする見方には若干の違和感を覚えざるをえない。それは、同性を好きになることや性別の越境は逸脱ではないと人々が声をあげたことを、私たちはすでに知っているからである。

「自らを語る」ことで何が得られたのか

自らを語ることが許されず、語ったとしても社会からのサンクション――たとえば、異性愛に「治療」するために精神病院送りになったり、職を失う――を受けるしかなかったかれらは、自分たちの性のありようは病気ではなくひとつの「ライフスタイル」なのだと主張し始めた（Kitsuse & Spector, 1977=1990; Kitsuse, 1980）。その語りの様式となったのが、「カミングアウト」である。一九七〇年代の北米を中心とするゲイ解放運動の主要戦略となったカミングアウトは日本にも波及し、パレードなどの「集団カミング・アウト」（マリィ 1997）となっていく。

こうしてカミングアウトは、社会のなかで抑圧され、見えない存在とされていたセクシュアル・マイノリティの可視化を促し、そうかもしれないと思う人同士をつなぐことになった（森山 2012）。特に「性同一性障害」として再度病理化されたトランスジェンダーは、「ＬＧＢＴ」という言葉が流布するより一足先に、自らを語りはじめた。やがて私たちは自己を語る「ＬＧＢＴ」の姿を、ＴＶ番組やインターネット上で日々目にするようになった。

「自らを語る」ことへの問いかけ

性に関する語りは、パターン化された形式をとりやすい。セクシュアル・マイノリティが自己を語る際の雛形となるカミングアウトは、それ以前から「クローゼット」にいたかのような性的主体を遡及的に創り出す。カミングアウトは人々に語りやすさ／聴きやすさをもたらすとともに、カミングアウトの型にはまらない人々の存在をかえって不可視化する面もある。

クィア研究の立場からは、個人を解放するかのようにカミングアウトを捉える個人主義的なモデル（Kong, Mahoney & Plummer, 2001）、「ゲイ」などのわかりやすい主体を中心に組み立てられるオーラルヒストリーが抱える課題（Boyd, 2008）が指摘されている。「女性」に性的欲望を語りにくくさせるジェンダーの力学（杉浦 2009）も無視できない。さらに、「障害」という病理化された名称を用いつつも、「性同一性障害」を「生き方」として語り直す実践も見られ（鶴田 2016）、セクシュアル・マイノリティをめぐる語りはつねに問われ、変化し続けているのである。

第11章　当事者研究が生み出す自己

野口　裕二

1　はじめに

研究？　わくわくするなぁ。べてるの家で「研究」が始まった。心の中を見つめたり、反省したり……なんてやつじゃない。どうにもならない自分を、他人事のように考えてみる。仲間と一緒に笑いながら眺めてみる。やればやるほど元気になってくる、不思議な研究。だから合言葉は、自分自身で、共に。

この文章は、「当事者研究」という言葉を世に広めるきっかけとなった本、浦河べてるの家『べてるの家の「当事者研究」』(2005) の帯に書かれたものである。精神の病を抱える当事者たちが自分の抱える問題について自分たちで研究する。自分の問題を仲間の前で発表し、参加者全員でその問題の仕組みや対応策について考え、実践する。このような活動が「当事者研究」である。このべてるの家の活動をきっかけに、当事者研究は、発達障害、脳性麻痺、吃音、依存、ひきこもり、ホームレスなどさまざまな領域に広がって発展しつつある。こうした活動を報告しあう「当事者研究全国交流集会」も行われている。

当事者研究はいままでになかった「自己語り」の方法を開発し実践している。自分の問題について仲間の前で語り、仲間とともに研究し、問題を語り直していく。セルフヘルプ・グループにおいても似たような実践はあったが、自ら「研究」と名づけて行うものは存在しなかった。こうした自己語りの方法は結果としてどのような自己を生み出しているのか。また、そのような自己は、社会学の領域でこれまで論じられてきた「再帰的自己」や「物語的自己」とどのような関係にあるのか。これらが本章で検討したいテーマである。

なお、こうした当事者研究とは別に、社会学の領域で当事者研究という場合、なんらかの問題の当事者である研究者が自らの抱える問題を研究する場合を指すことがある。当事者研究という言葉の二つの用法はコラムで整理したのでそちらを参照いただき、本章ではべてる式の当事者研究に焦点をしぼって論じていく。

2　当事者研究の展開

2・1　べてるの家

当事者研究はなぜ「研究」というかたちをとるのか。浦河べてるの家で当事者研究を始めた向谷地生良はそれが誕生したときのことを次のように述べる。

従来、〈研究〉は、医師や研究者がするものであって、当事者は主体的に入る余地のないものでした。しかし研究の分野こそ当事者性を打ち立てるべきではないか、と思います。私たちが〈研究〉と言っているものは、「自分の内面を見つめなおす」とか「反省する」とは違うものです。自分を見つめなおす、というのは従来のカウンセリングの場でもおこなわれてきたことであり、非常にプライベートな作業です。とくに河崎寛さんは、自分を見つめなおすということを、これまでさんざんやってきた人です。そして、自分を見つめ、自分の弱さに直面する反作用として、爆発をはじめとするさまざまな逃避的行為を繰り返していました。

そこで彼に対してこう提案しました。「自分を見つめないといけないね。だけど、もっと自分に深く迫る方法として、〈研究〉という方法があるよ」と。自分を見つめるというのを〈研究〉という言葉に置き換えたら、彼は「やってみようかな」と興味がわいたようです（浦河べてるの家 2002: 158）。

「見つめなおす」「反省する」ではなく、「研究する」。この言葉の置き換えの意味はきわめて大きい。「見つめなおす」「反省する」は、その行為の結果をふまえてすぐに自分を修正しなければならないような義務感を伴う。それに対して、「研究」はああでもないこうでもないと議論しながら、何かを発見することが大事で、それをふまえてすぐに修正しなければならないわけではない。冒頭に引用した文章のように、それは「他人事のように」自分のことを考える独特の距離感と余裕をもたらす。

「研究する」ことのもうひとつの意義は、その研究結果が同じ問題で悩む他のひとの役に立つかもしれないという点である。「研究という形をとることで、生きづらさをかかえて爆発している多くの仲間たちを代表して、そういう仲間たちと連帯しながら、自分のテーマに迫っていける」のである。「見つめなおす」「反省する」が個人に閉じた「私的」行為であるのに対して、「研究」はその成果が他者と共有されることを目指しており、その意味で「公共的」である。

さらに、仲間に向かって語り、仲間の意見を聞きながら共に行う「共同研究」という形式がこの公共性をより確かなものにする。「つらい作業でしかなかった『自分を知る』という行為が、チームというクッションの上での『楽しいゲーム』に変わ」る（浦河べてるの家 2002: 160）。そして、「無意味にしか思えなかった失敗だらけの忌まわしい過去が、『自己研究』という衣をまとった瞬間、新しい人間の可能性に向かって突然、意味をもちはじめる」（浦河べてるの家 2002: 161）。修正すべきもの、恥ずべきもの、否定すべきものとして追いやられてきたものが、自分の新しい可能性を開き、他者と連帯するための貴重な資源として輝き始めるのである。

2・2　発達障害当事者研究

当事者研究は精神障害の領域から始まって、次に、発達障害と脳性麻痺の当事者たちによって独自の進化を遂げた。その大きな特徴は、自分の経験している世界についてのきわめて詳細な記述である。発達障害当事者である綾屋紗月は自分の状態について次のように述べる。

体中がどくっどくっと脈を打っている。頭髪の生えている部分がかゆい。首筋から肩にかけて重い。

胃が動かずに固まっている。左下腹部に空気が溜まっている。足の指先が痛い……。私の体は、つねに細かくて大量の身体の感覚を私に届け続けている。その情報量の多さに私は圧倒されわずらわしく思いながらも、身体の訴えを一つひとつ聞き、その原因を探り、対処していく作業に追われている（綾屋・熊谷 2008: 13）。

現象学的記述を思い起こさせるような繊細な記述が積み重ねられていて、読む者を圧倒する。当事者が自分について研究する場合、まずは自分について詳しく語ることの重要性を知ることができる。こうした作業が行われるようになった背景には、専門的知識だけでは十分に説明された感じがしないという当事者ならではの感覚があった。綾屋は、あるとき「アスペルガー症候群」という診断を受けたことで、それまでの生きづらさに説明がついたような感覚を覚える。しかし、しばらくすると、説明がつかない部分や足りない部分が気になるようになる。そして、友人である脳性麻痺当事者の熊谷晋一郎に自分の話を聞いてもらい質問してもらうというかたちで、彼らなりの「当事者研究」が始まった。

このとき、彼らはまだべてるの家の「当事者研究」に出会っておらず、「当事者研究」という言葉も知らなかった。しかし、その後、べてるの家の活動を知り、自分たちのやってきたことが「当事者研究」なのだという認識を得る。そのときのことを綾屋は次のように述べる。

「仲間がいるんだ」。「人に理解されない病気の苦労を長年かかえてきた仲間。専門家による描写や言説をいったん脇に置き、他者にわかるように自分の体験を内側から語る作業を続けている仲間」（綾屋・熊谷 2010: 106）。

こうして、自分たちのやってきたことに名前が与えられ、同じような活動をする「仲間」の存在に勇気づけられて、さらに「研究」が進められていった。そして、当事者研究とは何かについて、次のような認識に到達する。

当事者研究では、多数派の世界ではないことになっている現象に対して、新しい言葉や概念を創ることをとおして、仲間と世界を共有する…（中略）…

そして、そういった世界の共有だけで解決することは多いのだということに気づかされていく（綾屋・熊谷 2010: 156）。

ところで、べてるの家では何人もの仲間とともに「研究」を行うのに対して、綾屋らはたった二人だけで行っており、一見違うやり方のようにも見える。しかし、べてるの家で行われていることと自分たちの行っていることに共通する要素を探っていくと、上のような点が浮かび上がってくる。「ないこと」にされていて言葉が存在しない現象に言葉を与え、それを仲間と共有する。たとえ二人だけであっても、新しい言葉を生み出してそれを共有することが当事者研究においてきわめて重要な要素であることがわかる。

さらに綾屋らは述べる。「当事者研究における日常生活は、正解がすでにあって、間違えたり失敗すると裁かれる『試験の場』ではなく、仮説に従って動いてみて結果を解釈する『実験の場』になる」（綾屋・熊谷 2010: 159）。「反省」はそれが生かされないとさらに落ち込むが、「研究」は失敗しても何度でもやり直すことができる。「研究」のもつ独特の距離感と余裕をここでも確認することができる。

3　当事者研究と自己

3・1　「研究モード」が生み出す自己

さて、以上のような当事者研究の展開はどのような自己を生み出しているのか。向谷地も述べるとおり、通常、われわれは自分の抱える問題や困難に関して「見つめなおす」とか「反省する」という行為に向かうことが多い。こうした行為のあり方を「反省モード」と名づけておこう。一方、これとは別に、自分の問題や困難が自分以外の何かによって引き起こされているという認識もよくある。「家族のせいでこうなった」、「学校のせいでこうなった」、「社会のせいでこうなった」といった場合である。このような認識とそれに基づく行為を「批判モード」と名づけよう。これら二つのモードと比べて、当事者研究が採用する「研究モード」はどのような特徴をもつか。

まず、「反省モード」がうまくいった場合、「反省を生かして修正できる自分」というポジティブな自分が生み出される。一方、うまくいかなかった場合は、「反省を生かせない自分」や「反省をすぐ忘れてしまう自分」といったネガティブな自分が生み出される。

次に、「批判モード」がうまくいった場合は、「他者の誤りを見抜くことのできる自分」や「権威に対抗する勇気ある自分」といったポジティブな自分が生み出されるであろう。一方、うまくいかなかった場合には、「他人のせいにばかりして自分を修正しない自分」や「自分を修正できない自分」というネガティブな自分が生まれるであろう。なお、「批判モード」は、仮にその批判自体が正しいものであったとしても、事態が改善するとは限らない。相手が「批判」を認めない場合は論争や対立を生むだけだし、相手が認めた場合でも相手がうまく自分を修正できるとは限らない。また、「社会のせいだ」と言ってみても社会はすぐには変わらない。つまり、「批判モード」は他者の変化が生じない限り事態は変わらないという限界をもっている。

最後に、「研究モード」においては、それがうまくいった場合、「自分の問題を公表できる自分」、「自分の問題を理解して修正していく自分」というポジティブな自分が生み出される。一方、うまくいかなかった場合は、「せっかくの研究成果を生かせない自分」というネガティブな自分が生まれるであろう。しかし、「研究モード」がすぐれているのはこの先である。「せっかくの研究成果を生かせない自分」それ自体が、次の当事者研究のテーマとなるからである。「失敗した自分」に対して、「なぜ、失敗したのか」、「研究成果自体が間違っていたのか」、それとも、「研究成果の生かし方が間違っていたのか」、あるいは、「それ以外の要因がからんでいるのか」、等々、「失敗」それ自体が次の重要な研究テーマとなって当事者研究をさらに発展させていく。

これに対して、「反省モード」、「批判モード」は失敗したときや状況が変わらないときに次の手立てがない。「反省を生かせない自分」を再度反省したところで、そもそも反省を生かせないのだからその再度の反省が生かされる可能性は低い。また、「他人のせいにばかりして自分を修正しない自分」が自分の修正を始める可能性も低いであろう。つまり、「反省モード」と「批判モード」は、何度も同じループを回るか、ある地点でストップする可能性が高い。これに対して、「研究モード」は失敗を回収できる。というよりも、「失敗」を貴重な資源として活動を推進できる。「失敗」が続くことで「研究」はより豊かなものになるのである。こうして、「仲間とともに研究を続ける自分」が再生産されていく。

3・2 「自己病名」が生み出す自己

べてるの家では、当事者研究が始まる前から、自分の病気に自分で名前をつける「自己病名」というやり方があった。自分の病気の体験の特徴をわかりやすく表現したもので、「精神バラバラ状態の○○です」とか、「電波病の△△です」というように、それはミーティングでの自己紹介のときにも使われていたが、当事者研究においてはこれが研究の重要な一段階に位置づけられるようになった。

べてるの家の当事者研究は次のようなステップで進行する（浦河べてるの家 2005: 4）。

(1) 〈問題〉と人との切り離し作業
(2) 自己病名をつける
(3) 苦労のパターン・プロセス・構造の解明
(4) 自分の助け方や守り方の具体的な方法を考え、場面をつくって練習する
(5) 結果の検証

これらのうち(3)、(4)、(5)は想像がつきやすいが、(1)と(2)はべてるの家独特の方法で説明が必要である。(1)の「〈問題〉と人との切り離し作業」によって、「爆発を繰り返す○○さん」が「爆発をやめたいと思っても止まらない苦労を抱えている○○さん」に変わる。つまり、「爆発」という悪しき属性を抱えた人ではなく、「『爆発』という問題に振り回されて苦労してきた○○さん」という形で〈問題〉と人が分離される。ナラティヴ・セラピーにおける「問題の外在化」（White & Epston, 1990）とほぼ同じ考え方だが、

ナラティヴ・セラピーとは無関係にべてるの家で以前から実践されていた方法である。

次に⑵の「自己病名」がつけられる。医学的な病名ではなく、自らの抱えている苦労の意味や状況を反映したもので、「統合失調症・週末金欠型」、「統合失調症・逃亡失踪型」などのユーモラスな名前が多い。こうした病名は当事者研究を進めていく上での出発点として重要な意味をもつ。そのひとが抱えている問題や苦労が一目瞭然となるからである。ただし、それは⑴の作業によって、そのひと自身の欠陥や病理とはみなされない。「〈問題〉が問題なのであって人が問題なのではない」という言い方がよくされる。

こうした「自己病名」は独特の「自己」を生み出す。「統合失調症という病気のどうしようもない症状によって社会から落ちこぼれた自分」から、「〈問題〉に振り回されて苦労し続けてきた自分」へ、そして、いまは仲間とともに当事者研究を始めて、「その〈問題〉の構造を解明し、対処法を探り、それを実践しようとしている自分」へと生まれ変わる。

べてるの家には、「弱さを絆に」、「弱さの情報公開」という言葉がある（浦河べてるの家 2002: 188）。自分のもつ「弱さ」は通常は隠したくなるものだが、あえてそれを公開することでそれが他者との絆に変わる。当事者研究はまさにこの「弱さの情報公開」を推進するためのきわめて有効な装置となっている。「自己病名」は弱さの象徴である。週末になるといつも金欠で苦しんでいる自分、何か重要な場面になるといつもそこから逃げ出してしまう自分、そうしたみっともない自分を隠すのではなく、それを前面に出したアイデンティティが構築され仲間から承認される。そうしたアイデンティティを出発点として、いかなる対処が可能なのかが探られる。このとき、自分の弱さは確かに仲間との関係をつなぐ重要な絆、貴重な資源になっている。「弱さ」を隠し「強さ」をアピールする通常の競争的アイデンティティとは異なるアイデンティティの構築の仕方をここに見出すことができる。

4　新しい「再帰的自己」

4・1　再帰的自己

当事者研究は独特の自己を生み出している。こうした自己は、現代社会における一般的な自己のあり方と比べてどのような特徴をもつのか。現代における自己の一般的なあり方として「再帰的自己」を取り上げて比較してみよう。アンソニー・ギデンズは次のように述べる。

自己アイデンティティは再帰的に組織される試みとなる。自己の再帰的プロジェクト reflexive project of the self は、一貫したしかし絶えず修正される生活史の物語にその本質がある（Giddens, 1991=2005: 5）。

ギデンズは近代社会の一般的な原理として再帰性を見出したが、自己もまた再帰的プロジェクトの対象であり、われわれは絶え間ない再帰的モニタリングのまなざしを自己にも向けることになる。そして、「生活史の物語」を「修正」し続ける。その「修正」され続ける「生活史の物語」こそが再帰的自己である。この意味で再帰的自己は物語的自己である。「自己物語」（self narrative）が「物語的自己」（narrative self）を構成している。そうしたなかで、自己がうまく立ち行かなくなったとき、われわれは誰かに助けを求めるが、そのうちのひとつがいわゆるセラピーである。「セラピーとは、個人を、彼あるいは彼女の人生の発達のコースについての体系的な反省に巻き込む経験の一つなのである」(Giddens, 1991=2005: 77)。

われわれはセラピーの場面において、「体系的な反省」を強いられる。あるいは、自ら進んでそれを行う。セラピストの力を借りながら「生活史の物語」を「反省」し「修正」しようとする。もちろん、それでうまくいく場合もある。しかし、べてるの家の実践が教えているのは、「反省」がむしろ「問題」を大きくして「問題」に人を縛りつけてしまうようなメカニズムであった。「反省」はそれがうまくいった場合にはポジティブな自己を生み出すが、失敗した場合には、反省する以前よりもネガティブな自己を生み出す。「生活史の物語」には「反省はしたけれどそれを生かせなかった」というネガティブな物語が書き加えられるからである。

このように考えると、再帰的自己のある種の限界が見えてくる。再帰的自己とは、なんらかの不全感をバネにして自己をコントロールする技術であり、われわれの誰もが日常的にこれを実践している。それでうまく修正できる場合はなんら問題ない。しかし、うまくいかない場合、それは状況をより深刻なものにする。うまくいかないこと自体が「再帰性の失敗」と見なされて、さらなる「反省」が求められるからである。こうして、再帰的自己は、さらなる再帰性の深みの中に自己を縛りつける。再帰的モニタリングによって修正すること、修正できることが規範化して、それができない場合にはその規範がより一層強く適用される。そして、事態はより悪化していく。

再帰的モニタリングは一般にわれわれをよりよい状態に修正するためのもっとも有効な方法だと思われている。しかし、精神の病のような状況においては、それは病をより深刻なものにしてしまう。もともと、再帰性という言葉にはこのような深刻な響きはない。それは、「社会の実際の営みが、まさしくその営みに関して新たに得た情報によってつねに吟味、改善され、その結果、その営み自体の特性を本質的に変えていくという事実」(Giddens, 1990=1993: 55)を指している。つまり、なんらかの原理原則によって修正するというよりは新しい情報を不断に取り入れながら不断に修正するような事態を広く指している。しかし、精神の病のように自己がうまく立ち行かない状況においては、新しい情報に接してそれを自由に取り入れるような余裕はない。直面する深刻な状況のなかで、「再帰的であれ」という規範のみが重くのしかかって、ネガティブな自己を再生産してしまう。

こうした悪循環から脱出するためのひとつの有効な方法が、当事者研究であると考えることができる。「再帰性の失敗」の責任を一人で背負うのではなく、それ自体を研究対象として位置づけ直す。さらに、それを仲間とともに共同研究することで、問題を公共化し、責任を分散する。こうして、再帰的自己の泥沼から脱出することが可能になる。

4・2 個人化・専門化・公共化

当事者研究は、再帰的自己がもたらす隘路からの脱出の道を示している。では、再帰的自己はなぜこのような限界をもってしまうのか。そこには、問題の「個人化」という近代社会のもうひとつの大きな特徴が関わっている。「個人化」とは、言うまでもなく、われわれを保護してくれていたさまざまな集団の力が衰退して、個人が直接社会に投げ出されるような事態を指す。ジグムント・バウマンは次のように述べる。「つまりそれは、超越のための公的で集合的な手段の存在を否定し、個々人を、孤独のうちに課題に取り組むよう放り出すことを意味している」(Bauman, 2001=2008: 15)。

向谷地が言うように、「見つめなおす」「反省する」という行為はきわめて「プライベート」な作業であり孤独な作業である。再帰的自己は個人化という社会状況の中で孤独な作業を強いられる。再帰化と個人化という二つの社会変動が重なり合うとき、再帰的自己は孤独な自己となる。そして、このような孤独な自己は孤独であるがゆえに「再帰性の失敗」の責任を一身に背負わされる。そして、再帰性の失敗を再び再帰性で乗り越えるという、より困難な課題を与えられる。これが再帰的自己の隘路であり限界の正体である。

ところで、この孤独な作業には実はもうひとつの特徴がある。それは「専門化」である。「再帰性の失敗」を繰り返すひとは専門的な治療が必要と判断されて、専門家の指示に従うようになる点である。問題はまず個人的に処理するよう要請される。しかし、それがうまくいかないときは専門家にその処理が任される。つまり、「個人化」は「専門化」とセットになって現代の社会システムを形づくっている（野口 2017: 98）。ところが、その専門家が行う方法もまた、再帰性を高めるためのセラピーにほかならない。せっかく孤独な作業から逃れて専門家のもとに辿りついても、今度は、一対一の再帰性のレッスンが始まる。どこまで行っても「再帰的であれ」という規範だけが待ち構えている。

べてるの家も元々は、浦河赤十字病院という公的医療機関を中核とする専門的医療システムの一環として誕生した。そこには、当然のごとく「再帰性の失敗」を繰り返す人々が集まっていた。そうした状況の中で、というよりも、そうした状況だったからこそ、個人化と専門化のもたらす限界がいち早く露呈し、それとは異なる方法が必要になった。自分の問題は自分で処理する「問題の個人化」、問題の処理を専門家にゆだねる「問題の専門化」、これらの限界を乗り越え対抗する方法が「問題の公共化」という方法だった。「問題」を公表し、外在化し、研究する。「孤独のうちに課題に取り組む」のではなく、共同で取り組む。このとき、「失敗」もまた「公共化」される。「個人の失敗」ではなく「共同研究の失敗」となるからである。そして、その「失敗」自体がさらなる共同研究を駆動していく。当事者研究は、まさしく、バウマンの言う「超越のための公的で集合的な手段」そのものといえる。

では、こうして生み出される自己をどのような自己と呼ぶべきか。それは、「見つめなおす」「反省する」という意味での従来の「再帰的自己」ではない。しかし、「失敗」を貴重な資源としながら共同研究を繰り返していく姿はきわめて「再帰的」である。両者の違いはどこか。それは、「再帰性」を「個人化」「専門化」とセットにするか否かである。従来の「再帰的自己」は暗黙のうちに「個人化」と「専門化」を前提に、あるいはそれらに呑み込まれる形で成立していた。しかし、当事者研究が生み出す自己は、再帰的でありながら「個人化」と「専門化」の方向へは行かずに「公共性」の方へと向かった。個人化によって失われた公共圏が復活しているという点で、それはバウマンの言う「公共圏の脱植民地化」(Bauman, 2001=2008: 26) そのものといえる。その意味で、この新しい自己のあり方は、「公共的な再帰的自己」(public reflexive self) と呼ぶことができる。あるいは、再帰性の主体が個人ではなく集団であるという意味では、「集合的な再帰的自己」(collective reflexive self) と呼ぶこともできる。

5　おわりに

「自己語り」にはさまざまな方法がある。当事者研究という新しい「自己語り」の方法がわれわれに問いかけているものは何か。「自己語り」という現象をわれわれはどのようにとらえればよいのか。この問題を最後に整理しておこう。

第一に、自己語りにおいて重要なのは、「誰に向かって語るか」という点である。当事者研究は、「見つめなおす」や「反省する」という語り方が私的な閉じた行為となるのに対して、「研究」は仲間たちに向かって語ることで公共的で開かれた行為となることを明らかにした。われわれはふだん何か困り事や悩み事を抱えたときに誰かに相談する。家族や友人やときにはセラピストなどの専門家にも相談する。そうした相談は自分ひとりで対処する孤独な作業とは異なるが、結局のところ、対処すべき責任を自分が背負うという意味で「私的」な作業であり「公共的」とはいえない。当事者研究は多くの仲間に向かって語ることによって「問題」それ自体を公共化する。「誰に向かって語るか」によって自己語りの内容とその後の展開は大きく変わってくる。

第二に重要なのは、「どのような語彙系列で語るか」という点である。べてるの家では「自己病名」をはじめとして、医学用語とは異なる言葉で自分を表現することを実践している。これは何も医学用語を排除するという意味ではない。医学用語もまじえながら、しかし、医学用語だけではうまく表現できない、あるいは「ないことにされている」現象に、言葉を与えていく。これは綾屋らの実践でも同様である。ここで明らかとなるのは、自己語りは一般に、暗黙の文脈、暗黙の語彙系列を前提になされるという点である。病院での診療場面や面接場面、家族との相談の場面、友人との語らいの場面など、それぞれの場面でそれぞれにふさわしい語彙系列が選択されて自己語りは行われる。この意味で、自己語りは文脈依存的な現象であることをあらためて確認する必要がある。

第三に重要なのは、「何のために語るか」という点である。当事者研究は「研究」のために語るという独自の方法を開発した。ここが従来の自己語りの方法ともっとも異なる点である。第一の特徴としてあげた「仲間に向かって語る」という点はそれだけ見れば、従来の多くのセルフヘルプ・グループでも行われていたことである。しかし、そこに「研究」という意味づけはなかった。「研究」と名づけることで、それは、「私的な語り」から「公共的な語り」へと変わる。また、従来のセルフヘルプ・グループでは、問題をある程度克服したひとが語り手となることが多かったが、当事者研究では問題の渦中にあるひとが語り手となる。それが可能になったのも「研究」という意味づけがなされたからである。目的をどのように設定するかによって、語り方だけでなく語り手の選択も変わってくることがわかる。

第四にあげておきたいのは、「どのように語り直すのか」という点である。自己語りはつねにある時点である文脈に沿って行われるものであり、時間がたち、文脈が変われば、異なる形で語り直される可能性につねに開かれている。当事者研究は、そうした語り直しの場を制度的に保障している。逆にそうした制度的な保障が自由な語りを生み出す。不適切なところや不十分なところがあれば次の機会に語り直せばよいからである。こうして、自己語りは完成形ではなくつねに進行形のものとして存在するようになる。これも「研究」という位置づけが可能にしている。「研究」はつねに新たな発見によって修正され更新されていく進行形のものにほかならないからである。

以上、四点にわたって、当事者研究が自己語りという現象に示唆する点を検討した。これらの点は、社会学が行うインタビュー調査に対しても重要な示唆を与えてくれる。社会学はこれまで、インタビューにおける「語りの共同構成性」、すなわち、語り手と聞き手の共同作業によって語りが生まれる点に多大な注意を払ってきたが（Holstein & Gubrium, 1995=2004; 桜井 2002; 野口 2002）、そうした共同構成性に大きな影響を与える要因として、上に述べた四点を考えることができる。誰に向かって、どのような語彙系列で、何のために語り、どう語り直すのか。個々のインタビュー調査においてこれらがどのように設定されているのかという視点からあらためてインタビューという現象を考察することができる。

自己語りは、さまざまな場面で、さまざまな方法でさかんに行われている。それは、再帰性が高まる現代社会において必然的なことであり、われわれは自己語りを行い、自己物語を修正し続けることを強いられている。しかし、そうした自己物語は、われわれの人生を支えてくれる一方で、われわれの人生を立ち行かなくさせることもある。そのようなときに、新しい自己語りの方法が必要になる。当事者研究はそのような新しい自己語りのあり方を示している。ギデンズは次のように述べる。

自己アイデンティティの感覚は頑強である一方で脆弱でもある。脆弱であるというのは、人が再帰的に心に留めている生活史は、一つの「ストーリー」にすぎず、自己の発達に関し語りうる他の多くのストーリーが存在するからである（Giddens, 1991=2005: 59）。

「語り得る他の多くのストーリー」は確かに存在する。しかし、どうしたらそれを見つけられるのか、どうしたらそれを語れるようになるのかは簡単なことではない。われわれは、語りの多様な可能性に注意を向けるとともに、原理的には多様であるはずの語りが実際には限定された語りになりがちであること、そして、新しい語りを生み出すことがことのほか難しいことにも注意を向ける必要がある。当事者研究はこのことをわれわれに問いかけている。

推薦文献

浦河べてるの家 2005『べてるの家の「当事者研究」』医学書院
綾屋紗月・熊谷晋一郎 2010『つながりの作法──同じでもなく違うでもなく』NHK出版
アンソニー・ギデンズ 秋吉美都・安藤太郎・筒井淳也訳 2005『モダニティと自己アイデンティティ──後期近代における自己と社会』ハーベスト社

研究コラム

当事者研究

野口 裕二

「当事者研究」とは当事者が行う研究全般を指すが、現在、大きく分けて二つの用法がある。ひとつは当事者が研究者である場合、もうひとつは当事者が研究者でない場合である。当事者が研究者であるのは、たとえば、不登校を経験した社会学者が自らの不登校の経験について、あるいはその経験をふまえて研究するような場合で、社会学の領域で当事者研究というとき、これらがまず思い浮かぶかもしれない。このタイプの研究を「研究者による当事者研究」と呼ぶことにしよう。

一方、当事者が研究者でないのは、たとえば、精神障害の当事者が自分の抱える問題について研究をするような場合で、インターネットで「当事者研究」という用語で検索して出てくるのはほとんどがこのタイプである。本の題名で「当事者研究」と名乗っているのもすべてこれらであり、こうした活動を報告しあう「当事者研究全国交流集会」も行われている。もともと、北海道浦河の精神障害者施設「べてるの家」で始まって全国的に広まったものなので、このタイプの研究を「べてる式当事者研究」と呼ぶことにしよう。

「研究者による当事者研究」では著書のタイトルや副題に「当事者研究」と掲げたものは見当たらず、本文で自らの当事者性についての説明がなされる場合が多い。こうした研究の先駆けとして、石川准の『アイデンティティ・ゲーム』（1992）をはじめとする障害学関連の一連の仕事、当事者単独ではないが共同研究として、安積純子・岡原正幸・尾中文哉・立岩真也の『生の技法』（1990）をあげることができる。その後、中西正司・上野千鶴子の共著による『当事者主権』（2003）が出版されて「当事者」や「当事者性」への注目は一気に高まった。そして、貴戸理恵『不登校は終わらない』（2004）、星加良司『障害とは何か』（2007）、中村英代『摂食障害の語り』（2011）などが続いた。

これらの著書は、研究者の視点だけでなく当事者の視点を組み込むことで独自の世界を切り開いているが、当事者である研究者が研究する意義にはさらなる検討が必要である。この点に関して、中村英代（2011）は、当事者研究を「特権的ポジション」と考えるのではなく、数ある「視座」のうちのひとつとして考えるべきだと述べている。また、これらの研究はすべて社会的マイノリティの当事者によるものだが、マジョリティの当事者による研究（たとえば、家族社会学や都市社会学）はなぜ当事者研究と呼ばないのかといった疑問も湧いてくる。マイノリティがカミングアウトして行う研究がなぜ当事者研究として注目されるのかについては、宮内洋（2010）が「高等教育の大衆化」という視点から論じている（宮内洋・好井裕明編『当事者をめぐる社会学』）。

一方、「べてる式当事者研究」は、浦河べてるの家『べてるの家の当事者研究』（2005）、綾屋紗月・熊谷晋一郎『発達障害当事者研究』（2008）によって注目を集めた。その後、当事者研究とは何かを主題にした石原孝二編『当事者研究の研究』（2013）、熊谷晋一郎編『みんなの当事者研究』（2017）も出版されて議論が深まっている。

これらの研究は、社会学の領域とは異なり「当事者研究」という言葉を前面に出す点に特徴がある。いままで研究とは無縁と思われていた当事者、研究対象であって研究主体ではないと思われていた当事者たちが自らの問題について研究する活動が広がりを見せている。こうした新しい社会的現実と、それが当事者にもたらす意義、医療や福祉などの専門的制度にもたらす意義について、社会学はさらに考察を深める必要がある。

編者あとがき

小林　多寿子

本書は、関東社会学会研究活動委員会二〇一三―一五年期の研究活動の成果として生まれている。関東社会学会は、関東圏を中心とする社会学者たちの学会組織であり、学会誌の刊行と、年一回の大会と研究例会を中心とした研究報告を研究活動の二つの柱として、二年単位で展開している。

編者の浅野智彦さんと小林多寿子は、二〇一一―一三年期の理事会から通して二期四年間、ともに学会運営に携わった。二期目の二〇一三―一五年期は、研究活動委員会のメンバーとして、二年間、チームを組んで研究活動をおこなうことになった。

当初、二年間の研究テーマを話し合ったとき、浅野さんが出したキーワードが「ライフストーリー」であり、小林が出したのは「自己物語」であった。たがいにそれぞれの研究を慮ったものではあったが、結局、「自己を語る」という営みに照準することで浅野さんがうまく研究の方向性をまとめてくれた。そして鷹田佳典さん、中村英代さん、西倉実季さん、牧野智和さんというこのテーマにおいて最先端で活躍している四人の若き俊英たちに研究活動委員として加わっていただいた。

二〇一三年九月初めに六人の研究活動委員がそろい、浅野さんの投げかけた趣旨をもとにした意見交換

関東社会学会研究活動　2013～15年研究テーマ
「自己／語り／物語の社会学・再考」

2014年3月15日	研究例会　於・一橋大学
報告	伊藤秀樹「「実証主義」的フィールドワーカーの憂鬱―表象の危機とどう向き合うか」 三部倫子「フィールドワーカーが自己を無視できないとき―セクシュアルマイノリティの子を持つ親からの働きかけを題材に」
司会	牧野智和・西倉実季
2014年6月22日 テーマ部会B	第62回大会　於・日本女子大学 「自己／語り／物語の社会学・再考」
報告	野口裕二「自己論とナラティヴ・アプローチ」 鷹田佳典「middle wayを行きつつ―リアリストとアンチリアリストの狭間で」
討論	浅野智彦
司会	中村英代
2015年 3月7日	研究例会　於・一橋大学
報告	湯川やよい「対話的アプローチを再考する」 森一平「「対話的」とはいかなることでありうるのか」 西倉実季「ライフストーリー研究実践における「対話」」
司会	牧野智和・中村英代
2015年6月7日 テーマ部会B	第63回大会　於・千葉大学 「自己／語り／物語の社会学・再考」
テーマ	「経験社会学はなぜライフストーリーを必要とするのか―ダニエル・ベルトーと桜井厚の対話」
話者	ダニエル・ベルトー 桜井厚
司会	浅野智彦・小林多寿子

で、二年間のテーマは「自己／語り／物語の社会学・再考」に決まった。「自己語りの社会学」という本書のタイトルになる名称もこのときに出ている。二年にわたって催した研究例会と大会は上のとおりである。

一年目の研究例会は、おもに臨床社会学領域で人びとの「語り」に照準したフィールドワークからの鋭い問題提起を含んだ報告と討論が展開された。伊藤秀樹さん、三部倫子さんが報告した例会は、急遽、他の教室から椅子をかき集めるほどの盛会となった。大会でも野口裕二さん、鷹田佳典さんから、これまでの自己論や語りをめぐる議論へ反省的に問いかける論点が出され、刺激的なテーマ部会となった。

　二年目の研究例会は「対話的構築主義」をめぐって異なる立場の湯川やよいさん、森一平さん、西倉実季さんという三人の報告者が論点を出し合ったことで横断的な討論の機会となった。大会では一九七〇年代後半から八〇年代にかけて、ライフストーリー法リバイバルの牽引者として活躍されたフランスの社会学者ダニエル・ベルトーさんをお招きして、日本のライフストーリー研究の第一人者桜井厚さんと「対話」をしていただいた。

　こうして二年間の研究活動は、毎回予想をはるかに上回る多くの方々の参加によって大盛況となり、非常に充実したものとなった。私たちはこのテーマへの関心の高さを実感していた。終了後、二年間の成果を形にしようと私から呼びかけたのに対して、研究委員全員からただちに賛同の意見が寄せられ、熱が冷めないうちに企画会議をしようということになった。

企画会議	第1回	2015年 9月 2日
	第2回	2015年12月20日
	第3回	2016年 2月21日
	第4回	2016年 5月22日
執筆者会議	第1回	2016年 8月 3日
	第2回	2016年12月18日
	第3回	2017年 3月29日

　それから、四回の企画会議と三回の執筆者会議をもった。初めに六人の研究委員で企画会議を重ね、プランを練りあげた。その後、学会大会・研究例会での報告者に呼びかけて執筆者会議を開いた。

　全体の方向性は「自己語りの社会学」と決まったものの、それぞれが取り組む具体的なテーマには紆余曲折があった。最初は、多元的自己を考える「自己と物語」、対話的アプローチを念頭において研究方法に照準した「調査と物語」、さまざまな領域での自己語りの噴出あるいは自己を語る装置の現在を考える「現代と物語」の三つの系統からなる自己語りの研究になるとみられていた。

だが、企画会議を重ねていくと、全体の構成イメージと各自の書きたいこと／書けることのすり合わせのなかでそれぞれ変転していったテーマが多かった。それでも経験的研究にもとづくこと、つまり、具体的な語りのありかたに根ざした議論を重視するという柱は一貫しており、社会学的な達成と語りのおもしろさの両方を追究しようという姿勢は変わらなかったとおもう。こうして各章の論文が編み出された。

二年目の第六三回大会にフランスから来日され、自身のライフストーリー論を報告されたベルトーさんには、企画会議を重ねるなかで「自己語り」が主題に絞られたことから、本書への参加をお誘いするには至らなかった。しかし、大会での討論や懇親会での交流、東京での周遊等で、私たちとの大変密度の濃い一週間を過ごされた。

大会の報告でベルトーさんはこれまでの自身のライフストーリー研究を、人びとの行為に着目し、行為を理解する方法としてのライフストーリーであったと紹介し、人生という長期にわたる時間的経緯をはらむ行為をコースとしてみる視点を話された。それに対して桜井厚さんは、本書で言及されているように、「一人のライフストーリー」でも研究対象と考えるかという問いをなげかけた。

実はこの問いは、二〇年来の懸案の論点であった。一九九八年に開かれたISA（国際社会学会）モントリオール大会のRC38で「ある一人の移民の語り」のトランスクリプトを複数の社会学者が各自の立場から分析する実験的試みというセッションがあった。そこでベルトーさんはなぜ一人の人間のライフストーリーから社会学的な議論が展開できるのかとセッション設定自体への問題を提起して、議論を巻き起こした。さらにRC38のニュースレター上でもリアリスト対アンチリアリストの論争が展開された。

桜井さんの問いに対して、ベルトーさんの応答は非常に融和的であった。あれから二〇年たち、「ナラティヴ派」の論点にも触れ、自身の立場を変えたとはおもわれないが、複数の視角にしっかり理解をしめされていた。

来日されたベルトーさんのエピソードでもう一つ、忘れられないのは『1Q84』の舞台巡りである。彼はかねて東京に高い関心をもっており、すでに何度か訪れていた。今回も、歌舞伎町にあるホテルに宿泊し、新宿周辺やお台場、隅田川など変貌しつつある都心の各所を逍遥した。とくに村上春樹の作品『1Q84』の舞台を訪れたいと希望していた。研究活動委員に情報を募り、「『1Q84』聖地巡礼」にお連れした。首都高速を通り、広尾、麻布あたりも見て、最後に向かったのが高円寺であった。『1Q84』の二人の主人公・天吾と青豆が二十年ぶりに再会し手を握り合った「児童公園の滑り台」のある場所として推定されている高円寺中央公園である。その公園の滑り台にお連れしたところ、一緒に来日されていたパートナーのカトリーヌ・デルクロワさんとともに滑り台に上り、舞台俳優のようなしぐさで一輪の花を彼女に渡されたことが忘れられないシーンとなった。

最後に、本書の趣旨を理解し、コラムの執筆で参加してくださった小宮友根さん、三部倫子さんに深謝いたします。また、四年にわたる「自己語り」研究プロジェクトの趣旨を受けとめて、編集を担当した新曜社の小田亜佐子さんにお礼を申しあげます。

二〇一八年六月

鶴田幸恵・小宮友根 2007「人びとの人生を記述する――「相互行為としてのインタビュー」について」『ソシオロジ』52(1): 21-36.
上野千鶴子 2005「脱アイデンティティの戦略」上野千鶴子編『脱アイデンティティ』勁草書房，289-321.
浮ヶ谷幸代 2014「医療専門職者の苦悩をいかに解き明かすか？」浮ヶ谷幸代編著，1-24.
――― 2015「サファリングは創造性の源泉になりうるか？」浮ヶ谷幸代編，1-21.
浮ヶ谷幸代編著 2014『苦悩することの希望――専門家のサファリングの人類学』協同医書出版社
――― 2015『苦悩とケアの人類学――サファリングは創造性の源泉になりうるか？』世界思想社
梅棹忠夫 1969『知的生産の技術』岩波新書
浦河べてるの家 2002『べてるの家の「非」援助論――そのままでいいと思えるための 25 章』医学書院
――― 2005『べてるの家の「当事者研究」』医学書院
Watson, D. R., 1983, "The Presentation of Victim and Motive in Discourse: The Case of Police Interrogations and Interviews," *Victimology*, 8(1): 31-52.
Watson, D. R. & T. S. Weinberg, 1982, "Interviews and the Interactional Construction of Accounts of Homosexual Identity," *Social Analysis*, 11: 56-77.
White, Michael Kingsley, 2004, *Narrative Practice and Exotic Lives: Resurrecting Diversity in Everyday Life*, Adelaide: Dulwich Centre Publications.（=2007 小森康永監訳『ナラティヴ・プラクティスとエキゾチックな人生――日常生活における多様性の掘り起こし』金剛出版）
White, Michael Kingsley & David Epston, 1990, *Narrative Means to Therapeutic Ends*, New York: W. W. Norton（=1992 小森康永訳『物語としての家族』金剛出版，2017 新訳版）
矢吹康夫 2015「戦略としての語りがたさ――アルビノ当事者の優生手術経験をめぐって」桜井厚・石川良子編，171-192.
山守伸也 2008「現代日記論――日記をめぐる社会学的考察の試み」『関西大学大学院人間科学：社会学・心理学研究』69: 1-20.
山本貴光 2014『文体の科学』新潮社
湯川やよい 2016「承認の臨界を考える――あるペドファイル（小児性愛者）男性の語りから」田中拓道編『承認――社会哲学と社会政策の対話』法政大学出版局 , 401-433.
Zussman, Robert, 1992, *Intensive Care: Medical Ethics and the Medical Profession*, Chicago: University of Chicago Press.

編者紹介

小林多寿子（こばやし　たずこ）　第5章

一橋大学大学院社会学研究科特任教授

著書　1997『物語られる「人生」——自分史を書くということ』学陽書房
2005『ライフストーリー・インタビュー——質的研究入門』（桜井厚と共編著）せりか書房
2010『ライフストーリー・ガイドブック——ひとがひとに会うために』（編著）嵯峨野書院
2015『歴史と向きあう社会学——資料・表象・経験』（野上元と共編著）ミネルヴァ書房

浅野　智彦（あさの　ともひこ）　第4章

東京学芸大学教育学部教授

著書　2001『自己への物語論的接近——家族療法から社会学へ』勁草書房
2015『「若者」とは誰か——アイデンティティの30年　増補新版』河出書房新社
2016『〈若者〉の溶解』（川崎賢一と共編）勁草書房
2016『現代若者の幸福——不安感社会を生きる』（藤村正之・羽渕一代と共編）恒星社厚生閣

新曜社　自己語りの社会学
ライフストーリー・問題経験・当事者研究

初版第一刷発行　2018年8月25日
初版第三刷発行　2021年12月25日

編　者　小林多寿子・浅野智彦
発行者　塩浦　暲
発行所　株式会社　新曜社
101-0051　東京都千代田区神田神保町3-9
電話03（3264）4973（代）・FAX03（3239）2958
Email: info@shin-yo-sha.co.jp
URL: https://www.shin-yo-sha.co.jp
印刷製本　中央精版印刷

ISBN978-4-7885-1586-4　C3036

著者紹介（執筆順）

牧野　智和（まきの　ともかず）　第1章

大妻女子大学人間関係学部准教授

著書　2015『日常に侵入する自己啓発――生き方・手帳術・片づけ』勁草書房；2012『自己啓発の時代――「自己」の文化社会学的探究』勁草書房

論文　2017a「「自己」のハイブリッドな構成について考える――アクターネットワーク理論と統治性研究を手がかりに」『ソシオロゴス』41: 36-57.；2017b「自己・再帰性・異種混交性――手帳術本の再分析を中心に」『表象』11: 65-72.

西倉　実季（にしくら　みき）　第2章

和歌山大学教育学部准教授

著書　2009『顔にあざのある女性たち――「問題経験の語り」の社会学』生活書院

論文　2017「生きるためのユーモア――自己を笑う 病いの日常を笑う」『語りの地平　ライフストーリー研究』2: 3-24.；2015a「なぜ「語り方」を記述するのか――読者層とライフストーリー研究を発表する意義に注目して」桜井厚・石川良子編『ライフストーリー研究に何ができるか――対話的構築主義の批判的継承』新曜社；2015b「ライフストーリー研究における対話――それは誰と誰のあいだの対話なのか？」『N：ナラティヴとケア』6号 遠見書房, 54-61.

鷹田　佳典（たかた　よしのり）　第3章・研究コラム（サファリング研究）

日本赤十字看護大学さいたま看護学部講師

著書　2012『小児がんを生きる――親が子どもの病いを生きる経験の軌跡』ゆみる出版

論文　2017「ある病院ボランティア活動の定着・拡大過程を読み解く――病院スタッフの認識と関わりの変遷に着目して」『保健医療行動科学会雑誌』31(2): 57-67.；2016「病院でのピアサポート活動の展開事例に関する一考察――「つながる／つなげる」実践に着目して」『保健医療社会学論集』26(2): 64-73.；2015「慢性の病いと〈揺れ〉――ある成人先天性心疾患患者の生活史経験から」浮ヶ谷幸代編『苦悩とケアの人類学――サファリングは創造性の源泉になりうるか？』世界思想社

桜井　厚（さくらい　あつし）　第6章

（社）日本ライフストーリー研究所代表理事

著書　2012『ライフストーリー論』弘文堂；2002『インタビューの社会学――ライフストーリーの聞き方』せりか書房；2015『ライフストーリー研究に何ができるか――対話的構築主義の批判的検討』（石川良子と共編）新曜社

伊藤　秀樹（いとう　ひでき）　第７章

東京学芸大学教育学部准教授

著書　2017『高等専修学校における適応と進路――後期中等教育のセーフティネット』東信堂

論文　2018「昔いた場所にメッセージを運ぶ」南保輔・中村英代・相良翔編『当事者が支援する――薬物依存からの回復 ダルクの日々パート 2』春風社；2016「薬物依存からの「回復」と「仲間」――ダルクにおける生活を通した「欲求」の解消」（相良翔と共著）『年報社会学論集』29: 92-103.

中村　英代（なかむら　ひでよ）　第８章

日本大学文理学部社会学科教授

著書　2018『当事者が支援する――薬物依存からの回復　ダルクの日々パート２』（南保輔・相良翔と共編）春風社；2017『社会学ドリル――この理不尽な世界の片隅で』新曜社；2011『摂食障害の語り――〈回復〉の臨床社会学』新曜社

論文　2016「「ひとつの変数の最大化」を抑制する共同体としてのダルク――薬物依存からの回復支援施設の社会学的考察」『社会学評論』66(4): 498-515. Noguchi, Yuji & Hideyo Nakamura, 2021, “Clinical Sociology in Japan,” Fritz, Jun M. ed., *International Clinical Sociology (Clinical Sociology: Research and Practice)*: 2nd ed., Springer: 95-107.

森　一平（もり　いっぺい）　第９章

帝京大学教育学部准教授

論文　2019「一斉授業会話における修復の組織再考」『教育学研究』86(1): 1-12.；2018「自然体で生きる」「裸の自分と向き合う」南保輔・中村英代・相良翔編『当事者が支援する――薬物依存からの回復　ダルクの日々パート２』春風社；2016「授業の秩序化実践と「学級」の概念」酒井泰斗・浦野茂・前田泰樹・中村和生・小宮友根編『概念分析の社会学２――実践の社会的論理』ナカニシヤ出版

湯川やよい（ゆかわ　やよい）　第 10 章

愛知大学文学部准教授

著書　2014『アカデミック・ハラスメントの社会学――学生の問題経験と「領域交差」実践』ハーベスト社

論文　2016「承認の臨界を考える――あるペドファイル（小児性愛者）男性の語りから」田中拓道編『承認――社会哲学と社会政策の対話』法政大学出版局；Yayoi YUKAWA, Chisato KITANAKA, Mieko YOKOYAMA, 2014, “Authorship Practices in Multi-Authored Papers in the Natural Sciences at Japanese Universities,” *International Journal of Japanese Sociology*, 23: 80-91.

野口　裕二（のぐち　ゆうじ）　第 11 章・研究コラム（当事者研究）

東京学芸大学名誉教授

著書　2018『ナラティヴと共同性――自助グループ・当事者研究・オープンダイアローグ』青土社；2005『ナラティヴの臨床社会学』勁草書房；2002『物語としてのケア――ナラティヴ・アプローチの世界へ』医学書院；1996『アルコホリズムの社会学――アディクションと近代』日本評論社；2009『ナラティヴ・アプローチ』（編著）勁草書房

研究コラム

小宮　友根（こみや　ともね）　エスノメソドロジー

東北学院大学経済学部准教授

著書　2011『実践の中のジェンダー――法システムの社会学的記述』新曜社

論文　2017a「構築主義と概念分析の社会学」『社会学評論』68(1): 134-149.；2017b「強姦罪における「被害者資格」問題と「経験則」の再検討」陶久利彦編『性風俗と法秩序』尚学社

三部　倫子（さんべ　みちこ）　セクシュアル・マイノリティ研究

奈良女子大学研究院人文科学系准教授

著書　2014『カムアウトする親子――同性愛と家族の社会学』御茶の水書房

論文　2017「セクシュアル・マイノリティにとっての子育て」永田夏来・松木洋人編『入門家族社会学』新泉社；2016「日本におけるセクシュアル・マイノリティの「家族」研究の動向――2009 年以降の文献と実践家向けの資料を中心に」家族問題研究学会誌『家族研究年報』41: 77-93.

人名索引

事項索引

参考文献

足立重和 2003「生活史研究と構築主義――「ライフストーリー」と「対話的構築主義」をめぐって」『社会科学論集』（愛知教育大学地域社会システム講座）40・41: 219-231.

Alcoholics Anonymous, [1939] 2001=[1979] 2002『アルコホーリクス・アノニマス――無名のアルコホーリクたち』ＡＡ日本ゼネラルサービスオフィス

―――, [1952] 1981=[1982] 2011『12 ステップと 12 の伝統』ＡＡ日本ゼネラルサービスオフィス

アルコホーリクス・アノニマス日本公式サイト（http://aajapan.org/ 2017.5.2）

American Psychiatric Association, 2013, *Diagnostic and Statistical Manual of Mental Disorders*, 5th ed.(DSM-5), Arlington: American Psychiatric Publishing.

荒井裕樹 2013『生きていく絵――アートが人を〈癒す〉とき』亜紀書房

蘭由岐子 2009「いま，あらためて“声”と向きあう」『社会と調査』3: 38-44.

安積純子・岡原正幸・尾中文哉・立岩真也 1990『生の技法――家と施設を出て暮らす障害者の社会学』藤原書店

浅野智彦 2001『自己への物語論的接近――家族療法から社会学へ』勁草書房

――― 2002「〈自己のテクノロジー〉としての自分史」『現代社会理論研究』12: 39-49.

綾屋紗月・熊谷晋一郎 2008『発達障害当事者研究――ゆっくりていねいにつながりたい』医学書院

――― 2010『つながりの作法――同じでもなく違うでもなく』NHK 出版

Bateson, Gregory, 1972, *Steps to an Ecology of Mind: Collected Essay in Anthropology, Psychiatry, Evolution, and Epistemology*, Huntington Beach, CA: Chandler Publishing.（=2000 佐藤良明訳『精神の生態学　改訂第２版』新思索社）

Bauman, Zygmunt, 2001, *The Individualized Society*, Cambridge: Polity Press.（=2008 澤井敦・菅野博史・鈴木智之訳『個人化社会』青弓社）

Bell, Gordon & Jim Gemmell, 2009, *Total Recall: How the E-Memory Revolution Will Change Everything*, New York: Dutton.（=2010 飯泉恵美子訳『ライフログのすすめ――人生の「すべて」をデジタルに記録する！』早川書房）

Berendzen, Richard & Laura Palmer, 1993, *Come Here: A Man Overcomes the Tragic Aftermath of Childhood Sexual Abuse*, 1st ed., New York: Villard.

バーガー，ピーター・L　水野節夫・村山研一訳 2007『社会学への招待　普及版』新思索社

ベルトー，ダニエル 小林多寿子訳 2003『ライフストーリー――エスノ社会学的パースペクティブ』ミネルヴァ書房

Boyd, Nam A., 2008, "Who Is the Subject? Queer Theory Meets Oral History," *Journal of the History of Sexuality*, 17(2) May, University of Texas Press: 177-189.

Califia, Pat, 1994, *Public Sex: The Culture of Radical Sex*, 2nd ed., New Jersey: Cleis Press.（=1998 東玲子訳『パブリックセックス――挑発するラディカルな性』青土社）

Cassell, Eric J., 2002, *Doctoring: The Nature of Primary Care Medicine*, Oxford: Oxford University Press, USA.

———, 2004, *The Nature of Suffering and the Goals of Medicine*, 2nd ed., Oxford: Oxford University Press.

de Castella, Tom & Tom Heyden, 2014, "How did the Pro-paedophile Group: IE exist Openly for 10 Years?," *BBC News Magazine*, February 27, 2014. (Retrieved 30/Jan./2017. http://www.bbc.com/news/magazine-26352378)

Charon, Rita, 2006, *Narrative Medicine: Honoring the Stories of Illness*, Oxford: Oxford University Press.（=2011 斎藤清二・岸本寛史・宮田靖志・山本和利訳『ナラティブ・メディスン――物語能力が医療を変える』医学書院）

Conrad, Peter & Joseph W. Schneider, 1992, *Deviance and Medicalization: From Badness to Sickness*, with a New Afterword by the Authors, Foreword by Joseph R. Gusfield, expanded ed., Philadelphia: Temple University Press.（=2003 杉田聡・近藤正英訳『逸脱と医療――悪から病いへ』ミネルヴァ書房）

Corsi, Jerome R., 2014, "Pedophilia the Next 'Sexual-Rights' Revolution?: Academics, Psychologists Expanding LGBT Argument to 'Minor-attracted Persons'," *World Net Daily*, 01/02/2014. (Retrieved 30/Jan. /2017. http://www.wnd.com/2014/01/pedophilia-the-next-sexual-rights-revolution/)

クラパンザーノ，ヴィンセント 大塚和夫・渡部重行訳 1991『精霊と結婚した男――モロッコ人トゥハーミの肖像』紀伊國屋書店

Curtis, Wayne ed., 1988, *Revelations: A Collection of Gay Male Coming Out Stories*, Boston: Alyson.

Daly, Jim, 2011, "Normalizing Pedophilia," *Daly Focus: Jim Daly's Blog*, August 31, 2011. (Retrieved 30/Jan./2017. http://jimdaly.focusonthefamily.com/ normalizing-pedophilia/)

ダルク研究会編 2014『ダルクの日々――薬物依存者たちの生活と人生（ライフ）』知玄舎

ディルタイ，ヴィルヘルム 尾形良助訳 1981『精神科学における歴史的世界の構成』以文社

土井隆義 2002「生きづらさの系譜学――高野悦子と南条あや」亀山佳明・富永

茂樹・清水学編『文化社会学への招待——〈芸術〉から〈社会学〉へ』世界思想社
E さん・伊藤秀樹 2014「スタッフのストレスと喜び」ダルク研究会編，161-190.
Egnew, Thomas R., 2009, "Suffering, Meaning, and Healing: Challenges of Contemporary Medicine," *The Annals of Family Medicine*, 7(2): 170-175.
江口重幸・斎藤清二・野村直樹編 2006『ナラティヴと医療』金剛出版
Foucault, Michel, 1976, *La volonté de savoir: Histoire de la sexualité*, volume 1, Paris: Éditions Gallimard.（=1986, 渡辺守章訳『性の歴史 I── 知への意志』新潮社）
———, 1983, "L'écriture de soi," *Corps écrit,* 5: 3-23.（=2001 神崎繁訳「自己の書法」『ミシェル・フーコー思考集成 IX　1982-83　自己・統治性・快楽』筑摩書房）
Frank, Arthur W., 1995, *The Wounded Storyteller: Body, Illness, and Ethics*, Chicago: The University of Chicago Press.（=2002 鈴木智之訳『傷ついた物語の語り手——身体・病い・倫理』ゆみる出版）
———, 2001, "Can We Research Suffering?," *Qualitative Health Research*, 11(3): 353-362.
藤村正之・羽渕一代・浅野智彦編 2016『現代若者の幸福——不安感社会を生きる』恒星社厚生閣
藤澤三佳 2014『生きづらさの自己表現——アートによってよみがえる「生」』晃洋書房
藤沢優月 2003『夢をかなえる人の手帳術』ディスカヴァー・トゥエンティワン
Gamson, Joshua, 1997, "Messages of Exclusion: Gender, Movements, and Symbolic Boundaries," *Gender and Society*, 11(2) : 178-199.
Gartner, Richard B., 1999, *Betrayed as Boys: Psychodynamic Treatment of Sexually Abused Men*, New York: The Guilford Press.（=2005 宮地尚子ほか訳『少年への性的虐待——男性被害者の心的外傷と精神分析治療』作品社）
ギアーツ，クリフォード 吉田禎吾ほか訳 1987『文化の解釈学 I』岩波書店
ガーフィンケル，ハロルドほか 山田富秋・好井裕明・山崎敬一訳 1987『エスノメソドロジー——社会学的思考の解体』せりか書房
Giddens, Anthony, 1990, *The Consequences of Modernity*, Cambridge: Polity Press.（=1993 松尾精文・小畑正敏訳『近代とはいかなる時代か？——モダニティの帰結』而立書房）
———, 1991 *Modernity and Self-Identity: Self and Society in the Late Modern Age*, Cambridge: Polity Press.（=2005，秋吉美都・安藤太郎・筒井淳也訳『モダニティと自己アイデンティティ——後期近代における自己と社会』ハーベスト社）
Goodwin, Charles, 1984, "Notes on Story Structure and the Organization of Participation,"

M. Atkinson & J. Heritage eds., *Structures of Social Action*, Cambridge: Cambridge University Press, 225-246.
後藤弘 1979『誰も教えてくれなかった上手な手帳の使い方』日本能率協会
五藤隆介 2011『たった一度の人生を記録しなさい――自分を整理・再発見するライフログ入門』ダイヤモンド社
Grey, Alicen, 2015, "You've heard of rape culture, but have you heard of pedophile culture?," Feminist Current, September 28, 2015. (Retrieved 12/Dec./2015. http://www.feministcurrent.com/2015/09/28/youve-heard-of-rape-culture-but-have-you-heard-of-pedophile-culture/)
Gunderman, R. B., 2002, "Is Suffering the Enemy?," *Hastings Center Report*, 32(2): 40-44.
芳賀学・菊池裕生 2007『仏のまなざし　読みかえられる自己――回心のミクロ社会学』ハーベスト社
The Harvard Law Review Association, 1985, "Notes, The Constitutional Status of Sexual Orientation: Homosexuality as a Suspect Classification," *Harvard Law Review*, 98(6): 1285-1309.
―――, 1993, "Constitutional Limits on Anti-Gay-Rights Initiatives," *Harvard Law Review*, 106(8): 1905-1925.
Herdt, Gilbert ed., 1989, *Gay and Lesbian Youth*, New York: Harrington Park Press.
平井秀幸・伊藤秀樹 2013「ダルクにおける「回復」の社会学的検討 II(2)―― 手に入れる／手放される「回復」観」第 86 回日本社会学会大会報告資料
平田オリザ 1998『演劇入門』講談社現代新書
Holstein, J. A. & J. Gubrium, 1995, *The Active Interview*, London: Sage Publications.（=2004, 山田富秋・兼子一・倉石一郎・矢原隆行訳『アクティヴ・インタビュー――相互行為としての社会調査』せりか書房）
堀正岳・中牟田洋子 2010『モレスキン「伝説のノート」活用術――記録・発想・個性を刺激する 75 の使い方』ダイヤモンド社
星野晋 2014「「ご遺体」は最初の患者である」浮ヶ谷幸代編著，167-193.
星加良司 2007『障害とは何か――ディスアビリティの社会理論に向けて』生活書院
細谷亮太・真部淳 2008『小児がん――チーム医療とトータル・ケア』中公新書
Hurwitz, B., T. Greenhalgh & V. Skultans, eds., 2004, *Narrative Research in Health and Illness*, London: BMJ Books.（=2009 斎藤清二・岸本寛史・宮田靖志監訳『ナラティブ・ベイスト・メディスンの臨床研究』金剛出版）
Ibarra, Peter R. & John I. Kitsuse, 1993, "Vernacular Constituents of Moral Discourse: An Interactionist Proposal for the Study of Social Problems," James A. Holstein & Gale Miller eds., *Reconsidering Social Constructionism*, Berlin: Aldine de Gruyter,

25-58.（=2000 中河伸俊訳・平英美・中河伸俊編『構築主義の社会学――論争と議論のエスノグラフィー』世界思想社，46-104.）
市川岳仁 2010「回復と支援の狭間で揺れる当事者――転換期の当事者カウンセラー」『龍谷大学　矯正・保護研究センター研究年報』7: 31-42.
井上俊 1996「物語としての人生」井上俊ほか編『岩波講座 現代社会学 9　ライフコースの社会学』岩波書店，11-27.
色川大吉 1975『ある昭和史――自分史の試み』中央公論社
アイザックソン, ウォルター　井口耕二訳 2012『スティーブ・ジョブズ　I・II』講談社
石原孝二編 2013『当事者研究の研究』医学書院
石川准 1992『アイデンティティ・ゲーム――存在証明の社会学』新評論
石川良子 2007『ひきこもりの〈ゴール〉――「就労」でも「対人関係」でもなく』青弓社
――― 2010「ライフストーリー研究における調査者の反省的な記述について」第 83 回日本社会学会大会報告資料
――― 2012「ライフストーリー研究における調査者の経験の自己言及的記述の意義――インタビューの対話性に着目して」『年報社会学論集』25: 1-12.
――― 2015「〈対話〉への挑戦――ライフストーリー研究の個性」桜井厚・石川良子編，217-248.
石川良子・西倉実季 2015「ライフストーリー研究に何ができるか」桜井厚・石川良子編，1-20.
伊藤秀樹 2018「昔いた場所にメッセージを運ぶ」南保輔・中村英代・相良翔編，114-128.
伊藤智樹 2009『セルフヘルプ・グループの自己物語論――アルコホリズムと死別体験を例に』ハーベスト社
――― 2013「ピア・サポートの社会学に向けて」伊藤智樹編『ピア・サポートの社会学―― ALS，認知症介護，依存症，自死遺児，犯罪被害者の物語を聴く』晃洋書房，1-32.
Kaplan, Margo, 2014, “Pedophilia: A Disorder, Not a Crime,” *The New York Times*, October 6, 2014.
葛西賢太 2007『断酒が作り出す共同性――アルコール依存からの回復を信じる人々』世界思想社
勝間和代 2007『効率が 10 倍アップする新・知的生産術――自分をグーグル化する方法』ダイヤモンド社
川又俊則 1999「大衆長寿社会における自己表現の方法――自分史と〈受葬〉にみる」『現代社会学研究』12: 1-17.

川崎賢一・浅野智彦編 2016『〈若者〉の溶解』勁草書房
Khantzian, E. J. & M. J. Albanese, 2008, *Understanding Addiction as Self Medication: Finding Hope Behind the Pain*, Lanham, MD: Rowman & Littlefield Publishers.（=2013 松本俊彦訳『人はなぜ依存症になるのか——自己治療としてのアディクション』星和書店）
貴戸理恵 2004『不登校は終わらない——「選択」の物語から〈当事者〉の語りへ』新曜社
Kincaid, James R., 1992, *Child-Loving: The Erotic Child and Victorian Culture*, New York: Routledge.
木下順二・鶴見和子 編 1954『母の歴史——日本の女の一生』河出新書
岸政彦 2015「鉤括弧を外すこと——ポスト構築主義社会学の方法論のために」『現代思想』43(11): 188-207.
北澤裕・西阪仰編訳 1989『日常性の解剖学——知と会話』マルジュ社
Kitsuse, John I., 1980, "Coming Out All Over: Deviants and the Politics of Social Problems," *Social Problems*, 28(1): 1-13.
Kitsuse, John I. & Malcolm B. Spector, 1977, *Constructioning Social Problems*, Menlo Park, CA: Cunnings Publishing Company.（=1990, 村上直之・中河伸俊・鮎川潤・森俊太訳『社会問題の構築——ラベリング理論をこえて』マルジュ社）
清塚邦彦 2009『フィクションの哲学』勁草書房
Kleinman, Arthur, 1988, *The Illness Narratives: Suffering, Healing and the Human Condition*, New York: Basic Books.（=1996 江口重幸・五木田神・上野豪志訳『病いの語り——慢性の病いをめぐる臨床人類学』誠信書房）
———, 2006, *What Really Matters: Living a Moral Amidst Uncertainty and Danger ?*, Oxford: Oxford University Press.（=2011 皆藤章監訳・高橋洋訳『八つの人生の物語——不確かで危険に満ちた時代を道徳的に生きるということ』誠信書房）
Kleinman, Arthur & Joan Kleinman, 1991, "Suffering and its Professional Transformation: Toward an Ethnography of Interpersonal Experience," *Culture, Medicine and Psychiatry*, 15(3): 275-301.
小林多寿子 1992「〈親密さ〉と〈深さ〉——コミュニケーション論からみたライフヒストリー」『社会学評論』42(4): 419-434.
——— 1997『物語られる「人生」——自分史を書くということ』学陽書房
——— 1998a「書く実践と書く共同体の生成——初期「ふだん記」運動の場合」『生活学論叢』（日本生活学会）Vol. 3: 59-70.
——— 1998b「自己をつづる文化——日記と自分史の誕生」石川実・井上忠司編『生活文化を学ぶ人のために』世界思想社

——— 2000a「自己のメディアとしての日記――近代日記の成立」川浦康至編『現代のエスプリ 391　日記コミュニケーション――自己を綴る他者に語る』至文堂
——— 2000b「二人のオーサー――ライフストーリーの実践と提示の問題」好井裕明・桜井厚編『フィールドワークの経験』せりか書房，101-114.
——— 2017「日本の自分史実践における「第二の生産者」と自己反省的言説」『法学研究』（慶應義塾大学法学研究会）90(1): 476-494.
小森康永・野口裕二・野村直樹編著 2003『セラピストの物語／物語のセラピスト』日本評論社
近藤泰裕 2002「「社会学のなかの日記」と「日記の社会学」」『市大社会学』（大阪市立大学文学部社会学研究会）3: 17-26.
——— 2004「草創期における近代日本の日記――明治後期の日記論」『市大社会学』（大阪市立大学文学部社会学研究会）5: 85-99.
Kong, Travis S. K., Dan Mahoney & Ken Plummer, 2001, "Queering the Interview," Jaber F. Gubrium & James A. Holstein ed., *Handbook of Interview Research: Context and Method*, London: Sage.
古屋野正伍・青木秀男 1995「日記分析における「個人対歴史」の問題――金沢・象嵌細工職人の生活史研究のばあい」『人間科学論究』（常磐大学大学院人間科学研究科）3: 65-76.
熊谷晋一郎編 2017『臨床心理学増刊 9 号　みんなの当事者研究』金剛出版
Kupelian, David, 2005, *The Marketing of Evil: How Radicals, Elitists, and Pseudo-experts Sell Us Corruption Disguised as Freedom*, New York: WND Books.
倉石一郎 2015「語りにおける一貫性の生成／非生成」桜井厚・石川良子編, 193-216.
草柳千早 2004『「曖昧な生きづらさ」と社会――クレイム申し立ての社会学』世界思想社
——— 2015『日常の最前線としての身体――社会を変える相互作用』世界思想社
Law, John & Annemarie Mol, 1995, "Notes on Materiality and Sociality," *The Sociological Review*, 43: 274-294.
ルジュンヌ，フィリップ 小倉孝誠訳 1995『フランスの自伝――自伝文学の主題と構造』法政大学出版局
Linde, Charlotte, 1993, *Life Stories: The Creation of Coherence*, Oxford: Oxford University Press.
前田泰樹 2012「経験の編成を記述する」『看護研究』45(4): 313-323.
前川直哉 2017『〈男性同性愛者〉の社会史――アイデンティティの受容／クローゼットへの解放』作品社
牧野智和 2010「「就職用自己分析マニュアル」が求める自己とその機能――「自

己のテクノロジー」という観点から」『社会学評論』61(2): 150-167.
——— 2015『日常に侵入する自己啓発——生き方・手帳術・片づけ』勁草書房
真部淳 2015「小児がん治療30年間の進歩——予後の改善と患者・家族への支援」『聖路加国際大学紀要』1: 29-34.
マリィ，クレア 1997「集団カミング・アウト」クィア・スタディーズ編集委員会編『クィア・スタディーズ '97』七つ森書館，224-233.
Marin, de Claire, 2013, *L'Homme sans fièvre*, Paris: Armand Colin.（=2016 鈴木智之訳『熱のない人間——治癒せざるものの治療のために』法政大学出版局）
McDaniel, S. H., J. Hepworth & W. J. Doherty, eds., 1997, *The Shared Experience of Illness: Stories of Patients, Families and Their Therapists*, New York: Basic Books.（=2003 小森康永監訳『治療に生きる病いの経験——患者と家族，治療者のための11の物語』創元社）
McNamee, S. & K. J. Gergen eds., 1992, *Therapy as Social Construction*, London: Sage.（= 1997 野口裕二・野村直樹訳『ナラティヴ・セラピー——社会構成主義の実践』金剛出版）
Mead, George Herbert, 1934, *Mind, Self, and Society*, Chicago: The University of Chicago Press.（=1973 稲葉三千男・滝沢正樹・中野収訳『精神・自我・社会』青木書店）
南保輔・中村英代・相良翔編 2018『当事者が支援する——薬物依存からの回復　ダルクの日々パート２』春風社
美崎栄一郎 2010『「結果を出す人」はノートに何を書いているのか　実践編』ナナ・コーポレート・コミュニケーション
見田宗介 1973「まなざしの地獄——都市社会学への試論」『展望』173: 98-119.→2011『定本見田宗介著作集第６巻　生と死と愛と孤独の社会学』岩波書店
宮内洋 2010「〈当事者〉研究の新たなモデルの構築に向けて——「環状島モデル」をもとに」宮内洋・好井裕明編『当事者をめぐる社会学——調査での出会いを通して』北大路書房
水津嘉克 1996「社会的相互作用における排除」『社会学評論』47(3): 335-349.
Montgomery Hunter, Kathryn, 1991, *Doctors' Stories: The Narrative Structure of Medical Knowledge*, Princeton: Princeton University Press.（=2016 斎藤清二・岸本寛史監訳『ドクターズ・ストーリーズ——医学の知の物語的構造』新曜社）
森岡清美・青井和夫編 1991『現代日本人のライフコース』日本学術振興会（学振選書）
森山至貴 2012『「ゲイコミュニティ」の社会学』勁草書房
Morse, Janice M., 2000, "Responding to the Cues of Suffering," *Health Care for Woman*

International, 21(1): 1-9.
中島裕昭 2009「解説」エリカ・フィッシャー＝リヒテ 中島裕昭ほか訳『パフォーマンスの美学』論創社，326-338.
中村英代 2011『摂食障害の語り——〈回復〉の臨床社会学』新曜社
——— 2016「「ひとつの変数の最大化」を抑制する共同体としてのダルク——薬物依存からの回復支援施設の社会学的考察」『社会学評論』66(4): 498-515.
中西正司・上野千鶴子 2003『当事者主権』岩波新書
中野卓 1977『口述の生活史——或る女の愛と呪いの日本近代』御茶の水書房
——— 1981「個人の社会学的調査研究について」『社会学評論』32(1): 2-12
——— 1981-82『離島トカラに生きた男・全二部』御茶の水書房
——— 1989「六学会連合以来の私の思い出」『人類科学』42: 49-59.→2003『生活史の研究』中野卓著作集生活史シリーズ 1 巻，東信堂
中野卓編 1981『明治四十三年京都——ある商家の若妻の日記』新曜社
中野卓編著 1989『中学生のみた昭和十年代』新曜社
Narcotics Anonymous 2006『ナルコティクス アノニマス』NA ワールドサービス社
——— 2011『なぜ どのように効果があるのか——ナルコティクス アノニマスの 12 ステップと 12 の伝統』NA ワールドサービス社
ナルコティクス アノニマス日本公式サイト（http://najapan.org/ 2017.2.27.）
Nickerson, Todd, 2015, “I’m a pedophile, but not a monster,” Salon, September 21, 2015. (Retrieved 09/Jan./2016. http://www.salon.com/2015/09/21/im _a_pedophile_but_not_a_monster)
日本ダルク HP（http://darc-ic.com/darc-list/ 2017.2.27）
西倉実季 2009『顔にあざのある女性たち——「問題経験の語り」の社会学』生活書院
——— 2010「ライフストーリー研究における「語りの方法」——何のための相互行為分析か」日本社会学会第 83 回大会
——— 2015a「ライフストーリー研究における対話——それは誰と誰のあいだの対話なのか？」『N：ナラティヴとケア』6 号 遠見書房，54-61.
——— 2015b「なぜ「語り方」を記述するのか——読者層とライフストーリー研究を発表する意義に注目して」桜井厚・石川良子編，49-74.
——— 2017「生きるためのユーモア——自己を笑う，病いの日常を笑う」『語りの地平　ライフストーリー研究』2: 3-24.
西阪仰 2008「物語を語ること」『分散する身体——エスノメソドロジー的相互行為分析の展開』勁草書房，348-381.
野口裕二 2002『物語としてのケア——ナラティヴ・アプローチの世界へ』医学書院
——— 2017「ソーシャルネットワークの復権」『N: ナラティヴとケア』6 号 遠

見書房，96-100.
奥野宣之 2008『情報は1冊のノートにまとめなさい――100円でつくる万能「情報整理ノート」』ナナ・コーポレート・コミュニケーション
――― 2010『人生は1冊のノートにまとめなさい――体験を自分化する「100円ノート」ライフログ』ダイヤモンド社
大久保孝治 1989「生活史における転機の研究――「私の転機」（朝日新聞連載）を素材として」『社会学年誌』30: 155-171.
大浦康介 2013「フィクション論の問題圏」大浦康介編『フィクション論への誘い――文学・歴史・遊び・人間』世界思想社，19-40.
朴沙羅 2011「物語から歴史へ――社会学的オーラル・ヒストリー研究の試み」『ソシオロジ』56(1): 39-54.
Passerini, Luisa, 1998, "Work Ideology and Consensus under Italian Fascism," in Robert Perks & Alistair Thomson eds., *The Oral History Reader*, London: Routledge, 53-62.
プラース，デヴィッド・W 井上俊・杉野目康子訳 1985『日本人の生き方――現代における成熟のドラマ』岩波書店
Plummer, Ken, 1983, *Documents of Life: An Introduction to the Problems and Literature of a Humanistic Method*, London: George Allen & Unwin Ltd.（=1991 原田勝弘・川合隆男・下田平裕身監訳『生活記録の社会学――方法としての生活史研究案内』光生館）
―――, 1995, *Telling Sexual Stories: Power, Change and Social Worlds*, London: Routledge.（=1998 桜井厚・好井裕明・小林多寿子訳『セクシュアル・ストーリーの時代――語りのポリティクス』新曜社）
クィア学会 2008「シンポジウム報告――日本におけるクィア・スタディーズの可能性」『論叢クィア』創刊号 : 15-55.
Rawings, B. & R. Yate, 2001, *Therapeutic Communities for the Treatment of Drug Users*, London: Jessica Kingsley.
Reisman, Judith A. & Geoffrey B. Strickland, 2012, "B4U-ACT'S 2011 Symposium on Pedophilia, Minor-Attracted Persons and the DSM," *Ave Maria International Law Journal*, 1(2): 265-311.
Rubin, Gayle, 1984, "Thinking Sex: Notes for a Radical Theory of the Politics of Sexuality," Carole S. Vance ed., *Pleasure and Danger*, London: Thorsons.（=1997 河口和也訳「性を考える」『現代思想』臨時増刊 25(6): 94-144.）
Ryle, Gilbert, 1949, *The Concept of Mind*, London: Hutchinson's Library.（=1987 坂本百大・井上治子・服部裕幸訳『心の概念』みすず書房）
Sacks, Harvey, 1972a, "An Initial Investigation of the Usability of Conversation Data for Doing Sociology," D. N. Sudnow ed., *Studies in Social Interaction*, New York: The

Free Press, 31-74.（=1989 北澤裕・西阪仰訳「会話データの利用法――会話分析事始め」北澤裕・西阪仰編訳，93-174.）
———, 1972b, "On the Analyzability of Stories by Children," J. J. Gumperz & D. Hymes eds., *Directions in Sociolinguistics: The Ethnography of Communication*, New York: Holt, Reinhart and Winston, 329-345.
———, 1974, "An Analysis of the Course of a Joke's Telling in Conversation," J. Sherzer & R. Bauman eds., *Explorations in the Ethnography of Speaking*, London: Cambridge University Press, 337-353.
——— , 1992, *Lectures on Conversation 1&2*, ed. by Gail Jefferson with Introductions by Emanuel A. Schegloff, Oxford: Basil Blackwell.
相良翔・伊藤秀樹 2016「薬物依存からの「回復」と「仲間」――ダルクにおける生活を通した「欲求」の解消」『年報社会学論集』29: 92-103.
桜井厚 2002『インタビューの社会学――ライフストーリーの聞き方』せりか書房
——— 2012『ライフストーリー論』弘文堂
桜井厚・小林多寿子編 2005『ライフストーリー・インタビュー――質的研究入門』せりか書房
桜井厚・石川良子編 2015『ライフストーリー研究に何ができるか――対話的構築主義の批判的継承』新曜社
桜井厚・西倉実季 2017「対話的構築主義との対話――ライフストーリー研究の展望」『現代思想』45(6): 60-84.
Sandfort, Theo, 1987, "Pedophilia and the Gay Movement," *Journal of Homosexuality*, 13(2-3): 89-110.
佐々木かをり 2003『ミリオネーゼの手帳術』ディスカヴァー・トゥエンティワン
Schegloff, Emanuel A., 2000, "On Granularity," *Annual Review of Sociology*, 26(1): 715-720.
Seto, Michael C., 2008, *Pedophilia and Sexual Offending against Children: Theory, Assessment, and Intervention*, Washington, D. C.: American Psychological Association.
Shields, Ryan T., Aniss Benelmouffok & Elizabeth J. Letourneau, 2015, "Help Wanted: Lessons on Prevention from Non-Offending Young Adult Pedophiles," Association for the Treatment of Sexual Abusers 2015 Conference, October 15, 2015, POSTER.
清水晶子 2013「ちゃんと正しい方向にむかってる――クイア・ポリティクスの現在」三浦玲一・早坂静編『ジェンダーと「自由」――理論，リベラリズム，クィア』彩流社，313-331.
思想の科学研究会編 1954『思想の科学　特集・伝記を見直す５』講談社
——— 1955『民衆の座』河出書房
Stivers, Tanya, 2008, "Stance, Alignment, and Affiliation during Storytelling: When

Nodding is a Token of Affiliation," *Research on Language and Social Interaction*, 41(1): 31-57.
杉浦健 2004『転機の心理学』ナカニシヤ出版
杉浦郁子 2009「異性愛主義のなかの女性の同性愛的欲望——それが確認されにくいのはどのようにしてか」好井裕明編『排除と差別の社会学』有斐閣, 121-139.
舘神龍彦 2007『手帳進化論——あなただけの「最強の一冊」の選び方・作り方』PHP 研究所
鷹田佳典 2012a『小児がんを生きる——親が子どもの病いを生きる経験の軌跡』ゆみる出版
——— 2012b「悲しむ主体としての看護師——遺族ケアの手前で考えること」三井さよ・鈴木智之編『ケアのリアリティ——境界を問い直す』法政大学出版局, 163-200.
——— 2013「医療現場における死別体験者の分断と共同——死者を「共に悼む」ための手がかりを求めて」『三田社会学』18: 61-77.
高田公理 1986「現代日本人の人生に「転機」はあるか」端信行編『現代日本文化における伝統と変容２　日本人の人生設計』ドメス出版
高橋聖人撮影・茅島奈緒深構成 2002『ジロジロ見ないで——"普通の顔"を喪った９人の物語』扶桑社
高橋雄一郎 2005『身体化される知——パフォーマンス研究』せりか書房
——— 2011「パフォーマンス」高橋雄一郎・鈴木健編『パフォーマンス研究のキーワード——批判的カルチュラル・スタディーズ入門』世界思想社, 16-42.
田中洋美, マーレン・ゴツィック, クリスティーナ・岩田ワイケナント編 2013『ライフコース選択のゆくえ——日本とドイツの仕事・家族・住まい』新曜社
太郎丸博 1995「転職による転機と当事者の解釈過程——ライフコース論の方法論的検討」『年報人間科学』16: 57-73.
田代志門 2016『死にゆく過程を生きる——終末期がん患者の経験の社会学』世界思想社
東京ダルク 2009『平成 19 年度障害者自立支援調査研究プロジェクト「薬物依存症者が社会復帰するための回復支援に関する調査」報告書』平成 19 年度障害者保健福祉推進事業補助金事業
鶴見和子編 1954『エンピツをにぎる主婦』毎日新聞社
鶴田幸恵 2016「性同一性障害として生きる——「病気」から生き方へ」酒井泰斗・浦野茂・前田泰樹・中村和生・小宮友根編『概念分析の社会学２——実践の社会的理論』ナカニシヤ出版, 46-64.